ROI DE ROME

ET

DUC DE REICHSTADT

BIBLIOTHÈQUE DE MÉMOIRES HISTORIQUES ET MILITAIRES
SUR LA RÉVOLUTION, LE CONSULAT ET L'EMPIRE

ROI DE ROME

ET

DUC DE REICHSTADT

(1811-1832)

« Mon petit-fils ne portera jamais un plus beau nom que le nom de son père. Le titre de duc de Reichstadt est sourd; celui de Napoléon Bonaparte retentira toujours au bout du monde et les échos de la France ne manqueront pas de le répéter..... »

(*Madame Mère*, par le baron Larrey. T. II, p. 203.)

PAR

DÉSIRÉ LACROIX

Ancien Attaché à la Commission de la Correspondance
de Napoléon Ier

PORTRAITS, GRAVURES ET FAC-SIMILE

PARIS
GARNIER FRÈRES, LIBRAIRES-ÉDITEURS
6, RUE DES SAINTS-PÈRES, 6

PRÉFACE

> Meurs en paix, jeune *Aiglon*, dont l'ardente prunelle
> Réfléchit un moment la flamme paternelle;
> Sors de ce monde étroit qu'accuse ton aspect;
> Ne jette autour de toi ni regret, ni reproche;
> Prépare un digne accueil à la mort qui s'approche;
> Et sur toi plane avec respect !
>
> (Alexandre GUIRAUD, 1832).

Si l'on est amené à dire que la vie de Napoléon résume autour d'elle les mille et une illustrations de la France contemporaine, comme les fragments inséparables de son histoire, on ne peut oublier ses affections de père, car le jeune Roi de Rome fut, bien avant le berceau, une pensée de la politique impériale, et, durant l'Empire, l'espoir de la dynastie nouvelle; sa naissance, sa vie, sa disparition, sont véritablement des titres que l'historien n'a pas oubliés.

Tout d'abord, le préjugé populaire ne fut pas en faveur du mariage contracté avec la fille de l'empereur d'Autriche. En premier lieu il ne s'élevait que sur un divorce : l'archiduchesse autrichienne, Marie-Louise, en arrivant au milieu des Français, devait vaincre des affections engagées depuis longtemps à Joséphine, et Joséphine semblait être le bon génie de Napoléon ; on le disait, et, « les pressentiments des peuples sont encore, après tout, les meilleurs conseillers des trônes ». D'ailleurs, Eugène de Beauharnais était déjà le fils adoptif de la France ; il avait donné des garanties de patriotisme et d'une bravoure exemplaire. Le génie de Napoléon méconnut un moment la raison de l'instinct populaire ; mais peut-être serait-il assez hasardeux de prétendre que là se fait entrevoir le germe de la fatalité qui rongea sa puissance.

En second lieu, et Napoléon en convint lui-même, Joséphine avait pour la France le grand mérite d'être Française ; son nom, son esprit, étaient à nous.

Quoi qu'il en soit, la France dut supporter cet ascendant de Napoléon. D'un autre côté on pouvait croire que c'était encore là de l'esprit révolutionnaire, que cet enthousiasme enfanté par le spectacle d'un soldat couronné partageant l'écusson des plus vieilles familles de la monarchie. Et puis, on souriait en apprenant que le vainqueur de

Wagram, penché au bras de l'empereur François d'Autriche, se plaisait à lui rappeler que son vainqueur et son gendre n'avait débuté dans le monde que sous un modeste uniforme !

Le mariage avec Marie-Louise eut lieu le 11 mars 1810 ; et le 20 mars 1811, cent et un coups de canon annoncèrent que Napoléon avait un fils ; ce fils venait combler ses vœux et affermir le trône impérial. Cette époque fut, à coup sûr, la plus brillante de la vie de Napoléon ; tous ceux qui lui appartenaient reflétaient, pour ainsi dire, son bonheur. Napoléon reçut les premiers baisers de son petit Roi de Rome ; il guida ses premiers pas ; mais comme ce bonheur eut peu de durée ! En effet, la paix avec l'Europe était toujours troublée, et la fatalité voulut que quelques mois après la naissance du Roi de Rome la guerre recommençât. Alors Napoléon était forcément séparé de son enfant. Ce fut d'abord la longue et si désastreuse campagne de Russie ; puis celle de Saxe, en 1813, et lorsqu'il quitta les Tuileries, le 25 janvier 1814, pour aller rejoindre son armée dans les plaines de la Champagne, c'était pour la dernière fois qu'il embrassait sa femme et son fils ; il ne devait plus jamais les revoir !

Napoléon n'eut vraiment pas longtemps la joie de son bonheur. A cette époque, trente-quatre mois s'étaient écoulés depuis le 20 mars 1811. Or, à bien compter le temps passé à la guerre ou en voyages, on peut dire que l'Empereur n'a pu voir son fils que pendant dix-neuf mois; et cependant il s'inquiétait de lui, car du champ de bataille il a écrit bien des fois à Mme de Montesquiou pour avoir des nouvelles du petit Roi, lui faisant d'expresses recommandations pour sa santé et sa sûreté. Pauvre petit prince ! Sa mère était près de lui, c'est vrai; mais les sentiments maternels de Marie-Louise n'étaient pas assez exaltés chez elle pour pouvoir atténuer auprès de son fils l'absence de son père.

« Marie-Louise, dit Mme d'Abrantès, faisait de la tapisserie ; elle jouait du piano, faisait de la peinture avec Isabey ; elle allait voir son fils à une heure fixe, se le faisait apporter de même, et l'enfant, qui connaissait mieux sa berceuse et son excellente gouvernante, la comtesse de Montesquiou (*maman Quiou*, comme il l'appelait) que sa mère, voulait à peine lui donner sa petite joue rose pour que l'autre posât ses lèvres. Et pourtant comme l'Empereur l'aimait ! Il l'aimait plus que jamais il n'aima une femme, et Dieu l'a puni pour celle-là même qu'il préféra à l'autre... »

Le petit Roi de Rome quitta la France avec sa mère, le 2 mai 1814, pour n'y plus revenir. Au moment du départ, Marie-Louise fit à sa belle-mère, Mme Letizia, la singulière proposition de l'accompager en Autriche; Madame Mère lui répondit que jamais elle ne se serait séparée de ses enfants lorsqu'elle devait rester auprès d'eux. C'était répondre à Marie-Louise que l'Impératrice régente n'aurait pas dû quitter Paris avec son fils pour le conduire à Vienne, tandis que Napoléon, son époux, défendait la France contre la coalition et l'invasion étrangère. »

Le petit prince fut donc conduit en Autriche escorté d'une garde de soldats étrangers! C'en était fait du fils du grand Napoléon! Ce fils, qui eut pour bourrelet une couronne, était désormais le prisonnier de la Sainte-Alliance. A partir de ce moment, Marie-Louise ne songea plus à Napoléon. Quand elle recevait une lettre de son époux, elle s'empressait de la porter au prince de Metternich.

Au retour de l'île d'Elbe, Napoléon s'attendait à chaque instant à voir arriver aux Tuileries l'épouse de son choix, avec ce fils qui lui était si cher, et pour lequel il osait tout... Disons-le, à Schœnbrunn, tout était calme et silencieux; aucun projet, aucune idée d'un départ public ou secret ne vint répondre aux désirs et aux espérances de Napoléon. Toutes ses tentatives pour établir une correspondance avec son épouse furent sans succès. Une triple barrière de fer arrêta tous les messagers ; aucun ne put la franchir. Marie-Louise signa même une déclaration par laquelle elle protestait qu'elle était tout à fait étrangère aux projets de Napoléon et qu'elle se plaçait sous la protection des Alliés. C'était fini, bien fini, elle ne se considérait plus comme l'épouse de Napoléon. Le lien formé par l'église n'était pas rompu, mais les lois humaines et les sentiments de la nature étaient méconnus. C'est aussi à l'époque du retour de l'île d'Elbe que Mme de Montesquiou, cette excellente femme qui avait donné depuis 1811 au Roi de Rome les soins les plus tendres et les plus dévoués, fut éloignée. L'année suivante, en 1816, Marie-Louise s'en va dans ses États de Parme, mais elle n'emmène pas son fils ; seul, le comte Neipperg, qui n'a pas cessé d'être auprès d'elle depuis le départ de France, l'accompagne dans ses nouveaux Etats ; plus tard, ils s'uniront par un mariage de la main gauche, et de cette union naîtront trois enfants ! « C'est une femme, dit Mme d'Abrantès, qui n'aurait jamais dû passer la frontière de France et d'Allemagne (1).

A partir de 1816, le Roi de Rome n'eut plus aucun Français à ses côtés : M. de Méneval, l'an-

---

(1) *Mémoires*, t. X, p. 428.

cien secrétaire des commandements de Marie-Louise, M. de Bausset, l'ancien préfet du palais impérial, Mme Marchand, attachée depuis le 20 mars 1811 au Roi de Rome, furent... remerciés. Alors, le fils de Napoléon n'eut plus que des étrangers auprès de lui, soit gouverneurs, professeurs ou serviteurs. « Des gardes plus nombreux qu'il n'en faut ordinairement pour la représentation honorifique, dit M. de Bausset, veillaient nuit et jour autour du palais, sous les fenêtres même du jeune Napoléon et dans l'intérieur ; une police active au dehors et de tous les instants ; une inquisition permanente, quoique invisible ; des lignes innombrables de troupes, non seulement en Autriche, mais même dans les Etats voisins, jusqu'aux frontières de la France ! »

En 1818, le cabinet autrichien, comme s'il voulait faire oublier l'origine de Napoléon II, lui donna le titre et le nom de duc de Reichstadt. Dans les lettres patentes qui établirent ce titre, le Roi de Rome est dénommé seulement *François-Joseph-Charles*, fils de « notre bien-aimée fille Marie-Louise » ; c'est-à-dire que le fils de Napoléon est tué civilement.

Jusqu'alors, nous avons pu suivre le Roi de Rome à l'aide de la *Correspondance de Napoléon Ier*, des mémoires de M. le baron de

Méneval, de M. de Bausset, de Mme d'Abrantès, de M. le baron Larrey (*Madame Mère*). Mais en ce qui concerne la seconde partie de l'existence de Napoléon II, nous avons dû faire un large emprunt aux narrations du comte Maurice de Dietrichstein, du colonel Prokesk d'Osten, du capitaine Foresti, du général Hartmann et du docteur Malfatti, reproduites par M. de Montbel, dans son ouvrage publié en 1832 : *Le duc de Reichstadt*, « notice sur la vie et la mort de ce prince, rédigée à Vienne, sur des documents authentiques ». M. de Montbel, ancien ministre de Charles X, est tout à la dévotion de la cour d'Autriche, du prince de Metternich ; il fait le plus grand éloge des gouverneurs et des professeurs du jeune duc, de ses amis intimes, dont l'un surtout, M. le colonel Prokesk, montra un véritable dévouement, parce que celui-là avait une certaine vénération pour l'Empereur Napoléon. Mais les autres, surtout le prince de Metternich, qui laissa pendant trois mois le maréchal Marmont auprès du fils de Napoléon pour lui enseigner l'histoire militaire ! Non, franchement, ces gouverneurs et ces professeurs ne pouvaient que transformer le prince français en duc autrichien, c'est un devoir qui leur incombait.

Donc, tout en respectant le texte de M. de Montbel, nous ne devons pas accepter comme paroles d'Evangile tous les sentiments d'affection que l'on avait là-bas pour le prince français et les programmes d'études qui lui ont été appliqués. « Les premières études furent absolument dirigées d'après le mode adopté pour les princes de la famille impériale d'Autriche ; » à quinze ans, il avait acquis les notions que nous appelons les « études classiques » ; à seize ans il suivit un cours de droit public et de droit privé ; il était très disposé pour les exercices physiques.

La fragilité de la constitution et les souffrances internes du duc de Reichstadt, qui se développèrent tout à coup à la suite de sa croissance, attaquèrent sa vie aux sources mêmes ; il devint taciturne, triste, circonspect, et son noble visage se couvrit d'une teinte livide dont la vue serrait le cœur. Au commencement de 1832, il tomba malade, et dut cesser son service militaire ; il était alors colonel. Un jour, s'étant refroidi à la suite d'une promenade à cheval, une fluxion de poitrine se déclara, accompagnée des symptômes les plus graves ; son état empira de jour en jour, et le 22 juillet, le malheureux prince expirait dans cette même chambre qu'avait occupée son père l'empereur Napoléon, lorsque, après la victoire de Wagram, il dictait les conditions de la paix à l'Autriche !

On a dit bien des choses sur la mort du fils de Napoléon, et, comme dans toutes les circonstances entourées d'un certain mystère, on a sans doute avancé plus d'un fait inexact. Les hommes froids et calmes, dont les sentiments répugnent à croire à la possibilité d'un crime, lors même qu'il n'est pas gratuit, ont attribué la mort du Roi de Rome, les uns à des causes naturelles, les autres à la vie sédentaire qu'on lui avait imposée ; mais les masses, qui ne raisonnent que sous l'impression de la douleur ou de leurs regrets, n'ont vu qu'un martyr dans le jeune prince, et sans entrer dans d'autres détails, elles ont attribué la mort prématurée et mystérieuse de Napoléon II à une main criminelle, à la haine insatiable des ennemis de la famille de l'empereur Napoléon. Elles sont allées jusqu'à citer des faits ; on a parlé d'empoisonnement, etc. « Les preuves manquent ; on n'a que des indices, accablants sans doute, mais cela ne suffit point pour admettre le plus épouvantable des crimes. »

Pour nous, il fut la victime des ennemis de la France, comme l'a été son père. Retenu prisonnier sur un sol étranger, gratifié d'un duché allemand, lui, roi à son berceau, lui, destiné à deux couronnes, il ne put oublier la France, sa vraie patrie ; on doit penser que l'âme du fils du grand

Napoléon avait compris sa destinée ; que si sa vie s'est éteinte à ses premiers jours, c'est que sous l'habit du colonel autrichien, duc de Reichstadt, se consumait, enchaîné dans une noble douleur, le cœur de Napoléon II !

Oui, le cœur, la pensée, les sentiments du fils de l'Empereur étaient bel et bien enchaînés ; il était bel et bien le prisonnier de la Sainte-Alliance dont l'Autriche avait la garde, comme l'Angleterre avait celle de son glorieux père. A Sainte-Hélène, l'*Aigle* avait pour gardien l'odieux Hudson Lowe, et à Vienne, c'était Metternich qui veillait sur l'*Aiglon !*

ROI DE ROME

ET

DUC DE REICHSTADT

CHAPITRE PREMIER

(1796-1809)

Le général Bonaparte au théâtre Feydeau. — Journée du 13 vendémiaire. — Bonaparte est nommé commandant en chef de l'armée de l'intérieur. — Eugène de Beauharnais va demander au général Bonaparte l'autorisation de garder l'épée de son père. — Visite de Bonaparte à Joséphine, veuve du général de Beauharnais. — Bonaparte épouse Joséphine (8 mars 1796). — La Malmaison. — Joséphine est couronnée Impératrice et Reine (1804-1805). — Chagrins de l'Impératrice ; paroles remarquables de l'Empereur sur la privation d'enfants ; motifs politiques invoqués pour le divorce ; le divorce est prononcé (16 décembre 1809).

Le 2 octobre 1795, le général Bonaparte était à Feydeau, le théâtre alors à la mode et celui qu'il affectionnait, lorsqu'il apprit par la conversation de ses voisins, que la garde nationale de la section Lepelletier, qui passait à juste titre pour royaliste, venait de repousser les troupes de la Convention, commandées par Menou. Il sortit aussitôt du théâtre et vint offrir ses services qui furent acceptés. Le lendemain, 13 vendémiaire (5 octobre), il écrasait les factieux à coups de canon devant l'église Saint-Roch. Le 10 octobre, Bonaparte est nommé commandant en chef de l'armée de l'intérieur, et le 16 il est promu général de division. Un changement s'opéra aussitôt dans les habitudes, alors fort simples, de Bonaparte; il quitta l'hôtel garni de la Concorde, vint occuper l'hôtel situé au coin du boulevard et de la rue des Capucines, qui était celui de l'état-major de la 17e division militaire, ayant Paris pour chef-lieu.

C'est dans l'hôtel des Capucines que le général Bonaparte reçut le jeune Eugène de Beauharnais, lorsque le fils de Joséphine vint réclamer l'autorisation de conserver l'épée de son père, qu'il devait rendre en vertu de la mesure sur le désarmement des sections. Les historiens et aussi les artistes, soit dans leurs récits, soit dans leurs tableaux, représentent le jeune Eugène recevant des mains du général Bonaparte l'épée de son père, enlevée de chez Mme de Beauharnais, transportée avec les autres armes dans les arsenaux et redemandée par le général. Les choses n'ont pu se passer ainsi, puisque dans la courte partie des *Mémoires du prince Eugène*, écrits par lui-même, on trouve ce détail bien précis :

« A la suite du 13 vendémiaire, un ordre du

jour défendit, sous peine de mort, aux habitants de Paris, de conserver des armes. Je ne pus me faire à l'idée de me séparer de l'épée que mon père avait portée, qu'il avait illustrée par d'honorables et éclatants services. Je conçus l'espoir d'obtenir la permission de pouvoir garder cette épée, et je fis des démarches en conséquence auprès du général Bonaparte. L'entrevue qu'il m'accorda fut d'autant plus touchante qu'elle réveilla en moi le souvenir encore récent de la perte que j'avais faite (1). Ma sensibilité et quelques réponses heureuses que je fis au général lui firent naître le désir de connaître l'intérieur de ma famille et il vint lui-même le lendemain me porter l'autorisation que j'avais si vivement désirée. »

Peu de jours après, Mme de Beauharnais alla faire au général une visite de remerciements et produisit sur lui, dès cette première entrevue, une grande impression par la douceur et la grâce de ses manières. Il lui rendit sa visite. Joséphine n'habitait plus dans la rue de l'Université ; elle venait d'acheter un hôtel, rue Chantereine, et y avait ouvert son salon, qui fut

(1) Le général de Beauharnais, avait été membre de l'Assemblée Constituante, dont il fut un moment Président ; puis, nommé général en 1792, il commanda l'armée du Rhin en 1793. Devenu suspect à la suite d'une campagne malheureuse dirigée sur le Rhin, il fut condamné à mort par le tribunal révolutionnaire et guillotiné le 23 juillet 1794 ; il avait trente-quatre ans. Deux enfants étaient nés de son mariage avec Joséphine :
Eugène, né le 8 septembre 1781 et Hortense, le 10 avril 1783.

bientôt le rendez-vous d'une société choisie. Agée alors de trente-trois ans, à peine paraissait-elle en avoir vingt-six ; sa distinction était parfaite, sa conversation aimable et fine ; son regard expressif, son sourire gracieux ; dans ses paroles, dans ses attitudes, l'élégance s'unissait à l'abandon ; si les traits de son visage n'offraient pas le type de la beauté, l'expression de sa physionomie, la souplesse de sa taille, l'harmonieux ensemble de toute sa personne réalisaient l'idéal de la jolie femme ; enfin, comme on disait de son temps, elle avait la séduction, et, pour nous servir d'une expression plus moderne, elle avait le charme. Bonaparte de plus en plus entraîné vers elle, passa bientôt toutes ses soirées dans le salon de la rue Chantereine. L'union qu'il avait désiré contracter avec Mlle Désirée Clary, belle-sœur de son frère Joseph, n'ayant pu se réaliser, il porta ses vues sur Mme de Beauharnais et lui demanda sa main. Celle-ci, peu disposée à un second mariage, consulta ses parents et ses amis, qui tous lui conseillèrent d'écouter les propositions du général ; Mme de Renaudin, sœur de M. de la Pagerie, insista surtout pour ce mariage ; son notaire seul, Me Raguideau, s'opposa à ce projet, disant que Bonaparte n'avait que la cape et l'épée, qu'elle possédait 25,000 francs de rente et pouvait espérer un parti plus avantageux. Après quelques hésitations elle se rendit aux vœux du général. Le mariage eut lieu à Paris, le 8 mars 1796 (1).

Elle suivit le héros d'Italie; sa mission constante fut d'enchanter le vainqueur et d'adoucir ses triomphes. Joséphine la remplit fidèlement et la continua quand elle fut au sommet de la puissance.

Bonaparte partit pour l'Égypte, elle se retira à la Malmaison, où elle se plut à réunir les objets d'art les plus précieux et où elle commença cette collection de plantes exotiques dont elle a enrichi la France.

A l'élévation de son mari au Consulat, Joséphine devint la providence de la France. Elle aida puissamment le Premier Consul dans la consolation des malheurs auquel il venait de mettre un terme. Une foule d'émigrés durent à Joséphine leur radiation, leur rentrée dans leurs biens, ou de grands secours. Elle encouragea les arts et l'industrie, rendit l'abondance aux premiers artistes, comme aux plus humbles artisans. Jamais personne ne s'est retiré d'auprès d'elle sans être ou enchanté, ou reconnais-

(1) L'acte fut passé à 10 heures du soir, à la mairie du 2° arrondissement. Le 11, Bonaparte écrivit au citoyen Le Tourneur, président du Directoire : « J'avais chargé le citoyen Barras d'instruire le Directoire Exécutif de mon mariage avec la citoyenne Tascher-Beauharnais. La confiance que m'a montrée le Directoire dans toutes les circonstances me fait un devoir de l'instruire de toutes mes actions. C'est un nouveau lien qui m'attache à la patrie ; c'est un gage de plus de ma ferme résolution de ne trouver de salut que dans la République. »

sant. « Si je gagne des batailles, disait Bonaparte, c'est Joséphine qui gagne les cœurs. » Toute espèce de malheur non mérité avait accès auprès d'elle. Sa bienfaisance ne connaissait pas les partis. La nourrice du Dauphin recevait une pension. Sans se mêler des affaires politiques, elle put souvent éclairer sur une injustice et influer pour une grâce. Ce fut à ses larmes que MM. de Polignac et de Rivière (1) durent la vie. Elle était la femme de l'homme qui devait le plus facilement pardonner, et elle était la meilleure et la plus aimée des souveraines. Sa Cour fut un grand asile ouvert à tout ce que la France pouvait lui offrir de malheurs à consoler, de services en tout genre à récompenser. Elle aimait le luxe et la gloire et elle fut la source d'une grande prospérité.

A l'époque de l'avènement à l'Empire, il fut parlé de divorce. Un parti s'inquiétait en France de ne point voir de successeurs au chef de l'État.

Napoléon repoussa ce conseil qu'il aurait dû repousser toujours. Il fit sacrer l'Impératrice à Paris, et la Reine à Milan (2). A Munich, elle assista au mariage de son fils avec la princesse

---

(1) Polignac et le marquis de Rivière avaient été condamnés à mort avec Georges Cadoudal, au mois de juin 1804.
(2) Couronnée *Impératrice des Français*, dans l'église Notre-Dame, de Paris, le 2 décembre 1804 et couronnée Reine d'Italie, à Milan, le 28 mai 1805.

de Bavière. Sa fille lui restait, mais elle dut bientôt, et avec un vif regret, s'en séparer aussi, quand la reine Hortense alla occuper le trône de Hollande. Cette princesse perdit son fils aîné. L'Impératrice sentit qu'elle avait besoin de pleurer avec sa fille, et partit pour le château de Laeken, où elle lui prodigua les consolations qu'elle devait bientôt recevoir elle-même.

L'élévation du prince Eugène au rang de vice-roi d'Italie aurait dû combler de joie l'Impératrice, et l'on crut dans le public et même à la Cour qu'il en était ainsi, mais l'on se trompait fort. En général, le public ne connaît que bien imparfaitement les sentiments réels de ceux que le sort élève au-dessus des autres. Contraints à être souvent en représentation, ils sont obligés de se faire un caractère factice, comme ils revêtent des vêtements d'apparat pour les grandes cérémonies.

« J'ai été à même de connaître tous les tourments de l'Impératrice, que rien ne pouvait consoler d'être séparée de ses enfants, qu'elle aimait par dessus tout. L'ambition était bien loin de lui parler aussi haut que l'amour maternel, sentiment qui domina chez elle tous les autres. L'idée de laisser son fils en Italie, la crainte de ne plus le revoir, ou la certitude de ne plus le voir aussi souvent lui faisaient verser des larmes. L'Empereur se plaignait de sa tristesse. Un jour qu'il la trouva plus affectée que de coutume, il lui dit devant moi : « Tu pleures, Joséphine, cela n'a pas le sens commun ; tu pleures parce que tu vas être séparée de ton fils ? Si l'absence de tes enfants te cause tant de chagrin, juge donc ce que je dois éprouver, moi ! L'attachement que tu témoignes pour eux me fait sentir bien cruellement le malheur de ne pas en avoir. »

« Ces paroles étaient bien loin d'être pour l'Impératrice des paroles de consolation ; elle ne m'en dit rien quand l'Empereur fut sorti ; mais aux larmes amères que je lui vis répandre, sans qu'il me fut possible de calmer sa douleur, il me fut facile de juger qu'elle faisait un retour sur les craintes d'un divorce, craintes qu'elle avait si longtemps éprouvées. Assoupies depuis son couronnement à Paris, elles se réveillèrent en entendant l'Empereur déplorer ainsi le malheur de n'avoir point d'enfants. L'Empereur n'avait certainement pas eu l'intention d'affliger sa femme, et elle, de son côté, ne pouvait rien lui dire de l'interprétation que de douloureux souvenirs lui faisaient donner malgré elle à ses paroles. L'Empereur avait pour elle la plus tendre amitié et il est vrai de dire qu'elle le payait bien de retour ; de l'amour qu'elle avait eu pour lui, de l'admiration qu'il lui inspirait, s'était formé un sentiment qui tenait presque du culte. Je parle sans hyperbole quand je dis que l'Impératrice aurait donné sa vie pour son mari, et peut-être fit-elle plus par la suite. Rien de ce que je dis ici ne paraîtrait exagéré, si l'on avait pu, comme moi, être témoin des preuves d'attachement que les deux époux se donnèrent réciproquement; et j'ai la certitude que lorsque des raisons politiques les contraignirent de se séparer, toute la douleur ne fut pas d'un seul côté (1). »

On était à la fin de 1809; l'Empereur venait, par de nouvelles victoires, d'assurer la couronne sur sa tête; rien ne manquait à sa gloire; mais un héritier manquait à son bonheur et à son ambition. Il ne pouvait plus en espérer de son union avec Joséphine. Examinant dès lors la question du divorce au point de vue politique, et refoulant au dedans de lui-même sa tendresse pour Joséphine, l'Empereur convoqua les membres de sa famille et ses conseillers intimes. Presque tous furent d'avis d'une alliance nouvelle; le roi Louis, le cardinal Fesch, le prince Lebrun, le duc de Feltre opinaient pour une princesse de Saxe; Murat, Fouché, Cambacérès, pour une princesse russe; le prince Eugène, Talleyrand, le duc de Bassano, le duc de Vicence pour une archiduchesse d'Autriche; Napoléon, répondant à Murat, fit ressortir avec tant de chaleur les avantages de cette dernière

(1) *Mémoires de Mlle Avrillon*, première femme de chambre de l'Impératrice Joséphine.

alliance, que personne n'osa le contredire.

« On pouvait, a dit l'Empereur, soutenir deux systèmes palliatifs contre la nécessité du divorce. Mon frère Louis avait des fils; l'Impératrice avait un fils de son premier mariage; je l'aimais comme mon propre fils. Les premiers étaient des enfants dont je pouvais diriger l'éducation; le sénatus organique de l'Empire les appelait au trône, et mon âge justifiait l'espoir qu'ils seraient à ma mort déjà connus de la France et estimés par elle dignes de me succéder à défaut de mes frères Joseph et Louis. Eugène avait fait ses preuves comme général et comme administrateur. Mes peuples d'Italie lui rendaient pleine justice; les Français l'aimaient et le voyaient avec peine exclu de l'hérédité au trône de France. Sa mère m'avait souvent pressé de l'adopter pour successeur à l'Empire; c'était chez elle une idée fixe. La loi commune le rendait dès lors mon héritier direct sans qu'il fût besoin de rien changer au sénatus-consulte organique. Mais, si Eugène me succédait, je ne fondais pas une dynastie, car la paternité par adoption n'est qu'une fiction de la loi, et le bon sens des peuples la rejetterait. Le sang de la quatrième dynastie serait celui d'un Beauharnais et non pas celui d'un Napoléon. A cela, la pauvre Joséphine n'avait rien à répondre, et, du moment où elle ne pouvait plus espérer pour son fils, ses ressentiments contre mes frères se faisaient voir comme une nécessité du sacrifice de sa position (1). »

Napoléon dit un soir à l'Impératrice Joséphine, que sa famille, ses ministres, son conseil, *enfin tout le monde* lui représentait la nécessité d'un mariage qui lui donnât des héritiers et il avait répété plusieurs fois dans une extrême agitation : « Qu'en dis-tu ? Cela sera-t-il ? Qu'en dis-tu ? » Joséphine, qui avait écouté en silence, répondit enfin : « Que veux-tu que je te dise, si tes frères, tes ministres, *tout le monde le veut.* » Alors la bonne Joséphine s'abandonne au plus affreux désespoir ; Napoléon lui prodigue consolations et caresses, fait appeler la reine Hortense, Eugène, les assure de toute son affection et les prie de ne pas abandonner l'Impératrice qui, devenue calme, finit par envisager son sacrifice avec une force de caractère dont personne ne la croyait capable. Le 15 décembre 1809, à neuf heures du soir, se trouvèrent réunis, dans le cabinet de cérémonies des Tuileries, l'Empereur, l'Impératrice, Madame Mère, le roi et la reine de Hollande, le roi et la reine de Westphalie, le roi et la reine de Naples, le prince Eugène, l'archichancelier et le secrétaire de l'état civil de la famille impériale. Napoléon lut d'une voix assez ferme un discours dans lequel il exposait les raisons pour lesquelles il

---

(1) *Dictées de Sainte Hélène.*

avait résolu de dissoudre son mariage ; Joséphine essaya de lire à son tour la déclaration qui lui avait été préparée en réponse à ce discours ; mais à peine eût-elle prononcé quelques mots, que les sanglots étouffèrent sa voix et elle tendit le papier au comte Regnault de Saint-Jean-d'Angely, qui en acheva la lecture. Puis Napoléon, embrassant Joséphine, la conduisit chez elle et l'y laissa inanimée entre les bras de ses enfants.

Le lendemain, 16, jour fixé pour la séparation des deux époux, l'Empereur se rendit chez Joséphine avec le baron de Meneval (1); en le voyant entrer, elle se leva vivement et se jeta en sanglotant à son cou ; il la serra contre sa poitrine et l'embrassa à plusieurs reprises. Dans l'excès de son émotion elle s'était évanouie ; l'Empereur, voulant éviter le renouvellement du spectacle d'une douleur qu'il ne pouvait calmer, la remit entre les mains de M. de Meneval et il se retira rapidement. A deux heures, Joséphine monta en voiture avec sa fille et partit pour la Malmaison. Ce même jour, le 16 décembre, un sénatus-consulte décidait que le mariage contracté entre Napoléon et Joséphine était dissous, que néanmoins Joséphine conserverait les titres et rang d'Impératrice-Reine couronnée, et que son douaire était fixé à une rente annuelle de

---

(1) Secrétaire de Napoléon.

deux millions de francs sur le trésor de l'État.

Après quelques explications, l'Officialité de Paris annula le lien religieux. L'acte civil de ce premier mariage contenait des causes de nullité qui auraient suffi pour autoriser sa rupture, mais l'idée de faire usage de ces moyens, qui auraient blessé la dignité de l'Empereur, ne se présenta pas même à son esprit. Les témoins avaient été Calmelet, Barras, Tallien et le capitaine Lemarois, aide de camp du général Bonaparte. Ce dernier n'était pas majeur; né en 1776, il comptait à peine vingt ans en 1796, époque du mariage. L'âge des deux époux n'avait pas été exactement énoncé; il avait été procédé à l'acte civil avec une irrégularité qu'excusait le laisser-aller de l'époque; la production des actes de naissance ne fut pas exigée, ou bien ces actes furent examinés très superficiellement; le général Bonaparte y figurait comme étant né le 5 février 1768, quoiqu'il fût réellement venu au monde le 15 août 1769. C'est sans doute ce qui a fait supposer à quelques historiens que Napoléon était né avant la réunion de la Corse à la France. L'énonciation de cette date était-elle l'effet d'un oubli ou de l'incurie de l'homme d'affaires du général Bonaparte; où le général avait-il le désir, en se vieillissant de dix-huit mois, de se rapprocher de l'âge de Mme de Beauharnais, qui, de son côté, faisait un pas vers le sien? La date du 5 février n'est celle de la naissance d'aucun de ses frères.

Le 12 janvier 1810, tout fut terminé.

Mais pendant que les autorités complaisantes brisaient un lien sacré, l'opinion populaire, peu touchée des raisons d'État, et depuis si longtemps accoutumée à toujours associer le nom de Joséphine à celui de Napoléon, se prononçait avec chaleur contre une répudiation qui lui paraissait de l'ingratitude. Par une sorte de superstition affectueuse, le peuple considérait Joséphine comme le génie tutélaire de Napoléon, et de vagues inquiétudes répondirent à l'annonce d'une séparation; de tristes rumeurs circulaient dans la foule, de sinistres prévisions avaient cours, et l'Impératrice tombée put apprendre dans sa retraite de la Malmaison, que toute la France, moins les courtisans, avait pris le deuil avec elle.

Chaque jour, pendant un mois, Joséphine reçut une visite ou une lettre de celui qui avait été son époux et qui n'était plus que son ami. Elle eut la force de comprimer la douleur qu'elle garda jusqu'à la fin au fond de son âme; sa bonté et sa douceur trouvèrent à s'exercer sur la petite Cour qui l'entourait, et même le sourire revint parfois errer sur ses lèvres.

Un peu plus tard, elle obtint d'aller habiter le château de Navarre, en Normandie (1), et ne s'établit définitivement à la Malmaison que vers

---

(1). Navarre, près d'Évreux. Le 10 mars 1810 Napoléon avait

la fin de 1811. Elle y eut, par ordre de l'Empereur, un premier aumônier archevêque, une dame d'honneur, six dames du palais, un chevalier d'honneur, quatre chambellans, quatre écuyers, une lectrice et un intendant général; il ne tint qu'à elle de se croire aux Tuileries. Mais ce qu'elle regrettait, ce n'était pas la puissance, c'était l'Empereur; elle s'intéressait à sa fortune et à son bonheur avec autant d'affection qu'avant le divorce.

L'abdication de Napoléon Ier et son exil à l'île d'Elbe éprouvèrent fortement Joséphine : « Ah! Hortense, s'écria-t-elle en se jetant tout en larmes dans les bras de sa fille; ce pauvre Napoléon qu'on envoie à l'île d'Elbe!... Sans sa femme, j'irais m'enfermer avec lui. » Revenue à la Malmaison, elle éprouva un grand abattement mêlé de fièvre, puis une esquinancie se déclara; le mal fit des progrès rapides; le 29 mai, la pauvre Joséphine expirait dans les bras de son fils. Sa dernière pensée fut pour l'Empereur; elle répétait à voix basse : « Bonaparte!... Ile d'Elbe!... Marie-Louise!... »

écrit à Maret, ministre secrétaire d'État « .... Présentez-moi à signer, demain matin, des lettres patentes, qui érigent la terre de Navarre en duché avec les biens et revenus que je me réserve d'y ajouter. Je conférerai ce duché à l'Impératrice Joséphine, qui le transmettra à un enfant mâle du prince Eugène à sa volonté, et aux descendants mâles de ce prince par ordre de progéniture; et, venant à s'éteindre cette branche, les autres enfants mâles hériteront et, à l'extinction définitive, ce duché retournera à la Couronne. »

CHAPITRE DEUXIÈME

(1810-1811)

Projet d'alliance matrimonial. — Préférence de Napoléon pour une archiduchesse d'Autriche. — Message au Sénat. — Napoléon demande à l'Empereur d'Autriche la main de l'archiduchesse Marie-Louise; Napoléon écrit à Marie-Louise qu'il vient de demander sa main à l'Empereur François II et lui témoigne son désir de « l'honorer et la servir ». — La Cour de Vienne souscrit au projet d'alliance. — Napoléon envoie son portrait à Marie-Louise. — Marie-Louise quitte Vienne (14 mars 1810) pour venir en France; son arrivée à Compiègne. — Mariage civil à Saint-Cloud (1er avril); mariage religieux au Louvre (2 avril); magnificence des fêtes; empressement des poètes à célébrer le mariage; le bal chez le prince de Schwarzenberg; épouvantable catastrophe. — Grossesse de l'Impératrice; naissance du Roi de Rome (20 mars 1811); les artistes, les poètes célèbrent la naissance du Roi de Rome; les fêtes du baptême. — Voyages de l'Empereur et de l'Impératrice; de Boulogne et d'Anvers, l'Empereur écrit au maréchal Bessières et à Mme de Montesquiou de bien veiller à la sûreté du Roi de Rome.

Le divorce accompli, il ne s'agissait plus que de choisir la femme qui devait perpétuer la dynastie napoléonienne. Le 26 décembre 1809, et quelques jours après, l'Empereur tint un conseil privé, où il fut mis en délibération quelle serait l'alliance la plus avantageuse à la France. La majorité des avis fut pour une alliance avec l'Autriche. Ceux qui étaient dans le secret du choix de Napoléon, opinèrent, comme de raison, pour cette alliance ; mais ceux qui discutèrent de bonne foi, présentèrent des objections qui auraient peut-être pu prévaloir, si ce choix n'avait pas été déjà fait.

Le 2 février, Napoléon fit présenter au Sénat, et adopter comme loi de l'État, tout ce qui avait rapport au domaine de la Couronne, au douaire des impératrices et aux apanages des princes de la famille. « Il imitait en cela les simples particuliers qui mettent de l'ordre dans leurs affaires avant de se marier. » Trois jours après, il forme la Maison de l'Impératrice. Ces premiers arrangements d'intérieur et de convenance étaient à peine terminés, que Napoléon écrivit à l'empereur d'Autriche pour demander officiellement la main de l'archiduchesse Marie Louise :

Rambouillet, 23 février 1810.

Monsieur mon Frère, je fais partir demain mon cousin le vice-connétable, prince de Neuchâtel (1), pour demander à Votre Majesté Impériale, l'archiduchesse Marie-Louise, sa fille, en mariage. Les hautes qualités qui distinguent si éminemment cette princesse, l'avantage précieux qu'elle

---

(1) Alexandre Berthier, prince de Neuchâtel et de Wagram.

a de lui appartenir, me font désirer vivement cette union. Je ne tarde donc pas un moment, et j'expédie le comte Lauriston (1), mon aide de camp, déjà connu de Votre Majesté, pour lui porter cette lettre. Je le charge de lui faire connaître le prix que j'attache à cette alliance ; j'en attends, pour moi et pour mon peuple, beaucoup de bonheur (2).

Napoléon.

A Marie-Louise, archiduchesse d'Autriche, il écrivit :

Rambouillet, 23 février 1810.

Ma Cousine, les brillantes qualités qui distinguent votre personne, nous ont inspiré le désir de la servir et honorer. En nous adressant à l'Empereur, votre père, pour le prier de nous confier le bonheur de Votre Altesse Impériale, pouvons-nous espérer qu'elle agréera les sentiments qui nous portent à cette démarche ? Pouvons-nous nous flatter qu'elle ne sera pas déterminée uniquement par le devoir de l'obéissance à ses parents ? Pour peu que les sentiments de Votre Altesse Impériale aient de la partialité pour nous, nous voulons les cultiver avec tant de soins, et prendre à tâche si constamment de lui complaire en tout, que nous nous flattons de réussir à lui être agréable un jour ; c'est le but où nous voulons arriver et pour lequel nous prions Votre Altesse de nous être favorable (3).

Napoléon.

La Cour de Vienne, déjà prévenue, souscrivit avec empressement au projet d'alliance. On annonce par la presse officielle ce prochain mariage et l'Empereur en informe lui-même, tout d'abord et sans détail, Madame Mère :

(1) Lauriston (Law de), général de division.
(2) *Correspondance de Napoléon* (pièce 16,288).
(3) *Id.* (pièce 16,289).

Paris, 23 février 1810.

Je m'empresse de vous faire connaître que la convention portant contrat de mariage entre moi et l'archiduchesse Marie-Louise, fille de l'empereur d'Autriche, a été ratifiée, le 16, à Vienne, ce qui me fait ne point tarder à vous en faire part (1).

NAPOLÉON.

La lettre suivante fut présentée ensuite à l'Archiduchesse, le 8 mars, par le prince de Neuchâtel :

Madame ma Sœur, le succès de la demande que j'ai faite à S. M. l'Empereur, votre père, pour m'unir à vous en mariage, est une marque bien précieuse de l'estime et de la considération qu'il m'accorde. Je suis extrêmement sensible au consentement que vous donnez vous-même à une union qui me comble de la joie la plus vraie et doit embellir toute ma vie. J'attends avec une impatience bien vive le moment qui doit en accélérer la conclusion. J'apprécie surtout dans cette alliance les soins que je veux prendre pour vous rendre heureuse. Mes vœux, à cet égard, sont d'autant plus sincères que mon propre bonheur sera essentiellement lié au vôtre. J'ai chargé le prince de Neuchâtel, mon ambassadeur extraordinaire et plénipotentiaire, de vous remettre mon portrait. Je vous prie de le recevoir comme un gage des sentiments qui sont gravés dans mon cœur et qui seront inaltérables (2).

NAPOLÉON.

(1) *Correspondance de Napoléon*, pièce 16,285.
Pareille lettre a été adressée le même jour à Joseph Napoléon, roi d'Espagne ; à Louis Napoléon, à la Haye ; à Jérôme Napoléon à Cassel ; à Eugène Napoléon, à Milan ; à Elisa Napoléon, à Florence ; au cardinal Fesch, à Paris; au prince Camille Borghèse, à Turin.
(2) *Id.* (pièce 16,312):

L'Empereur alla attendre à Compiègne l'arrivée de la nouvelle Impératrice, vers le 20 mars, après avoir fait exécuter de magnifiques embellissements au château et au parc. Tous les membres de la famille impériale venaient d'arriver et Madame Mère s'y trouvait, entourée de ses enfants. Sa figure grave et digne offrait un contraste frappant avec les physionomies joyeuses ou distraites des princesses, dont elle cherchait à modérer les ébats.

Trois tentes, dressées entre Compiègne et Soissons, devaient servir à l'entrevue solennelle des époux. Les deux cortèges s'y seraient réunis pour n'en plus former qu'un seul; mais l'Empereur ayant reçu de l'Impératrice l'annonce de son départ de Soissons, saute sur le cérémonial, ordonne d'amener une calèche sans armoiries, y monte avec le roi de Naples, et part incognito, précédé d'un seul piqueur. Arrivé devant le cortège, il s'approche sans être reconnu de la voiture archiducale, se fait annoncer par son écuyer, monte ensuite dans la voiture et y demeure jusqu'à Compiègne avec Marie-Louise et Caroline, la femme de Murat. Le temps était affreux; les arcs de triomphe, l'illumination, tous les préparatifs de réception furent presque sans effet; le château seul, autour duquel se pressait une foule compacte, présentait le plus ravissant aspect. A dix heures du soir, la voix du canon annonce l'arrivée de

Leurs Majestés Impériales, qui traversèrent aux flambeaux la grande avenue et furent reçues par la famille de l'Empereur Napoléon ; les présentations individuelles terminées, l'Impératrice fut conduite dans son appartement.

Après quarante-huit heures de séjour au palais de Compiègne, l'Empereur et Marie-Louise se rendirent à Saint-Cloud où, le 1er avril, eut lieu le mariage civil. Le mariage religieux fut célébré le lendemain, à Paris, dans le grand salon carré du Louvre, approprié à l'éclat de cette cérémonie somptueuse.

Raconterons-nous les fêtes brillantes qui suivirent l'entrée de Marie-Louise à Paris, et la cérémonie religieuse où quatre reines de la famille de Napoléon portaient le manteau de l'Impératrice, et ces bals étincelants que donnèrent l'un après l'autre les grands fonctionnaires pour célébrer la venue de la fille des Césars, et les jeux et les spectacles accordés au peuple ? Redirons-nous les dithyrambes enthousiastes des littérateurs du jour ? Montrerons-nous le révolutionnaire Lemercier faisant assaut de flatteries avec le royaliste Michaud, Arnault avec Désaugiers, Tissot avec Dupaty, Étienne avec Bouilly, etc. Des volumes de poésies annoncèrent à la France une ère nouvelle de bonheur. Mais la France ne se laissait pas tromper aux cris des poètes et des courtisans, et l'enthousiasme de commande ne dépassait pas les grilles des Tuileries. La majorité de la population voyait avec inquiétude et méfiance recommencer le règne d'une Autrichienne. On savait par quels cris avait commencé la Révolution de 89, et le nom le plus impopulaire de cette époque semblait revivre dans la nièce de Marie-Antoinette. Il se faisait de sinistres rapprochements, on racontait de tristes présages, et comme pour donner quelque consistance à des terreurs indéterminées, un incendie survenu au bal donné par l'ambassadeur d'Autriche, prince de Schwarzenberg, fut accompagné de terribles malheurs qui semblèrent à beaucoup d'esprits un fâcheux augure. On se rappelait les cruels accidents qui avaient troublé les fêtes du mariage de Louis XVI.

Au commencement du mois de novembre 1810, le docteur Dubois, accoucheur de l'Impératrice, ayant affirmé à Napoléon que l'état de grossesse datait d'environ cinq mois, l'Empereur en fit part à son beau-père :

J'expédie un de mes écuyers pour porter à Votre Majesté Impériale la nouvelle de la grossesse de l'Impératrice, sa fille ; elle est avancée de près de cinq mois. L'Impératrice se porte très bien et n'éprouve aucune des incommodités attachées à son état. Connaissant tout l'intérêt que Votre Majesté nous porte, nous savons que cet événement lui sera agréable. Il est impossible d'être plus parfait que la femme que je lui dois. Aussi je prie Votre Majesté d'être persuadée qu'elle et moi lui sommes également attachés (1).

(1) *Correspondance de Napoléon* (pièce 17,133, datée de Fontainebleau, le 14 novembre).

Le baron de Mesgrigny, écuyer, chargé de porter ce message, rapporta de la famille régnante d'Autriche, les félicitations les plus vives et d'apparence la plus sincère. Un autre message informa le Sénat du même événement qui, comblant les vœux de l'Empereur et ceux de la nation, produisit une joie générale. Les évêques appelèrent sur l'heureuse fécondité de Marie-Louise les bénédictions du ciel.

L'Empereur nomma une gouvernante des Enfants de France, et son choix s'arrêta sur la comtesse de Montesquiou, femme du grand chambellan ; ce choix reçut une approbation unanime. « Née dans un rang élevé, Mme de Montesquiou, dit le baron de Meneval, jouissait d'une considération justement acquise ; elle avait quarante-six ans, sa réputation était intacte. Pieuse, elle avait une dévotion exempte de pratiques minutieuses, une grande simplicité de manières, un ton digne, mais bienveillant, un caractère ferme et des principes solides. Elle réunissait toutes les qualités désirables pour bien remplir la charge importante que l'Empereur venait de lui confier d'après ses propres inspirations. »

La grossesse de l'Impératrice avançait heureusement ; Napoléon redoublait envers elle de sollicitude et de prévenances délicates, la soutenant dans ses bras et veillant à ce que tous les conseils du docteur Dubois fussent suivis avec ponctualité.

« J'ai été quelquefois témoin de ces scènes de ménage où éclatait la nature aimante de Napoléon, qui n'a pu être accusé d'insensibilité que par ceux qui ne l'ont pas connu. Quand le temps le permettait, l'Impératrice se promenait sur la terrasse des Tuileries qui longe la rivière. On avait fermé cette terrasse par des grilles à hauteur d'appui et un escalier, pratiqué au rez-de-chaussée du palais, y donnait accès. Plus tard, on construisit à l'extrémité de cette terrasse, un pavillon élégant dans lequel le Roi de Rome passait les belles journées du printemps quand la Cour habitait les Tuileries (1). »

Ce fut le 19 mars au soir que l'Impératrice ressentit les premières douleurs. Toute la Cour et tous les fonctionnaires de l'État se rassemblèrent au palais des Tuileries et attendirent avec la plus vive impatience l'instant qui devait combler tous les vœux de la France. Au nombre des vingt-trois personnes qui étaient dans la chambre à coucher de l'Impératrice et qui assistèrent à ses couches étaient Mmes de Montesquiou, de Montebello et de Luçay ; MM. Corvisart, Bourdier, médecin de l'Empereur ; Bourdois et Avity, médecins des Enfants de France ; la nourrice, les berceuses, etc. Les

---

(1) *Mémoires de M. de Meneval.*

douleurs furent très fortes. Elles se calmèrent
tout à fait vers les cinq heures du matin. Le
docteur Dubois ne voyant rien qui annonçât un
accouchement très prochain, en prévint l'Empereur, qui renvoya tout le monde et alla lui-
même se mettre au bain.

Marie-Louise, accablée de fatigue, dormit
environ une heure ; mais, au bout de ce temps,
de vives douleurs l'éveillèrent ; ces douleurs
augmentèrent toujours sans cependant amener
la crise exigée par la nature ; ce fut alors que le
docteur Dubois acquit la triste certitude que
l'accouchement de l'Impératrice serait difficile
et laborieux. L'Empereur, à Sainte-Hélène,
rappela ce moment de terrible anxiété :

« Après quelques heures de souffrances, l'accoucheur Dubois, tandis que j'étais sur un sofa,
vint à moi, la frayeur peinte sur sa figure, et
il me dit que l'Impératrice était dans un état
alarmant, que l'enfant se présentait de travers.
Je lui demandai s'il n'avait jamais rien vu de
semblable. Dubois me répondit qu'il avait vu
quelques accouchements de ce genre, mais
très rares, peut-être pas un sur mille, et qu'il
était bien affligé qu'un tel cas se présentât,
lorsqu'il était question de l'Impératrice ! Oubliez,
lui dis-je, qu'elle est Impératrice, et traitez-la
comme vous traiteriez la femme d'un petit marchand de la rue Saint-Denis. Dubois me demanda ensuite, si cela devenait indispensable,

lequel des deux il faudrait sacrifier pour sauver l'autre, la mère ou l'enfant. Sauvez la mère, répondis-je, il n'y a pas à hésiter et cela est de droit. J'accompagnai ensuite Dubois auprès du lit, j'encourageai et tranquillisai de mon mieux l'Impératrice, et je la soutins pendant qu'on l'opérait avec les pinces (*forceps*) (1). »

Enfin l'enfant naquit. Aussitôt on fit entrer Cambacérès, qui, comme archichancelier de l'Empire, devait constater la naissance et le sexe de l'enfant. Le prince de Neuchâtel, quoique sans titre pour être présent, l'y suivit, poussé par son attachement à l'Empereur et à l'Impératrice. Le nouveau-né resta sept minutes sans donner signe de vie. Napoléon jeta les yeux sur lui, un moment même il le crut mort ; mais il ne prononça pas un seul mot à ce sujet, ne s'occupant en quelque sorte que de l'Impératrice. On souffla quelques gouttes d'eau-de-vie dans la bouche de l'enfant; on le frappa légèrement du plat de la main sur tout le corps ; on le couvrit de serviettes chaudes; enfin, il poussa un cri, et l'Empereur vint embrasser ce fils dont la naissance était pour lui le comble du bonheur et le dernier bienfait de cette fortune qui ne devait pas tarder à l'abandonner.

Donc, le 20 mars, tous les habitants de Paris apprirent de grand matin que l'Impératrice était

(1) *Napoléon en exil*, par O'Meara.

dans les douleurs qui précèdent la délivrance; et dès la pointe du jour, le jardin des Tuileries se trouva rempli d'une foule immense de toutes les conditions. On était averti que vingt et un coups de canon devaient annoncer la naissance d'une fille, et qu'il en serait tiré cent et un pour célébrer celle d'un héritier du trône. Aussitôt que le premier coup de canon se fit entendre, cette multitude, un instant auparavant si bruyante et si tumultueuse, garda le plus profond silence. Il n'était rompu méthodiquement que par ceux qui comptaient le nombre de coups en prononçant à demi-voix, *un, deux, trois;* mais une fois le vingt-deuxième entendu, un enthousiasme impossible à décrire éclata de toutes parts; les cris de joie, les chapeaux en l'air et les *vivats* partirent de tous les points du jardin des Tuileries et contribuèrent presque autant que le bruit du canon, à porter cette nouvelle dans les autres quartiers de la capitale.

Quant à l'Empereur, placé derrière le rideau d'une des croisées de l'Impératrice, il put jouir en silence, et pour ainsi dire *incognito*, de l'ivresse qui régnait autour de lui; aussi de grosses larmes vinrent-elles à couler de ses yeux sans que peut-être il les sentît sur ses joues... Ce fut dans cet état qu'il vint de nouveau embrasser son fils.

Le soir du même jour, le nouveau-né fut ondoyé dans la chapelle des Tuileries, avec les cérémonies usitées à l'ancienne Cour de France, par le cardinal grand aumônier.

Le nouveau-né fut créé Roi de Rome.

Les officiers de la Maison impériale, des pages et des courriers furent expédiés avec des lettres et des messages pour les grands corps de l'État, pour les bonnes villes et pour les ambassadeurs et ministres français et étrangers. Les pages, envoyés aux corps municipaux, en reçurent de grandes marques de considérations; le conseil municipal de Paris et celui de Turin votèrent des pensions aux porteurs de l'heureuse nouvelle.

La bonne Impératrice Joséphine ne fut pas oubliée. Napoléon lui envoya un page à Navarre.

> Mon amie, j'ai reçu ta lettre; je te remercie. Mon fils est gros et très bien portant. J'espère qu'il viendra à bien. Il a ma poitrine, ma bouche et mes yeux. J'espère qu'il remplira sa destinée.
>
> Je suis très content d'Eugène; il ne m'a jamais donné aucun chagrin.
>
> NAPOLÉON.

Le 21 mars, Napoléon, sur son trône, reçut les grands corps de l'État, les autorités de Paris et le corps diplomatique.

En rappelant ces concerts de louanges, ces félicitations empressées et ces joies officielles, on se sent pris de compassion pour le grand homme qui, dans ses illusions de père et de

Lettre CCXXIV.

Monsieur j'ai reçu la lettre que tu m'envoie
mon adresse que ce [...] surtout [...]
[...]
[...]
[...]

pale 22 may

monarque, annonce à tous les félicités de l'avenir. Au Sénat, il dit : « Les grandes destinées de mon fils s'accompliront; » au Conseil d'État : « Mon fils vivra pour faire le bonheur et la gloire de la France. Vos enfants se dévoueront pour son bonheur et sa gloire ; » au Corps législatif : « Mon fils répondra à l'attente de la France; il aura pour vos enfants les sentiments que je vous porte. » Mais ensuite, par un singulier pressentiment que rien n'explique en cette occasion, il ajoute, en parlant au même corps : « Les Français n'oublieront jamais que leur bonheur et leur gloire sont attachés à la prospérité de ce trône que j'ai élevé, consolidé et agrandi avec eux et pour eux ; je désire que ceci soit entendu de tous les Français. » Étranges paroles quand la fortune lui assurait les hommages de tous! Bien vaines, lorsque le malheur viendra mettre les fidélités à l'épreuve !

En sortant de cette audience solennelle, on se rendit chez le Roi de Rome qui était couché dans le magnifique berceau en vermeil, que le 5 mars précédent, le comte Frochot, préfet de la Seine, accompagné du corps municipal, avait présenté à l'Empereur au nom de la ville de Paris (1).

---

(1) Prud'hon, peintre de l'Impératrice, en avait composé le dessin et il avait été exécuté par Thomire et Odiot, modelé par Rognet, sculpteur.

Les ornements de ce berceau sont en nacre, burgare et

Le grand chancelier de la Légion d'honneur et le grand chancelier de la Couronne de Fer, déposèrent sur le berceau les grands cordons de ces Ordres. Le prince de Schwarzenberg, ambassadeur d'Autriche, présenta, quelques jours après, la grande décoration de l'Ordre de Saint-Étienne.

La peinture, la sculpture, la plastique, la gravure et la numismatique multiplièrent les portraits et les représentations du jeune roi. Gérard fit de lui un charmant portrait à mi-corps, entouré des attributs de l'enfance. Prud'hon peignit l'enfant impérial endormi dans un bosquet, au milieu d'un groupe de fleurs, parmi lesquelles s'élevait « l'Impériale », mollement inclinée sur son front. L'harmonie de la composition, la délicatesse des formes, le gracieux abandon de la pose et la vérité du sommeil en firent un délicieux tableau.

Mais à cette époque, la manie versiculaire

---

vermeil ressortant sur un fond de velours nacarat, il est supporté par quatre cornes d'abondance près desquelles sont placés les Génies de la Force et de la Justice ; il est formé de balustres de nacre et parsemé d'abeilles d'or. Un bouclier, portant le chiffre de l'Empereur et entouré d'un triple rang de palmes de lierre et de laurier, en forme la tête. La Gloire planant sur le Monde, soutient la couronne triomphale et celle de l'immortalité, au milieu de laquelle brille l'astre de Napoléon. Un jeune aiglon, placé au pied du berceau, fixe déjà son œil sur l'astre du héros ; il entr'ouvre ses ailes et semble essayer de s'élever jusqu'à lui. Un rideau de dentelles semé d'étoiles et terminé par une riche broderie d'or, retombe sur les bords du berceau.

était si grande, que chaque canton eut son poète ; il n'est si petite commune qui n'adressât au Roi de Rome des hymnes, des cantates, des allégories, des églogues, des scènes champêtres, etc. ! Jamais plus d'encens ne fut brûlé dans la cassolette impériale, c'était comme un nuage, une fumée qui obscurcissait l'horizon, et l'on ne se borna pas à laisser mourir ses poésies éparses dans le *Journal des Débats* (alors *Journal de l'Empire*) et dans les autres feuilles de Paris et des départements. MM. Eckart et Lucet, proposèrent cinquante prix accordés aux meilleures pièces françaises, allemandes, portugaises, italiennes, espagnoles, latines et grecques. Plus de trois cents pièces de vers furent imprimées, signées et publiées dans deux gros volumes in-8° de plus de quatre cents pages, sous ce titre : *Hommages poétiques à Leurs Majestés Impériales et Royales* sur la naissance de Sa Majesté le Roi de Rome (1).

---

(1) *Hommages poétiques à Leurs Majestés Impériales et Royales*, sur la naissance de Sa Majesté le Roi de Rome, recueillis et publiés par J.-J. Lucet et Eckart, 2 vol. in-8°. Paris, imprimerie de Prudhomme fils, 1811. — A chaque volume, un frontispice dessiné et gravé par Blanchard fils. Celui du premier volume représente l'Empereur sur un char triomphal, avec ces vers au bas :

> Règne, Napoléon, objet de tous nos vœux,
> Règne longtemps sur nous, règne toujours heureux !

Au fronton du second volume, on voit le Roi de Rome couronné dans son berceau par la France et gardé par la Sagesse sous les traits de Minerve.

Le grand prix fut donné à Barjaud de Montluçon; le second à Casimir Delavigne, et le premier accessit à Léonard Guibert, âgé de 15 ans. Napoléon voulut les visiter dans leur lycée et demanda que les deux lauréats lui fussent présentés.

Napoléon s'approcha avec bonté des deux lauréats, il dit à Casimir Delavigne : « Jeune homme, que puis-je faire pour vous ? » Hélas ! le jeune poète sentait qu'il devait être un jour l'appui de sa famille et de sa voix timide, il répondit : « Sire, je demande à être exempté de la conscription. »

Napoléon hocha la tête et répondit : « Accordé ». Ensuite, se retournant vivement vers Barjaud de Montluçon, et plongeant sur lui son regard d'aigle, il répéta : « Et vous, jeune homme, que désirez-vous ? » La poitrine haletante, l'œil en feu, Barjaud de Montluçon répondit vivement et d'une voix haute et ferme :

« Sire, l'honneur d'être admis dans vos braves armées. » L'Empereur s'approcha de Barjaud de Montluçon, lui prit la main et lui dit d'une voix émue : « Jeune homme, je ne vous oublierai pas. » En ce moment, tous les élèves crièrent à la fois : « Vive l'Empereur ! » Quelques-uns, même, cédant à leur entraînement et à leur amitié pour leur brave condisciple, ajoutèrent : « Vive Barjaud de Montluçon ! » L'Empereur fut ému de ces cris portés avec l'accent du cœur, et s'écria : « Mes enfants, je n'oublierai aucun de vous ; » et il sortit rapidement.

Barjaud de Montluçon poursuivit ses études avec une attention soutenue ; bientôt il fut nommé premier répétiteur du Lycée ; l'enseignement lui ouvrit une carrière brillante ; mais le souvenir de la visite de Napoléon avait laissé dans son âme une de ces impressions qui ne s'effacent jamais. Il demanda à l'Empereur l'exécution de sa promesse et il fut admis dans la Jeune Garde. Après avoir passé par tous les grades inférieurs, il était parvenu à être promu capitaine et avait mérité par sa bravoure la croix de la Légion d'honneur et l'Ordre de la Réunion ; mais dans une charge qu'il fit à la tête de sa compagnie, près de Leipzig, il tomba percé d'une balle qui lui traversa la poitrine. Voici quelques-unes des strophes de l'ode du jeune Français, poète et soldat :

Quels flots religieux assiègent cette enceinte ?
Pour qui montent les vœux de la prière sainte ?
La voûte retentit de solennels concerts,
L'airain résonne, et l'écho qui s'éveille
  Apporte à mon oreille
La voix du bronze en feu qui gronde dans les airs

O France, quels moments de bonheur et de joie !
Quel heureux avenir à tes yeux se déploie !
L'éclat du plus beau jour brille sur tes enfants.
Tout fier d'un rejeton qui croît sous ton ombrage,
  Le cèdre au vert feuillage
Laisse voir des forêts ses rameaux triomphants.

Rome, relève-toi plus brillante et plus fière ;
Jette tes vêtements tout souillés de poussière ;
Viens t'asseoir de nouveau sur le trône des Arts ;
O Rome, ne dis plus que ta gloire est passée...
        Ta splendeur effacée
Reprend tout son éclat sous de nouveaux Césars.

Couché sous les débris du Capitole antique,
L'aigle romain s'arrache au sommeil léthargique
Qui jadis l'enchaîna dans ses temples déserts ;
Il agite son aile, il frémit d'espérance,
        Et l'aigle de la France
L'invite à s'élancer dans l'empire des airs.

Ils s'envolent tous deux des champs de la victoire,
Ils ont associé leur essor et leur gloire ;
Mais l'aigle des Romains s'étonne, à son réveil,
Qu'un autre ait su monter au séjour du tonnerre ;
        Et, planant sur la terre,
Soutienne mieux que lui les regards du soleil.

Voici les stances de Casimir Delavigne qui furent citées dans le *Moniteur* :

Tu parus, aussitôt les peuples de la France
Entourèrent ton char de leurs concerts joyeux ;
        Devant toi marchait l'espérance ;
        Et ce jour à jamais heureux,
D'un jour plus doux encor nous donna l'assurance.
Jeune immortelle, il naît de ton sein généreux
Ce fils que ta présence annonçait à l'empire ;
Un doux transport déjà se mêle à tes douleurs,
Et sur ces traits souffrants, où la beauté respire,
Le souris maternel brille au milieu des pleurs.

    Telle, dans sa course légère,
    Dissipant un brouillard obscur,
    Du jour l'aimable messagère
    Apparaît sur son char d'azur.

A la terre qui se réveille,
La déesse de sa corbeille
Prodiguant les trésors divers,
Par ses pleurs et par son sourire
Annonce le dieu, dont l'empire
Va s'étendre sur l'univers.

Reçois, royal enfant, les vœux de la patrie,
Qu'un laurier paternel ombrage ton berceau !
Que la gloire et les arts, embellissant ta vie,
Consacrent à jamais le règne le plus beau !
Enfant chéri du ciel, attendu par la terre,
 Promis à la postérité,
Puisses-tu, sous les yeux de ton auguste père,
 Croître pour l'immortalité !
Et vous, peuples heureux de ces heureux rivages,
O vous, dont sa naissance a comblé tous les vœux,
 Goûtez un bonheur sans nuages,
Qui doit s'étendre un jour à nos derniers neveux !
 Bannissez la crainte importune ;
Par un vent favorable en son cours entraîné,
Le vaisseau de l'Etat, de gloire environné,
 Porte César et sa fortune.

« Le docteur Dubois, qui avait accouché l'Impératrice, fut magnifiquement récompensé ; il reçut cent mille francs et le titre de baron. Cet accouchement, qui avait exigé l'emploi des instruments de chirurgie, avait présenté un tel caractère de gravité, que le médecin avait jugé de son devoir de déclarer à l'Empereur qu'un nouvel accouchement mettrait véritablement les jours de l'Impératrice en danger. Cette révélation fit de l'impression sur l'esprit de Napoléon ; elle eut des conséquences qu'on ne pouvait alors prévoir. La naissance d'autres enfants aurait sans doute exercé une salutaire influence sur les sentiments de l'Impératrice, et, en multipliant les liens qui unissaient les deux époux, aurait peut-être rendu leur séparation plus difficile. Le docteur Dubois, en obéissant à sa conviction, a rempli un devoir d'honnête homme ; mais la nature, dont la puissance l'emporte sur celle de la science, a des ressources cachées qui échappent à la sagacité de celle-ci ; aussi s'est-elle chargée de donner un démenti au savant praticien huit ans plus tard (1). »

Un mois après ses couches, l'Impératrice, bien rétablie, fit ses relevailles dans la chapelle des Tuileries, reçut les hommages de la Cour, ceux du corps diplomatique, puis elle accompagna l'Empereur à Saint-Cloud.

C'est au retour d'un voyage que l'Empereur et l'Impératrice venaient de faire dans le Nord de la France, dans les départements du Calvados et de la Manche qu'eut lieu le baptême du prince impérial.

Madame Mère était désignée comme marraine pour tenir le Roi de Rome sur les fonts baptismaux, avec l'Empereur d'Autriche, représenté par le prince Charles, son frère, ou le grand-duc de Wurtzbourg.

---

(1) *Mémoires du baron de Meneval*, t. II, p. 247.
Dès 1815, Marie-Louise s'éprit d'un singulier attachement pour le comte de Neipperg ; elle le traita en époux et plusieurs enfants naquirent de leur union morganatique.

Madame Mère fut suppléée par la reine de Naples et la reine d'Espagne, avec délégation, en son absence, de la reine Hortense, à titre de seconde marraine.

La cérémonie fut célébrée le 9 mai, à Notre-Dame ; et « malgré le respect dû à la Sainte Eglise, il y eut, dit un historien, un instant où l'émotion générale, jusque-là contenue, déborda tout à coup, et où les applaudissements de tous les assistants traduisirent éloquemment les sympathies nationales. Ce fut quand l'Empereur, recevant, des mains de sa mère, son fils que venait de bénir la religion, l'éleva dans ses bras, et, d'un geste attendri, le fit voir à la foule pressée dans cette vaste enceinte ».

Le jeune prince reçut les noms de NAPOLÉON FRANÇOIS-CHARLES-JOSEPH.

Le banquet de baptême eut lieu le même jour, à l'Hôtel de Ville, avec un somptueux éclat. La table, dont l'Empereur et l'Impératrice occupaient le milieu, était dressée sur une estrade, aux regards du public.

L'Europe, harassée de vingt ans de guerres et de malheurs, s'était véritablement réjouie de la naissance du fils de Napoléon, croyant trouver enfin, dans cet événement, le terme de ses longues fatigues ; elle aspirait à se reposer dans ses revers, autant que la France en éprouvait le besoin dans ses triomphes.

Huit jours après le baptême du Roi de Rome,

Napoléon fit l'ouverture de la session du Corps législatif. Au milieu de tant d'espérances, d'avenir, de sécurité et de bonheur, cette séance offrait un grand intérêt. Toutes les attentions étaient éveillées; sans doute, on allait entendre Napoléon déclarer que, désormais confiant sa gloire, non plus aux chances sanglantes des batailles, mais aux triomphes plus doux et plus utiles d'une administration éclairée, encourageant l'agriculture, l'industrie, le commerce, les lettres et les arts, il voulait, en donnant la paix au monde, consolider l'édifice immense élevé de ses mains, et qu'il n'aspirait qu'à conserver à l'héritier qui venait de lui naître.

Dans un discours d'apparat, c'est en ces termes qu'il proclama la naissance de son fils:

« La paix conclue avec l'Empereur d'Autriche a été depuis cimentée par l'heureuse alliance que j'ai contractée. La naissance du Roi de Rome a rempli mes vœux et satisfait l'avenir de mes peuples. »

Il parlait de la paix!... et déjà l'on eût dit que des éclairs sillonnaient cet horizon qu'on avait cru pur et si tranquille.

« Je ne veux rien qui ne soit dans les traités que j'ai conclus, disait-il; je ne sacrifierai jamais le sang de mes peuples pour des intérêts qui ne sont pas immédiatement ceux de mon empire. Je me flatte que la paix du continent ne sera pas troublée.

Quelques mois venaient de s'écouler depuis la naissance du Roi de Rome, quelques semaines s'étaient consumées en fêtes, et déjà Napoléon comptait sur lui-même, reprochant à son cœur les loisirs heureux qu'il dérobait aux soins incessants qu'exigeait un aussi vaste empire. Le voyage rapide fait, au mois d'août, le long des côtes et des frontières nord-ouest rendait obligatoire un second voyage, voyage d'apparat pour l'Impératrice, mais pour lui d'utilité pratique. Ce voyage dura du mois de septembre au 1ᵉʳ décembre. Les deux lettres suivantes montrent combien l'Empereur songeait à son fils :

Au maréchal Bessières, duc d'Istrie commandant la Garde impériale.

Boulogne, 20 septembre 1811.

Mon Cousin, allez souvent voir le Roi de Rome ; voyez Mᵐᵉ de Montesquiou, et prenez toutes les mesures pour veiller à sa sûreté. Informez Mᵐᵉ de Montesquiou qu'en cas d'événement c'est à vous qu'elle doit s'adresser et vous qu'elle doit prévenir (1).

NAPOLÉON.

A madame la Comtesse de Montesquiou, Gouvernante de la Maison des Enfants de France.

Anvers, 30 septembre 1811.

Madame la Comtesse de Montesquiou, j'ai vu avec plaisir par vos différentes lettres la bonne santé du Roi. Puisque

(1) *Correspondance de Napoléon*, pièce 18,145.

vous n'avez pas été à Meudon, je suppose que c'est que le rapport de la Faculté y aura été contraire. Il me paraît cependant bien extraordinaire que cette maison, si bien située, ne soit pas saine. Je désire que la Faculté, peut-être trop soigneuse, n'aille pas contre son but, et que l'on forme de bonne heure la constitution du Roi par un régime solide. Au reste, je m'en rapporte avec confiance sur cela à vous, Madame (1).

NAPOLÉON.

(1) *Correspondance de Napoléon*, pièce 18,154.

CHAPITRE TROISIÈME

1812

Situation de l'Empire français au commencement de l'année 1812. — Dispositions hostiles de la Russie. — Napoléon bon père et bon époux ; instants qu'il consacre auprès du petit Roi de Rome. — Napoléon présente son fils à ses soldats. — Le palais du Roi de Rome en face du Champ-de-Mars. — Préparatifs de guerre avec la Russie. — Napoléon convoque tous ses alliés à Dresde. — Campagne de Russie. — Lettres de Napoléon à Mme de Montesquiou pour la remercier des nouvelles qu'elle envoie sur le Roi de Rome. — La veille de la bataille de la Moskowa (6 septembre 1812), l'Empereur reçoit le portrait du Roi de Rome ; grande joie qu'en éprouve l'Empereur. — Lettre de remerciement à Mme de Montesquiou pour l'envoi de ce portrait. — La retraite de Russie ; Napoléon quitte l'armée et arrive le 18 décembre aux Tuileries. — L'Empereur reçoit les corps constitués. — La conspiration de Malet lui a révélé le peu de solidité de sa dynastie.

Au commencement de l'année 1812, le plus formidable orage qui eût jamais menacé l'Empire français se formait dans le Nord ; une rupture avec la France était arrêtée dans les conseils du Czar. Accablé de soins et de soucis, l'Empereur avait son temps pris par les occupations multipliées du Cabinet, par des revues ou par le travail de ses ministres. C'était seulement auprès de sa femme et de son fils qu'il rencontrait une agréable distraction à tant de fatigues. Le peu de loisirs que lui laissaient les affaires dans la journée, il le consacrait à son fils, dont il se plaisait à guider les pas chancelants avec une sollicitude toute féminine. Les chutes fréquentes de cet enfant chéri — si elles n'avaient pu être prévenues — étaient accueillies par les caresses et les éclats de rire bruyants de son père. L'Impératrice, qui assistait à ces scènes de ménage, n'y prenait pas une part aussi active que l'Empereur. « Mais, dit le baron de Meneval, ce trio, dont la simplicité aurait pu faire oublier la grandeur, offrait le spectacle d'un ménage bourgeois uni par les liens de l'intimité la plus douce; et qui aurait alors pu soupçonner le sort réservé aux êtres qui le composaient? »

A une revue qui avait lieu au Champ-de-Mars, l'Empereur présenta son fils à ses soldats; il était radieux en entendant les cris de joie délirante de ses vieilles bandes, car c'était en partie la Garde impériale qui était là, cette troupe vaillante parmi les vaillantes. — A-t-il eu peur? demandait l'Impératrice. — Peur! non vraiment. Il savait bien qu'il était là avec des amis de son père.

Une chose qui fut remarquée ce même jour,

c'est que l'Empereur tint son fils dans ses bras pendant des heures entières. Il semblait puiser dans les regards de cet enfant un bonheur jusque-là inconnu pour lui. Après la revue, il causa longtemps avec M. Fontaine et parla du palais pour le Roi de Rome qu'on devait construire en face de l'Ecole Militaire et du Champ-de-Mars (1). Et pendant ce temps, l'Empereur avait son fils sur les bras et le caressait tout en

(1) Après la naissance du jeune Napoléon, son père eut l'idée de bâtir presque vis-à-vis le pont d'Iéna, sur une hauteur appelée depuis le *Trocadéro*, un superbe palais qui devait être le *palais du Roi de Rome*; le Gouvernement fit l'achat de toutes les maisons situées sur l'emplacement qu'on avait choisi. Sur le terrain qui, d'après le plan, devait former l'extrême droite de la façade, se trouvait une petite maison qui, avec le sol sur lequel elle était bâtie, n'était estimée qu'environ mille francs, et appartenait à un pauvre tonnelier. Le propriétaire en demanda dix mille; on en parle à Napoléon qui ordonne qu'ils lui fussent comptés. Quand les personnes chargées de conclure cet arrangement vinrent pour terminer, le propriétaire dit que, toute réflexion faite, il ne pouvait vendre sa maison moins de trente mille francs. Cela fut rapporté à Napoléon, qui consentit encore à ce qu'on lui payât cette somme. Quand on vint de nouveau pour régler l'affaire, le tonnelier insatiable porta la somme à quarante mille francs. L'architecte fut très embarrassé, il ne savait plus que faire; il n'osait en parler à Napoléon, et cependant il ne pouvait lui laisser ignorer l'exigence du tonnelier. Enfin, il en référa quand même à l'Empereur qui répondit : « Ce drôle là abuse, pourtant il n'y a pas d'autre moyen; allons, il faut le payer. » L'architecte revint chez le tonnelier, qui porta le prix de sa maison à cinquante mille francs. Quand Napoléon en fut informé, il se mit en colère : « Cet homme-là est un misérable, eh bien ! je n'achèterai pas sa maison; elle restera comme un monument de mon respect pour les lois. » Quelques fondations du palais futur furent exécutées, mais démolies ensuite. Quant à la fameuse masure du tonnelier elle tomba en ruines et son propriétaire dut travailler péniblement jusqu'à la fin de ses jours.

le faisant jouer. On parla de Rome. M. Fontaine en fit l'éloge. Napoléon se plaignit de n'avoir pas été jusqu'aux portes de cette belle cité, lui qui avait attaché l'Italie à son nom et son nom à l'Italie !

— Mais j'irai bien sûrement un jour, dit-il à M. Fontaine, car c'est la ville de *mon petit Roi*. Et il arrêtait sur son fils cette prunelle ardente et fauve, qui dans ce moment couvrait d'amour et de vastes pensées cette tête chérie, objet de tant de soins.

« Mais c'est au Kremlin que les Dieux ont marqué le terme de ses conquêtes, et Alexandre l'y appelle par ses notes provocatrices, par la violation solennelle du blocus continental, par ses prétentions sur Dantzig et sur la Pologne. Avant de quitter Paris et d'apprendre officiellement à la France que les serments d'Erfurth ne furent que jeux de prince, et qu'Alexandre le force à recommencer, dans le nord de l'Europe, la lutte ouverte depuis vingt ans entre l'ancien et le nouveau système politique, Napoléon fait adopter par les grands corps de l'Empire diverses mesures qui peuvent annoncer à ses peuples la vaste expédition qu'il prépare, la guerre lointaine qui va éclater. »

Non content de tout disposer pour la guerre dans le sein de l'Empire, Napoléon s'occupe de former et de cimenter à l'extérieur de puissantes alliances. Des traités offensifs et défensifs sont signés avec le Cabinet des Tuileries par l'Autriche et par la Prusse. L'armée se rassemblait; des forces immenses se portaient vers la Pologne. Les choses ainsi disposées, Napoléon imagina de convoquer à Dresde tous ses alliés, d'y inviter même l'Empereur et l'Impératrice d'Autriche, sous prétexte de leur présenter Marie-Louise, qui désirait ardemment revoir sa famille, et, dans cette assemblée des rois et des princes de la Confédération rhénane, d'attacher d'une façon plus intime ses alliés à sa fortune. Peut-être, se disait-il encore, à la vue d'une confraternité si parfaite, d'un déploiement de forces si considérables, la Russie reculera, et moyennant des concessions réciproques, nous cimenterons la paix européenne ; la réunion de Dresde sera dès lors le congrès de la paix..... Douce chimère qui devait bientôt s'évanouir. Les assurances les plus amicales étaient alors prodiguées par les chancelleries de Vienne et de Berlin au potentat victorieux que la fortune ne semblait pas menacer encore d'une trahison prochaine.

Parti de Paris avec l'Impératrice le 9 mai 1812, il traversa rapidement Metz, Mayence et Francfort, et arriva le 17 à Dresde. C'était une affluence de têtes couronnées dans la capitale de la Saxe. Napoléon y eut son « salon des rois » ; les Altesses et les Majestés semblaient s'y être donné rendez-vous pour rivaliser d'empressement et d'adulations auprès du chef du grand Empire. L'orgueil des races antiques et la vanité des familles nouvelles s'abaissaient également devant lui. A voir ce concours de superbes courtisans et de magnifiques flatteurs qui accouraient de toutes parts, et des hauteurs même du trône pour s'associer à la prosternation générale que l'Empereur remarquait partout autour de lui sur son passage, on eût dit que tous ces illustres adulateurs avaient en lui une foi inébranlable, et que son pouvoir lui paraissait participer de l'immortalité qui était assurée à son nom.

Le 29 mai, la Russie publiait l'ouverture de ses ports à toutes les nations. Le même jour, Napoléon quitta Dresde et se dirigea sur Thorn; de leur côté l'Empereur et l'Impératrice d'Autriche se rendirent à Tœplitz; l'Impératrice Marie-Louise, leur fille, les accompagna jusqu'à Prague, d'où elle reprit, le 27 juin, le chemin de Paris. Elle ne revit plus son père qu'au mois d'avril 1814, à Rambouillet, au milieu des Cosaques qui gardaient ce palais.

Pour Napoléon, les fêtes ont fini, et de ce jour commencent les plus rudes travaux de sa vie; ils n'auront plus d'autre terme que celui de son règne. Le 6 juin, il arriva à Thorn, et le lendemain à Dantzig, dont il visita les fortifications. Le 12, il était à Kœnigsberg, le 17 à Welchau, le 18 à Insterburg et le 19 à Gumbinen. Ce fut de cette ville que l'Empereur voulut tenter une dernière démarche auprès de l'Empereur Alexandre, qui venait d'arriver à la tête de son armée, cantonnée entre le Niémen et Wilna ; mais cette tentative resta sans succès. Le comte de Narbonne, que Napoléon chargea de cette mission, ne put parvenir jusqu'au Czar ; après de longs et inutiles pourparlers pour obtenir une audience d'Alexandre, l'envoyé français fut obligé de quitter les avant-postes russes et de repasser le Niémen, rapportant pour toute réponse la confirmation de la note du 30 avril, — c'est-à-dire la guerre. Le sort en était jeté ! Puisque la modération tournait au détriment de la France et ne servait qu'à rendre plus inexorables les prétentions de la Russie, Napoléon se décida enfin à soutenir ses droits l'épée à la main et à confier l'honneur de la nation à la bravoure de ses soldats. Il quitta Gumbinen dans la nuit même pour se rapprocher des bords du Niémen ; le lendemain, l'Empereur vint établir son quartier général à Wilkowyrzki. Ce fut de là qu'il instruisit, le 22, la Grande Armée de la campagne de Russie. Cette campagne fut terrible... Déjà, dès le passage du Niémen et de la Vilna, s'étaient révélés tous les inconvénients, tous les dangers d'une expédition aussi gigantesque, dans de vastes contrées absolument dépourvues de ressources.

La difficulté des transports et des subsistances,

la mauvaise organisation des hôpitaux, le besoin, les fatigues de ces marches forcées et continuelles, avaient fait éprouver à l'armée d'immenses pertes, avant même qu'elle eût combattu.

Napoléon entrevoyait déjà de sinistres présages, et pendant qu'entraîné par son destin, il allait au loin briser son sceptre, il pouvait opposer au spectacle des maux qui l'entouraient les souvenirs de la félicité dont il eût pu continuer à jouir avec gloire. Ses pensées se portaient fréquemment vers Marie-Louise, vers ce jeune enfant, objet de toutes les espérances d'un avenir si vaste. Il correspond avec la gouvernante de son fils :

Madame la Comtesse de Montesquiou, j'ai reçu toutes vos lettres jusqu'au 16 mai. J'apprends avec plaisir la bonne santé du Roi. J'ai confiance, en fait de médecin, dans mon premier médecin Corvisart (1).

NAPOLÉON.

Madame la Comtesse de Montesquiou, je reçois votre lettre du 6 juin. Je ne puis que vous témoigner ma satisfaction des soins que vous prenez du Roi. J'espère que vous m'apprendrez bientôt que les quatre dernières dents ont faites. J'ai accordé pour la nourrice tout ce que vous m'avez demandé ; vous pouvez lui en donner l'assurance (2).

NAPOLÉON.

La veille de la mémorable bataille de la Mos-

(1-2) *Correspondance de Napoléon*, pièces 18,715, 18,802.

kowa, au milieu des graves préoccupations que
lui causait la lutte sanglante qui allait s'engager, Napoléon reçut le portrait de son fils.
L'Impératrice avait chargé M. de Bausset, préfet du palais, qui allait rejoindre le quartier
général, de la mission de remettre à son père
le portrait du petit Roi de Rome. « J'arrivai le
6 septembre, à 9 heures du matin, à la tente de
Sa Majesté, dit M. de Bausset. Je lui remis les
dépêches que l'Impératrice avait bien voulu me
confier, et je lui demandai ses ordres relativement au portrait de son fils. Je pensais qu'étant
à la veille de livrer la grande bataille qu'il avait
tant désirée, il différerait de quelques jours
d'ordonner l'ouverture de la caisse dans laquelle
ce portrait était renfermé... Je me trompais :
pressé de jouir d'une vue aussi chère à son
cœur, il m'ordonna de la faire porter de suite à
sa tente. Je ne puis exprimer le plaisir que cette
vue lui fit éprouver. Le regret de ne pouvoir
serrer son fils contre son cœur fut la seule
pensée qui vint troubler une jouissance aussi
douce. Ses yeux exprimaient l'attendrissement
le plus vrai. Il appela lui-même tous les officiers de sa Maison et tous les généraux qui
attendaient à quelque distance ses ordres, pour
leur faire partager les sentiments dont son cœur
était rempli.

« — Messieurs, leur dit-il, si mon fils avait
« quinze ans, croyez qu'il serait ici, au milieu

« de tant de braves, autrement qu'en peinture. »
A plusieurs reprises l'Empereur ajouta : « Ce « portrait est admirable. »

Le royal enfant était représenté à demi-couché, dans son berceau, jouant avec un hochet dont on aurait pu prendre la boule pour le globe du monde et le bâton pour un sceptre. L'Empereur ordonna à un de ses valets de chambre de porter ce tableau hors de sa tente et de le tenir à une élévation suffisante pour que le poste de sa Garde pût l'apercevoir. Ce spectacle fit accourir aussitôt tous les officiers et les soldats qui se trouvaient près de là. Pour satisfaire la curiosité de la foule militaire, dont le nombre allait toujours croissant, l'Empereur fit placer le portrait du Roi de Rome sur un des pliants de sa tente et l'y laissa exposé pendant toute la journée à la vue de l'armée. La sympathie et les sentiments de tous ces braves soldats finirent par se traduire en une manifestation qui toucha vivement l'Empereur.

Pendant tout le temps du séjour de l'Empereur au Kremlin, le portrait de son fils fut placé dans sa chambre à coucher. L'Empereur écrivit à la gouvernante du petit prince :

Madame la Comtesse de Montesquiou, j'ai reçu le portrait du Roi, je l'ai trouvé fort ressemblant. Il me fournit une occasion, que je saisis avec plaisir, de vous témoigner toute ma satisfaction des soins que vous prenez de lui (1).
NAPOLÉON.

(1) *Correspondance de Napoléon*, pièce 19,118.

Puis cette autre lettre datée de Moscou, le 16 octobre 1812 :

Madame la Comtesse de Montesquiou, j'ai reçu votre lettre du 28 septembre. J'agrée les sentiments que vous m'exprimez. C'est moi qui vous suis tout à fait redevable pour les soins si vrais que vous prenez du petit Roi ; j'en suis très reconnaissant : j'entends avec plaisir parler des espérances qu'il donne (1).

NAPOLÉON.

Ce moment de joie, en voyant les traits de son fils, fut peut-être le seul qui vint soulager l'Empereur dans la terrible tâche qu'il entreprenait. Hélas ! oui, elle fut terrible et horrible, cette campagne de Russie qui sema les débris et les ruines ; les aigles de l'Empire n'avaient plus d'horizon, leur dernier cri de victoire avait vibré dans les murs déserts de Moscou. Chaque jour ajoutait un désastre au désastre de la veille ; cette expédition de Russie fut gigantesque, même le malheur. Au mois de juin, trois cent vingt-cinq mille hommes avaient traversé le Niémen ; au mois de décembre, cent vingt-sept mille revirent ce fleuve ; le reste était mort ou prisonnier. Au départ, l'Empereur et la France entraînaient à leur suite tous les peuples de l'Europe ; au retour, l'Empereur et la France se trouvaient seuls !

Napoléon rentra aux Tuileries le 18 décembre,

---

(1) *Correspondance de Napoléon*, pièce 19,276.

à minuit, après quatorze jours du voyage le plus rapide et le plus secret. Il put embrasser sa femme et son fils, qu'il n'avait point vus depuis le mois de mai.

C'était la première fois que Napoléon rentrait dans Paris sans que son retour annonçât des triomphes. Mais il venait calmer les inquiétudes publiques : la population le salua comme une grande espérance ; les fonctionnaires l'accueillirent avec leur habituelle servilité, mais non sans quelque crainte au souvenir du triste rôle qu'ils avaient joué dans l'affaire de Malet. Ils avaient en effet à expier le facile oubli des droits de Napoléon II ; tous leurs discours officiels furent des dithyrambes en faveur de l'hérédité.

« La nature, s'écrie Fontanes, la nature ordonne en vain que les rois se succèdent, le bon sens veut que la royauté soit immortelle. »

« Nos pères, dit Séguier, ont affronté les périls pour maintenir l'hérédité de la Couronne ; leur esprit vit encore parmi nous, et il appartenait à Votre Majesté de le susciter. Nous sommes prêts à tout sacrifier pour votre personne sacrée, pour la perpétuité de votre dynastie ; veuillez recevoir ce nouveau serment, nous y demeurerons fidèles jusqu'à la mort. »

« Au premier bruit d'alarme, s'écrie Chabrol, le berceau de l'héritier du trône serait environné de cette population fidèle ; tous tiendraient à honneur de lui faire un rempart de leur corps. Qu'importe la vie devant les immenses intérêts qui reposent sur cette tête sacrée ! »

Qu'avait été cependant ce dévouement magnifique deux mois auparavant, en face d'un conspirateur subalterne ? Que devait-il devenir quinze mois plus tard ? Fontanes, Séguier, Chabrol, vrais types du fonctionnaire-valet, devaient être les plus ardents coryphées d'un pouvoir nouveau.

Malgré de solennelles protestations, il y avait dans l'affaire de Malet un si éclatant témoignage de l'impuissance héréditaire, que Napoléon en était profondément ému. Le 22 décembre, il ouvrit la séance du Conseil d'État en disant : « Messieurs, il faut croire aux miracles !...Vous allez entendre le rapport de M. Réal. » Après que Réal eut fait l'exposé de la conjuration, l'Empereur prit la parole. Son langage fut grave et non sans amertume. Après avoir déploré le défaut de stabilité de l'esprit public en France, il ajouta : « Au premier mot de ma mort, sur l'ordre d'un inconnu, des officiers mènent leurs régiments forcer les prisons, se saisir des premières autorités ! Un concierge enferme les ministres sous ses guichets ! Un préfet de la capitale, à la voix de quelques soldats, se prête à faire arranger sa grande salle d'apparat pour je ne sais quelle assemblée de factieux ! tandis que l'Impératrice est là, le Roi de Rome, mes ministres et tous les grands pouvoirs de l'État! Un homme est-il donc tout ici? Les institutions, les serments, rien?... »

Oui, sans doute, un homme était tout. Les institutions étaient illusoires, les serments de vains mots. Oui, un homme était tout, et c'est pour avoir méconnu cette vérité que Napoléon fit l'immense faute de compter sur l'hérédité, sur la noblesse qu'il créa, sur les royautés de ses frères, sur toutes les fictions de l'Empire, enfin sur tout ce qui n'était pas lui. Car, à vrai dire, l'empire lui-même n'était qu'une fiction : il n'y avait de réel que l'Empereur.

CHAPITRE QUATRIÈME

1813

Nouvelle coalition contre la France. — Préoccupé des dangers auxquels va s'exposer l'Empereur, le Sénat, dans la prévision de sa mort, voudrait que son fils fût couronné Roi de Rome ; il assigne un douaire à l'Impératrice Marie-Louise (19 février 1813). — L'Impératrice est nommée régente (30 mars). — Napoléon et son fils ; le petit Roi de Rome et le jeu de la guerre de son père. — Le Roi de Rome est conduit chez l'impératrice Joséphine ; le Roi de Rome et le plumet du capitaine Coignet. — Départ de Napoléon pour l'armée (15 avril). — Victoire de Lutzen (2 mai). — Regrets de Napoléon d'avoir accordé une suspension d'armes après ses premières victoires. — De Hanau (7 juin), Napoléon écrit à la gouvernante du Roi de Rome pour la remercier de tous ses soins envers son fils. — Bataille de Leipzig (16 octobre) ; « La trahison, les désertions ont vaincu l'invincible. » — Napoléon envoie à Marie-Louise vingt drapeaux pris à Vachau, à Leipzig et à Hanau. — L'Empereur arrive à Saint-Cloud le 9 novembre. — La petite calèche du Roi de Rome traînée par des moutons mérinos. — Le petit Roi de Rome et les pétitions des malheureux ; il demande pardon à *Maman Quiou*. — Graves complications ; ouverture de la session du Corps législatif ; opposition du Corps législatif aux sentiments exprimés par le Sénat ; dissolution du Corps législatif. — L'Empereur d'Autriche renouvelle l'assurance de ses meilleures dispositions pour Marie-Louise et pour le Roi de Rome.

Dans ses justes appréhensions, le Sénat, désirant consolider le trône impérial, aurait voulu que l'Impératrice fût revêtue solennellement du diadème et que son fils fût couronné Roi de Rome. Napoléon jugea la chose intempestive ; il ne croyait pas devoir sacrifier un temps précieux à une solennité qu'il jugeait prématurée ; il pensait mieux à servir la patrie par la prompte organisation d'une armée capable de tenir tête à l'étranger. Toutefois, quand, après avoir entendu les orateurs du Conseil d'État, le Sénat eut décidé que, en cas de mort de l'Empereur, l'Impératrice jouirait d'un douaire, il sanctionna volontiers ce sénatus-consulte, décrété le 19 février 1813.

La gravité des événements ne faisait pas moins sentir le besoin d'une régence que celui d'un douaire pour l'Impératrice. Les lettres patentes instituant la régence sont datées du 30 mars. La proclamation en eut lieu au palais de l'Élysée. Dans un conseil de Cabinet convoqué à l'Élysée, Marie-Louise prêta serment comme régente ; mais, à la teneur des instructions qui faisaient suite au sénatus-consulte du 19 février, on voit que Napoléon compte peu sur elle ; qu'il veut, en la revêtant d'une qualification éminente, rassurer les populations inquiètes et centraliser un pouvoir dont le prince archichancelier, Cambacérès, aura seul la direction. Le roi Joseph, revenu d'Espagne, fut nommé lieutenant général de l'Empereur, titre éminent qui nuisit quelquefois à la liberté d'action du prince archichancelier. Le duc de Cadore, ministre secrétaire d'État pendant l'absence du comte Daru, devint secrétaire de la régence ; le maréchal Moncey, duc de Conegliano, remplit les fonctions de colonel général de la Garde ; le général Caffarelli eut le commandement des détachements de cette même Garde qui restaient à Paris ; le baron de Meneval fut nommé secrétaire des commandements de l'Impératrice régente.

Pour Napoléon et Marie-Louise, au milieu des graves préoccupations de la politique, l'intimité conservait ses charmes.

« Le Roi de Rome croissait en force et en beauté sous la tutelle vigilante de Mme de Montesquiou qui l'aimait comme un fils et avait de lui les soins les plus minutieux. On le portait chaque matin à sa mère qui le gardait jusqu'à l'heure de sa toilette. Pendant la journée, dans les intervalles de ses leçons de musique ou de dessin, Marie-Louise allait dans l'appartement du petit prince et travaillait à côté de lui à un ouvrage d'aiguille. Souvent, suivie de la nourrice qui portait l'enfant, elle le menait à son père pendant son travail. Quand on l'annonçait, l'Empereur se levait pour aller le recevoir. L'entrée de son cabinet était interdite à tout le monde, il n'y laissait pas entrer la nourrice et priait l'Impératrice de lui apporter elle-même son fils. Mais l'Impératrice était si peu sûre d'elle-même, en le recevant des mains de la nourrice, que l'Empereur qui l'attendait à la porte de son cabinet s'empressait d'aller au-devant d'elle, prenait son fils dans ses bras et l'emportait en le couvrant de baisers.

« Ce cabinet, qui vit éclore ces combinaisons savantes destinées à repousser les attaques de nos éternels ennemis et tant de vastes et généreuses pensées d'administration, fut très souvent aussi le confident des tendresses paternelles de Napoléon. « Combien de fois, dit M. le
« baron de Meneval, j'y ai contemplé l'Em-
« pereur retenant son fils auprès de lui, comme
« s'il eût été impatient de l'initier à l'art de
« gouverner ! Soit que, assis sur sa causeuse
« favorite, auprès d'une cheminée, il fût occupé
« de la lecture d'un rapport important; soit qu'il
« allât à son bureau, pour signer une dépêche,
« son fils, placé sur ses genoux ou serré contre
« sa poitrine, ne le quittait pas. Doué d'une
« merveilleuse puissance d'attention, Napoléon
« savait, dans le même temps, vaquer aux
« affaires sérieuses et se prêter aux fantaisies
« d'un enfant. Quelquefois, faisant trêve à toutes
« ses préoccupations, il se couchait par terre à

« côté de ce fils chéri, jouant avec lui comme
« un autre enfant, attentif à ce qui pouvait
« l'amuser ou à lui épargner une contrariété. »

« Napoléon, dit encore M. de Meneval, avait
« fait faire des pièces de manœuvre qui étaient
« de petits morceaux de bois d'acajou de lon-
« gueur inégale et de couleurs différentes, dont
« le sommet était dentelé ; ces pièces figuraient
« des bataillons, des régiments et des divisions.
« Quand l'Empereur voulait essayer quelque
« nouvelle combinaison de troupes, quelque
« nouvelle évolution, il se servait de ces pièces
« qu'il rangeait sur le tapis du parquet pour
« se donner un champ de manœuvre plus vaste.
« Quelquefois son fils le surprenait sérieuse-
« ment occupé de la disposition de ces pièces
« et préludant ainsi à quelqu'une de ces sa-
« vantes manœuvres qui lui assuraient le succès
« dans les batailles. L'enfant, couché par terre
« à ses côtés, charmé de la couleur et de la
« forme des pièces de manœuvre qui lui rappe-
« laient ses joujoux, y portait à chaque instant
« la main et dérangeait l'ordre de bataille au
« moment décisif, quand l'ennemi allait être
« battu ; mais telle était la présence d'esprit de
« Napoléon et sa condescendance pour son fils
« qu'il ne se laissait pas troubler par le désordre
« mis par l'enfant dans ses combinaisons stra-
« tégiques ; il se bornait à recommencer, sans
« s'impatienter, la disposition de ses pièces. Sa

« patience et sa complaisance pour son fils
« étaient inépuisables. Alors ce n'était pas seu-
« lement l'héritier de son nom et de sa gloire
« qu'il aimait dans ce fils. Lorsqu'il le tenait
« dans ses bras, qu'il s'enivrait de ses caresses,
« les idées d'orgueil et d'ambition n'étaient
« pas celles qui dominaient son esprit.

« L'Empereur déjeunait seul. Mme de Mon-
« tesquiou conduisait chaque jour le Roi de
« Rome au déjeuner de son père. Celui-ci le
« prenait sur ses genoux, s'amusait à le faire
« manger et à approcher son verre de ses
« lèvres ; l'Empereur riait beaucoup, en gour-
« mendant l'enfant, de la grimace qu'il faisait
« quand une goutte de vin lui piquait la langue.

« Un jour que l'enfant approchait sa bouche
« pour saisir un morceau de je ne sais quel
« mets que son père lui présentait, celui-ci le lui
« retira. L'Empereur voulut continuer un jeu
« dont il s'amusait, mais à la troisième épreuve
« le petit prince détourna la tête ; son père lui
« abandonna alors le morceau, mais le jeune
« prince le refusa obstinément. Comme l'Em-
« pereur s'en étonnait, Mme de Montesquiou dit
« que l'enfant n'aimait pas qu'on cherchât à le
« tromper, ajoutant « qu'il était fier et sen-
« sible ». « Il est fier et sensible, répéta l'Em-
« pereur, cela est très bien ! Voilà comme je
« l'aime. » Et, ravi de trouver dans son fils ces
« deux qualités, l'Empereur l'embrassa avec

« tendresse. Il oubliait les affaires et les
« soucis dans ces courts moments et les per-
« sonnes, en très petit nombre, qu'il admettait
« dans l'intimité de cette heure de ses repas,
« étaient assurées de recevoir de sa part un
« accueil toujours gracieux (1). »

Dans une lettre adressée de Saint-Cloud, le 14 avril, à Madame Mère, l'Impératrice lui écrit :
« ... Mon fils baise les mains de sa grand'maman ; il se fortifie et embellit tous les jours... »
« L'impératrice Joséphine avait sollicité comme une faveur que l'Empereur permit qu'on lui amenât le Roi de Rome. L'Empereur le promettait, mais redoutait pour elle l'émotion que l'aspect de cet enfant devait lui causer. Il se rendit cependant aux instances qu'elle lui fit et Mme de Montesquiou conduisit le jeune prince à Bagatelle, au bois de Boulogne. La bonne Joséphine ne put retenir ses larmes à la vue d'un enfant qui lui rappelait de douloureux souvenirs et la privation d'un bonheur que le ciel lui avait refusé ; elle l'embrassa avec transport. Elle paraissait se complaire dans l'illusion produite par la pensée qu'elle prodiguait ses caresses à son propre enfant. Elle ne cessait d'admirer sa force et sa grâce et ne pouvait s'en détacher ; aussi les moments pendant lesquels

---

(1) *Mémoires de M. le baron de Meneval*, t. II, p. 465.

elle le tint sur ses genoux lui semblèrent-ils bien courts ! »

« Cet enfant chéri, raconte le capitaine Coignet (1), était toujours accompagné du gouverneur du palais lorsqu'il sortait pour se promener avec sa belle nourrice et une dame qui le portait. Me trouvant un jour dans le château de Saint-Cloud, le maréchal Duroc (2) qui m'accompagnait me fait signe de m'approcher, et ce cher enfant tendait ses petites mains pour prendre mon plumet. Je me penche et le voilà qui déchire mes plumes. Le maréchal me dit : « Laissez-le faire. » L'enfant éclatait de joie, mais le plumet fut sacrifié. Je demeurai un peu sot. Le maréchal me dit : « Donnez-le-lui, je vous le ferai remplacer. » La dame d'honneur et la nourrice se firent une pinte de bon sang. Le maréchal dit à la dame : « Donnez le prince à ce sergent, qu'il le porte sur ses bras ! » Dieux ! j'allonge les bras pour recevoir le précieux fardeau. Tout le monde vient autour de moi : « Eh bien ! me dit M. Duroc, est-il lourd ? — Oui, mon général. — Allons ! marchez avec, vous êtes assez fort pour le porter. »

« Je fis un petit tour sur la terrasse ; l'enfant arrachait mes plumes et ne faisait pas attention à moi. Ses draperies tombaient très bas et

(1) *Les Cahiers du capitaine Coignet*, p. 185.
(2) Duroc, duc de Frioul, général de division, grand maréchal du palais.

j'avais peur de tomber, mais j'étais heureux de porter un tel enfant. Je le remis à la dame qui me remercia et le maréchal me dit : « Vous « viendrez chez moi dans une heure. »

« Je parais donc devant le maréchal, qui me donne un bon pour choisir un beau plumet chez le fabricant : « Vous n'avez que celui-là ? « dit-il. — Oui, général. — Je vais vous faire « un bon pour deux. — Je vous remercie, gé- « néral. — Allez, mon brave ! Vous en aurez un « pour les dimanches. »

« Arrivé près de mes chefs, ils me dirent : « Mais vous n'avez plus de plumet ! — C'est le « Roi de Rome qui me l'a pris. — C'est plaisant, « ce que vous dites là. — Voyez ce bon du ma- « réchal Duroc. Au lieu d'un plumet, je vais en « avoir deux, et j'ai porté le Roi de Rome sur « mes bras près d'un quart d'heure ; il a déchiré « mon plumet. — Mortel heureux, me dirent-ils, « de pareils souvenirs ne s'oublient jamais. ». Mais je n'ai jamais revu l'enfant ; c'est la faute de la politique qui l'a moissonné avant le temps ».

Après avoir pourvu à tous les objets sur lesquels sa prévoyance était susceptible de s'étendre, Napoléon s'était aussitôt mis en mesure de rejoindre son armée. Les Russes avaient passé l'Elbe et occupé Dresde, que le roi de Saxe avait quitté pour se retirer à Prague. La Prusse avait conclu, le 27 février, à Kalitch, un traité d'alliance avec la Russie. L'Empereur partit de

Saint-Cloud, pour Mayence, le 15 avril, à quatre heures du matin. Le premier succès de la campagne de 1813, obtenu six jours après l'arrivée de l'Empereur à l'armée, succès très vivement disputé, fut la victoire de Lutzen (2 mai), qui ouvrit à l'armée française les portes de Dresde.

Vaincue sur trois champs de bataille, la coalition était aux abois : elle proposa un armistice, et Napoléon, toujours désireux de la paix, eut le tort grave d'y consentir. « C'est seulement, disait-il à Sainte-Hélène, après avoir gagné les batailles de Lutzen et de Bautzen, et ramené triomphant le roi de Saxe dans sa capitale, quand un de mes corps d'armée menaçait Berlin, quand les armées russes et prussiennes, battues dans trois batailles, avaient été rejetées sur la rive droite de l'Oder, qu'alors j'ai donné suite aux ouvertures de négociations qui m'étaient venues de Vienne. Ces négociations me conduisirent à consentir à une suspension d'armes qui me fut bien funeste, car si j'eusse continué la poursuite de l'ennemi, j'aurais dicté la paix sur les bords du Niémen : les armées russes et prussiennes étaient tellement désorganisées qu'elles abandonnaient toutes les positions qui auraient pu favoriser leur ralliement, et il était à penser que la Vistule même ne leur paraîtrait pas une barrière suffisante pour arrêter mes armées victorieuses (1). »

(1) *Œuvres de Napoléon.*

Pendant l'armistice, l'Empereur écrivit de Haynau, le 7 juin, à la gouvernante du roi de Rome :

Madame la Comtesse de Montesquiou, je vois avec plaisir que mon fils grandit et continue à donner des espérances. Je ne puis que vous témoigner ma satisfaction pour tous les soins que vous en prenez.
NAPOLÉON.

Mais les négociations eurent pour Napoléon des résultats moins favorables encore que les batailles. Après l'offre inutilement acceptée de sa médiation, l'Autriche accède à la coalition européenne contre l'Empereur des Français dont les succès à Dresde furent bientôt effacés par les revers de ses lieutenants à Kulm, à Gros-Beeren, à Reidnitz. L'armée française, réduite à sa seule force, était glorieuse, mais décimée. Les succès, comme la déroute, avaient consommé des hommes ; de perte en perte on arriva jusqu'à la bataille de Leipzig (16 octobre). Cette journée devait être décisive ; Napoléon sentait qu'il allait dans cette plaine jeter son dernier enjeu au sort des batailles. Toutes les renommées de l'Europe faisaient face aux renommées de la France. Jamais l'histoire n'enregistra plus grands faits d'armes ; les masses d'hommes étaient compactes et seize cents bouches à feu les moissonnaient. Cent mille hommes furent

(1) *Correspondance de Napoléon*, pièce 20,096.

dépensés ; quatre-vingt-dix mille bordées de canon couronnèrent le sacrifice de cette journée. Le lendemain, le feu de l'ennemi annonça la continuation du carnage. Des deux côtés la fureur était égale; la lutte fut gigantesque; ce fut *la bataille des Nations*, ainsi que les Allemands l'appellent encore aujourd'hui. Il fallut céder le terrain et battre en retraite. Alors tous les désastres de Russie vinrent assaillir l'armée française; la famine, le dénûment s'unirent aux désastres des combats. L'armée, seule contre toute l'Europe, n'eut plus le temps d'établir un camp, à peine même un bivouac !

« La trahison, les défections avaient vaincu l'invincible (1). »

Ainsi, après avoir gagné quinze cents batailles ou combats, fait retentir l'univers du bruit victorieux de ses armes, vaincu trois fois les puissances coalisées, conquis l'Europe et planté triomphalement le drapeau français sur presque toutes les capitales du continent, les glorieux défenseurs de la France étaient enfin, par un triste revers de fortune, rejetés vers le point d'où ils étaient partis quinze ans auparavant ! De ces immenses et glorieuses conquêtes, il ne restait plus que l'Italie, et encore ce dernier débris de tant de dépouilles devait bientôt disparaître dans le naufrage du grand empire. La

---

(1) Byron, *l'Age de bronze.*

France allait à son tour subir l'invasion étrangère et voir fouler le sol de la patrie par ces puissances qui étaient naguère ses alliées ou ses tributaires ; mais battue et non vaincue, la France allait soutenir la nouvelle lutte avec cet héroïsme qui avait enfanté tant de prodiges.

Le 1ᵉʳ novembre, l'Empereur arriva à Francfort. Il écrivit de là à Marie-Louise pour lui annoncer l'envoi de vingt drapeaux, pris à Vachau, à Leipzig et à Hanau. C'étaient des trophées chèrement payés !

Le lendemain, Napoléon entra à Mayence à cinq heures du matin. Il s'y occupa, pendant quelques jours, de la réorganisation de l'armée qui allait s'établir sur la ligne du Rhin, et partit le 8, dans la nuit, pour rentrer en France. Le 9, à cinq heures du soir, il était à Saint-Cloud. Le bonheur de revoir sa femme et son fils fut un baume jeté sur les plaies.

La fatale nouvelle de la défection de l'Autriche avait beaucoup affecté Marie-Louise. Elle avait craint qu'il n'en résultât une diminution de l'affection de Napoléon pour elle ; « mais elle ne cessa de lui donner des témoignages de sa confiance. Elle chercha, de son côté, à faire passer dans l'esprit de son époux la foi qu'elle avait dans la probité de son père, et s'offrit, avec un sentiment qu'on peut appeler français, à être l'intermédiaire entre eux (1) ». Au moment

(1) *Mémoires du baron de Meneval*, t. III, p. 151.

de l'ouverture du congrès qui allait se tenir à Prague, Napoléon avait engagé l'Impératrice à venir le retrouver à Mayence. Marie-Louise partit de Saint-Cloud le 23 juillet et arriva auprès de l'Empereur le 25. Pendant son séjour, l'Impératrice désirant faire un cadeau à l'Empereur pour le jour de sa fête, le 15 août, qui approchait, chargea le peintre Isabey de faire son portrait et celui du Roi de Rome groupés sur une tabatière. L'Impératrice partit le 2 août pour revenir à Paris.

Mme de Montesquiou attendait l'Impératrice à sa descente de voiture pour mettre son fils dans ses bras. C'était alors un très bel enfant, il avait les apparences de la force et de la santé et son intelligence se développait d'une manière remarquable. Sa tante Caroline, la reine de Naples, lui avait fait présent d'une petite calèche dans laquelle il se promenait joyeusement dans les jardins du château. Cette calèche était traînée par deux moutons mérinos qu'avait dressés l'habile écuyer Franconi; magistrats, généraux, préfets, maires des bonnes villes regardaient comme une faveur d'être admis au privilège d'accompagner cette jeune majesté, et le *Moniteur* ne manquait pas d'inscrire leurs noms dans ses colonnes. Les soldats, les gens du peuple, sans aucun autre mobile qu'un intérêt affectueux, recherchaient aussi l'occasion de voir l'enfant impérial.

Dès que le jeune Napoléon sut parler, il devint comme presque tous les enfants, grand questionneur ; il aimait beaucoup à voir le peuple qui se promenait dans le jardin et dans la cour des Tuileries, où donnaient ses croisées ; il s'y rassemblait tous les jours beaucoup de monde pour le voir. Ayant remarqué que des personnages entraient dans le château avec des rouleaux de papier sous le bras. il demanda à sa gouvernante ce que cela signifiait. Celle-ci lui dit que c'étaient des gens infortunés qui venaient demander grâce à son père. Depuis ce temps, chaque fois qu'il voyait passer une pétition, il criait, pleurait et n'avait pas de repos qu'on ne la lui eût apportée, et il ne manquait jamais de présenter chaque jour à son père, à son déjeuner, toutes celles qu'il avait recueillies ainsi la veille. On juge bien que, lorsque cette habitude fut connue du public, on ne laissa pas le petit Roi de Rome manquer de pétitions.

Il vit un jour sous ses fenêtres une femme en deuil qui tenait par la main un petit garçon de trois ou quatre ans, aussi en deuil. Celui-ci tenait en main une pétition qu'il montrait de loin au jeune prince. L'enfant voulut savoir *pourquoi ce pauvre petit était habillé tout en noir*. Sa gouvernante lui répondit que c'était sans doute parce que son papa était mort. Il lui témoigna un grand désir de parler à cet enfant. Mme de Montesquiou, qui saisissait toutes les occasions de développer sa sensibilité, y consentit et donna ordre qu'on le fît entrer avec sa mère. C'était une veuve dont le mari avait été tué dans la dernière campagne, et qui, se trouvant sans ressources, sollicitait une pension. Le petit Roi de Rome prit la pétition et promit de la remettre à son papa. Le lendemain, il fit son paquet ordinaire, mais il garda séparément celle à laquelle il prenait un intérêt particulier; et après avoir remis à l'Empereur les autres pétitions en masse, suivant sa coutume :

— Papa, lui dit-il, voici une pétition d'un petit garçon bien malheureux. Tu es cause que son papa est mort; il n'a plus rien. Donne-lui une pension, je t'en prie.

Napoléon prit son fils dans ses bras, l'embrassa tendrement, accorda la pension à laquelle il fit donner un effet rétroactif et fit expédier le brevet dans la journée. Ce fut ainsi qu'un enfant, qui n'avait encore que trois ans, eut déjà le bonheur de sécher les larmes d'une famille.

Il est à remarquer que ceux qui, dans ces occasions, avaient quelque grâce à solliciter de l'Empereur, étaient presque toujours sûrs d'être favorablement accueillis et de voir faire droit à leurs réclamations. Le fait suivant, rappelé par Mme la générale Durand, en est la preuve (1) :

---

(1) *Mémoires sur Napoléon et Marie-Louise*, 1810-1814, par la générale DURAND, première dame de l'Impératrice Marie-Louise, 1 vol. in-12, p. 101.

« Un homme d'esprit, M. V..., à la fois fort instruit et fort malheureux, songea qu'il remplirait une petite place lucrative tout aussi bien que les grandes et petites nullités si bien payées sous l'Empire, et qui n'avaient pour eux que leur bonheur et leur importunité. Il demanda donc un emploi, mais n'ayant point de protecteur, il essaya vainement trois ou quatre pétitions qui, selon l'usage, ne parvinrent jamais jusqu'à l'Empereur. Fatigué, impatient et toujours plus pauvre, il s'avisa d'un stratagème qui n'aurait pas été indigne d'un courtisan de la Cour de Louis XIV. La nécessité donne souvent d'heureuses idées ; il rédigea avec beaucoup de soin un petit placet qu'il adressa à *Sa Majesté, le Roi de Rome*. Il ne demandait qu'un emploi de cent louis, ce qui était véritablement fort modeste de sa part. Le cœur plein d'espoir du succès, il va trouver M. D..., officier supérieur attaché à la personne de l'Empereur en qualité d'aide de camp, lui avoue sa détresse, lui montre son placet et lui dit :

« — Général, vous feriez une action géné-
« reuse et vous auriez droit à ma reconnais-
« sance éternelle, si vous me facilitiez les
« moyens de présenter cette demande à l'Empe-
« reur. » M. D..., très bon et très obligeant, conduisit le pétitionnaire devant Napoléon, qui prit le placet, remarqua la suscription et en parut agréablement étonné. « — Sire, lui dit le sollici-

« teur, c'est une pétition pour Sa Majesté le Roi
« de Rome. — Eh bien ! répliqua l'Empereur,
« qu'on porte la pétition à son adresse. »

« Un chambellan reçoit l'ordre de conduire le pétitionnaire devant la petite majesté. M. V... ne se démonte pas, voyant la fortune lui sourire ; il se présente devant le berceau du prince, et, après la plus respectueuse révérence, déplie le papier et en lit le contenu à haute et intelligible voix. Après cette lecture, l'enfant-roi ayant balbutié quelques sons inarticulés, M. V... et le chambellan saluent de nouveau le petit monarque et retournent auprès de l'Empereur, qui leur demanda le plus sérieusement du monde qu'elle était la réponse qu'ils avaient obtenue. « — Sire, « dit le chambellan, Sa Majesté le Roi de Rome « n'a rien répondu. — Eh bien ! reprit Napo« léon, qui ne dit mot consent. » Et M. V... obtint peu de temps après une place de 6,000 francs d'appointements dans une administration départementale. »

Tous les huissiers de la Chambre adoraient le petit Roi de Rome. Il accourait le matin dans les grands appartements et arrivait seul à la porte du cabinet de l'Empereur. L'aimable enfant levait sa belle tête blonde vers l'huissier et lui disait de sa voix argentine, mais impérative : — « Ouvrez-moi, je veux voir papa. — Sire, je ne puis ouvrir à Votre Majesté. — Pourquoi cela ? Je suis le petit roi ! — Mais Votre Majesté est toute seule. »

C'était l'Empereur qui avait donné l'ordre de ne laisser entrer son fils qu'avec sa gouvernante. Il était sans doute impossible que l'enfant y vint sans elle, mais c'était pour donner au jeune prince, dont la disposition le portait assez à être volontaire, une haute idée de la puissance de sa gouvernante. Le premier jour que l'huissier du cabinet lui fit cette réponse, ses yeux se remplirent de larmes, mais il ne dit rien. Il attendit Mme de Montesquiou qui arriva *une demi-minute* après. Aussitôt il saisit la main de sa gouvernante et, regardant fièrement l'huissier, il lui dit : « Ouvrez ! le petit roi le veut. » Et alors l'huissier ouvrait la porte du cabinet et annonçait : Sa Majesté le Roi de Rome !

Un jour il arriva que le Roi de Rome, allant voir l'Empereur, entra dans son cabinet comme le Conseil venait de finir. Il courut de suite à son père sans faire attention à personne ; Napoléon, quoiqu'il fut bien heureux de ces signes d'affection bien naturelle et venant du cœur, l'arrêta et lui dit : « Vous n'avez pas salué, *Sire*. Allons, saluez ces messieurs. » L'enfant se tourna, et, se penchant légèrement en avant, il envoya un baiser avec sa petite main. L'Empereur l'enleva tout aussitôt dans ses bras et dit aux ministres : « Ah ça, j'espère, messieurs, qu'on ne dira pas que je néglige l'éducation de mon fils. Et il sait très bien sa *civilité puérile et honnête.* » Ceux qui avaient l'habitude et la familiarité de l'Empereur savaient que c'était un de ses mots favoris dans sa bonne humeur que celui de *civilité puérile et honnête.*

Le petit roi était généralement doux, docile, et écoutait assez le langage de la raison; quelquefois, cependant, il se livrait à des accès de colère. Un jour qu'il se roulait à terre en poussant de grands cris, sans vouloir écouter ce que lui disait sa gouvernante, celle-ci ferma les fenêtres et les contrevents. L'enfant, étonné, se releva aussitôt, oublia ce qui l'avait contrarié, et lui demanda pourquoi elle agissait ainsi. — C'est de peur qu'on ne vous entende, répondit-elle : croyez-vous que les Français voudraient d'un prince comme vous, s'ils savaient que vous vous mettez ainsi en colère? — Crois-tu qu'on m'ait entendu? s'écria-t-il, j'en serais bien fâché. Pardon, *maman Quiou* (c'est ainsi qu'il appelait sa gouvernante); je ne le ferai plus. » C'est de cette manière qu'une femme spirituelle inspirait au jeune prince cette crainte du blâme, ce respect pour l'opinion publique, si nécessaires dans toutes les classes, et cherchait à tirer parti des heureuses dispositions qu'il avait reçues de la nature.

La fin de l'année 1813 amenait de graves complications pour l'Empereur et pour la France;

Napoléon le fit sentir lorsque le 19 décembre, entouré de sa famille, des grands de l'Empire, d'une députation du Sénat, des conseillers d'État, il ouvrit la session du Corps législatif par une harangue non moins noble que touchante.

Le Sénat, se plaçant à la hauteur des circonstances, sentait la nécessité d'organiser un vaste système défensif et de seconder l'Empereur par tous les moyens possibles dans la nouvelle lutte qui se préparait. Mais le Corps législatif pensa différemment. Quatorze ans muette devant le héros qui présidait aux destinées de l'Empire, cette Assemblée, qui lui devait des conseils aux jours de la prospérité, ne trouva, au jour du danger, que des paroles de blâme et d'intempestives exigences. « Un seul homme, dit un éloquent écrivain, pouvait sauver encore le vaisseau de l'État, le Corps législatif le livra d'avance aux ressentiments de l'Europe. Triste courage qui ne se réveille qu'au jour des revers. »

Justement irrité d'un langage aussi peu mesuré que celui exprimé par la commission du Corps législatif, tenu en présence de l'étranger lorsque, sous l'impulsion de l'Angleterre, les royalistes préparaient une contre-révolution, l'Empereur déclara l'Assemblée dissoute. L'opposition faite par la Chambre devint un appoint de plus pour les complices de l'invasion ; tout faisait prévoir que ces déplorables divisions allaient livrer la patrie épuisée et abusée à ses implacables ennemis.

Dans les derniers jours de décembre, le Rhin était franchi ; la Suisse, oubliant les bienfaits de la médiation, et foulant aux pieds l'acte de neutralité, livrait au prince de Schwarzenberg un passage à travers ses montagnes. L'Impératrice Marie-Louise continuait d'entretenir avec son père une correspondance affectueuse, où François II ne cessait de lui renouveler l'assurance des meilleures dispositions pour elle et pour le Roi de Rome, affirmant qu'il n'en voulait même pas à Napoléon; « mais qu'une force majeure le dominait. Cette force, aveugle dans sa haine, c'était l'aristocratie, froide, implacable et hautaine, ne pardonnant pas à l'Empereur des Français, au fils de la Révolution, d'avoir ménagé les intérêts du tiers-état ».

CHAPITRE CINQUIÈME

1814

Le premier jour de l'an de 1814; les étrennes à la grand'mère et au Roi de Rome. — La prière du Roi de Rome. — L'Empereur présente le Roi de Rome à la garde nationale de Paris (23 janvier). — Invasion de la France par les armées alliées. — L'Impératrice Marie-Louise investie de la régence (24 janvier). — Adieux de Napoléon à sa femme et à son fils (25 janvier); départ pour l'armée. — Premières batailles : Brienne, La Rothière (1er et 2 février). — Lettre de Napoléon à son frère Joseph (8 février) : opinion de l'Empereur sur la situation; instructions pour sa famille; ordre de faire partir l'Impératrice et le Roi de Rome pour Rambouillet, si l'on recevait la nouvelle d'une bataille perdue ou de la mort de l'Empereur. — Conséquences de la déroute des maréchaux Marmont et Mortier. — L'Empereur écrit de nouveau à son frère Joseph qu'il ne faut pas que dans aucun cas, l'Impératrice tombe entre les mains de l'ennemi. — L'Impératrice et le Roi de Rome quittent les Tuileries pour se rendre à Rambouillet (29 mars); le petit Roi de Rome ne veut pas quitter les Tuileries; on le met en voiture malgré lui. — Capitulation de Paris (30 mars). — Marmont abandonne la cause de l'Empereur; conséquences de sa trahison. — L'Impératrice et le Roi de Rome quittent Rambouillet et arrivent à Blois (2 avril). — Abdication de l'Empereur (11 avril). — Traité de Fontainebleau. — Entrevue de Marie-Louise avec son père l'empereur d'Autriche; le Roi de Rome lui est présenté ; l'empereur de Russie et le roi de Prusse visitent Marie-Louise et le *petit roi*. — Lettre de Napoléon à Marie-Louise (19 avril). — Napoléon quitte Fontainebleau (20 avril) pour aller à l'île d'Elbe. — Lettre à Marie-Louise pour lui annoncer son départ. — Marie-Louise quitte Rambouillet (25 avril) pour se rendre à Vienne ; le Roi de Rome ne reverra plus la France !

Le premier jour de l'an de 1814 fut bien triste. « Ce que la mère de l'Empereur croyait, ce qu'elle disait des graves éventualités pour la France, ne lui faisait pas oublier cependant ni son fils, ni son petit-fils. Le Roi de Rome reçut d'elle de beaux jouets, tandis que l'Empereur et l'Impératrice offraient, de leur côté, un cadeau à sa bonne maman. C'était une miniature du petit prince, appliquée sous la forme de camée à une magnifique tasse de la manufacture de Sèvres représentant *les premiers pas du Roi de Rome*. Madame Mère fut touchée de recevoir le portrait de son petit-fils, en pensant à celui de *la Prière*. Elle ressentait les peines de son âme, à la vue de cette image, et redisait avec mélancolie : « Quand donc la paix régnera-t-elle sur la France ? » Est-ce d'après ces paroles souvent redites par la vénérée grand'mère, que Mme la comtesse de Montesquiou, gouvernante fort aimée de l'enfant, lui avait fait ajouter à sa prière :

« — *Je prie Dieu pour mon père et pour la France.* »

— JE PRIE DIEU POUR MON PÈRE ET POUR LA FRANCE.

L'Empereur, assistant un soir à cette prière de son fils, l'embrassa tendrement, lui sourit avec tristesse et garda le silence.

Le 23 janvier, avant-veille du départ pour la campagne de France, l'Empereur réunit au palais des Tuileries les officiers des légions de la garde nationale parisienne. L'Empereur paraît au milieu d'eux avec l'Impératrice et le Roi de Rome, et, après les avoir entretenus des dangers de la patrie, il ajoute d'une voix émue : « Je vous laisse l'Impératrice et le Roi de Rome, ma femme et mon fils ; je partirai l'esprit dégagé de toute inquiétude, parce qu'ils seront sous votre sauvegarde. Ce que j'ai de plus cher au monde, après la France, je le remets dans vos mains. »

Rien n'est plus étrange que la différence des rapports sur un homme comme Napoléon, aussitôt que son étoile de bonheur a parlé. « J'ai vu, dit Mme d'Abrantès, dans la même journée, dix versions sur la manière dont il avait pris congé de la garde nationale de Paris, en lui confiant sa femme et son enfant. Beaucoup en revenaient avec les yeux humides ; d'autres trouvaient que tout était comédie dans l'élan d'insensibilité qui l'avait entraîné lorsqu'il avait présenté son fils aux gardes nationaux. Si j'eusse été près de lui en ce moment, je l'aurais deviné, parce que je le connaissais trop bien pour m'y tromper. Néanmoins, d'après ce qu'on m'a dit, je crois être sûre que ce qu'il a montré il le sentait. Il était père d'ailleurs, et il idolâtrait son enfant ; il l'aimait d'un tel amour que je crois tout possible de lui dans une semblable circonstance. Je crois pouvoir en répondre. Son cœur était attendri en regardant cette charmante tête blonde destinée en naissant à porter vingt couronnes, et qui se trouvait dépossédée par ceux mêmes qui auraient dû lui conserver son héritage. Du reste, quoi qu'on puisse dire de cette scène d'adieu entre Napoléon et la garde nationale parisienne, il est de fait que ce jour-là l'enthousiasme fut au comble. Cette scène fut publique et chacun l'a jugée. On peut encore se rappeler le bruit que fit le cri prolongé de : *Vive l'Empereur ! Vive le Roi de Rome !* La place du Carrousel retentissait du serment de fidélité prêté par les officiers de la garde nationale, et ces serments proférés par une bouche française et loyale devaient être oubliés et trahis avant que quelques semaines même fussent écoulées. »

D'innombrables colonnes ennemies franchissaient les frontières de la France : c'était l'avant-garde de toute l'Europe en armes soulevée contre une seule nation. Un million de combattants ne semblait pas trop pour abattre le colosse impérial, affaibli cependant par deux années de terribles revers. Chaque peuple avait fourni son contingent pour l'œuvre de destruction ; Paris était la Jérusalem que voulait conquérir cette croisade nouvelle (1). »

Comment Napoléon pourra-t-il résister à cette terrible avalanche d'hommes et de canons? Pour tout autre que lui, la pensée même de lutter semblerait du délire. Mais, il ne désespéra pas de vaincre.

Le moment était venu pour lui d'aller prendre la direction de la campagne. Les dernières heures de son séjour à Paris sont consacrées à des mesures d'administration intérieure. Le 24 janvier, des lettres patentes investissent Marie-Louise du titre et des fonctions de régente; Joseph, le roi détrôné d'Espagne, lui était adjoint comme lieutenant général de l'Empereur.

Dans la nuit, l'Empereur dit à sa femme et à son fils un adieu qui devait être éternel, et partit des Tuileries à trois heures du matin. Dans la soirée du 25, il arrivait au quartier général de Châlons-sur-Marne.

Partout sur son passage il avait été salué par des cris de joie et d'espérance. Les populations qu'avait consternées l'approche de l'ennemi, sentaient se dissiper toutes leurs craintes : la présence de Napoléon était un gage assuré de victoire ; jamais sa puissance morale sur le peuple ne s'était manifestée avec plus d'éclat que dans ces jours menaçants. Toute la bra-

(1) ELIAS RÉGNAULT, *Histoire de Napoléon.*

5.

voure, toute l'énergie, toute la magnanimité qui avaient marqué le passage des armées françaises à travers le monde devaient se reproduire dans ce dernier choc entre la France et l'Europe coalisée : l'immortelle campagne de 1814 devait être, en un mot, l'apogée de tant de merveilles militaires !

C'était dans les plaines de la Champagne, dans ces mêmes plaines où, vingt années auparavant, la liberté triomphait sur les pas de Kellermann, que Napoléon allait soutenir sa dernière lutte, lutte admirable, dont chaque circonstance fut illuminée par des éclairs de génie. Dans les journées du 1ᵉʳ et du 2 février, comme s'il eût voulu honorer les champs témoins de sa jeunesse, il remporte, sous les murs de Brienne, un avantage considérable. Mais, attaqué par des forces triples de celles dont il disposait, l'Empereur perdit au combat de la Rothière presque tous les avantages remportés à Brienne. Paris fut vivement alarmé et lui-même partagea les appréhensions générales.

Le 8 février, à onze heures du soir, il écrit de Nogent au roi Joseph :

Mon frère, j'ai reçu votre lettre du sept, à onze heures du soir ; elle m'étonne beaucoup. J'ai lu la lettre du roi Louis. Je vous ai répondu sur l'éventualité de Paris ; vous n'avez plus à y revenir. Cette fin là touche à plus de gens qu'à nous, quand cela arrivera, je ne serai plus ; par conséquent ce n'est pas pour moi que je parle. Je vous ai ordonné, pour l'Impératrice et le Roi de Rome, et notre famille, ce que les circonstances indiquent. Soyez bien certain que, si le cas arrivait, ce que je vous ai dit arrivera infailliblement ; je suis persuadé qu'elle-même a ce pressentiment.

Le roi Louis parle de la paix ; c'est donner des conseils bien mal à propos. Du reste, je ne comprends rien à votre lettre. Je croyais m'être expliqué avec vous ; mais vous ne vous souvenez jamais des choses, et vous êtes de l'opinion du premier homme qui vous parle et qui paraît refléter une opinion.

Je vous répète donc que Paris ne sera jamais occupé de mon vivant.

J'ai droit à être aidé par les hommes qui m'entourent, par cela même que je les ai moi-même aidés.

Après cela, si par des circonstances que je ne peux prévoir, je me portais sur la Loire, je ne laisserais pas l'Impératrice et mon fils loin de moi, parce que, dans tous les cas, il arriverait que l'un et l'autre seraient enlevés et conduits à Vienne. Cela arriverait bien davantage si je n'existais plus.

Je ne comprends pas comment, pendant ces menées auprès de votre personne, vous couvrez d'éloges si impolitiques les propositions de traîtres indignes de conseiller rien d'honorable. Ne les employez jamais, même dans le cas le plus favorable.

C'est la première fois depuis que le monde existe, que j'entends dire qu'il faudrait une somme de 30,000 napoléons à l'Impératrice-Reine pour pouvoir vivre trois mois. D'ailleurs, nul n'est tenu à l'impossible ; je ne peux plus payer aucun officier et je n'ai plus personne.

J'avoue que votre lettre du sept, à onze heures du soir, m'a fait mal, parce que je ne vois aucune tenue dans vos idées et que vous vous laissez aller aux bavardages et aux opinions d'un tas de personnes qui ne réfléchissent pas. Car je vous parlerai franchement. Si Talleyrand est pour quelque chose dans cette opinion de laisser l'Impératrice à Paris, dans le cas où nos forces l'évacueraient, c'est sur une trahison qu'ils doivent compter. Je vous le répète, méfiez-vous de cet homme. Je le pratique depuis seize années ; j'ai même eu de la faveur pour lui ; mais c'est sûrement le plus grand ennemi de notre Maison, à présent que la fortune l'abandonne depuis quelque temps. Tenez-vous aux conseils que j'ai donnés. J'en sais plus que ces gens-là.

S'il arrivait bataille perdue et nouvelle de ma mort, vous en seriez instruit avant mes ministres. Faites partir l'Impératrice et le Roi de Rome pour Rambouillet; ordonnez au Sénat, au Conseil d'Etat et à toutes les troupes de se réunir sur la Loire; laissez à Paris ou le préfet, ou un commissaire impérial ou un maire.

Je vous ai fait connaître que je pensais que Madame et la reine de Westphalie, logée chez Madame, pourraient bien rester à Paris. Si la vice-reine est revenue à Paris, vous pourriez aussi l'y laisser, mais ne laissez jamais tomber l'Impératrice et le Roi de Rome entre les mains de l'ennemi.

Soyez certain que, dès ce moment, l'Autriche serait désintéressée et qu'elle l'emmènerait à Vienne avec un bel apanage, et sous le prétexte de voir l'Impératrice heureuse, on ferait adopter aux Français tout ce que le Régent d'Angleterre et la Russie pourraient leur suggérer. Tout notre parti se trouverait par là détruit par cette horrible ligue entre les républicains et les royalistes qui l'auraient tué, au lieu que, dans le cas opposé, l'esprit national et le grand nombre d'intéressés à la Révolution rendraient le résultat incalculable.

Du reste, il est possible que l'ennemi s'approchant de Paris, je le batte; alors tout cela n'aurait pas lieu. Il est possible aussi que je fasse la paix sous peu de jours, mais il résulte toujours de cette lettre du sept, à onze heures du soir, que vous n'avez pas de moyens de défense. Pour comprendre les choses que je vous conseille, je trouve toujours votre jugement faux. D'ailleurs, l'intérêt même du pays est que l'Impératrice et le Roi de Rome ne restent pas à Paris, parce que l'intérêt du pays ne peut pas être séparé de leurs personnes, et que, depuis que le monde est monde, je n'ai jamais vu qu'un souverain se laissât prendre dans des villes ouvertes. Ce malheureux roi de Saxe eut le tort de se laisser prendre à Leipzig, il perdit ses États et fut fait prisonnier.

Dans les circonstances bien difficiles de la crise des événements, on fait ce qu'on doit et on laisse aller le reste. Car, si je vis, on doit m'obéir, et je ne doute pas qu'on s'y conforme; si je meurs, mon fils régnant et l'Impératrice Régente doivent pour l'honneur des Français, ne pas se laisser prendre, et se retirer au dernier village avec leurs derniers soldats. Souvenez-vous de ce que disait la femme de Philippe V. Que dirait-on en effet de l'Impératrice ? Qu'elle a abandonné le trône de son fils et le nôtre. Et les alliés aimeraient mieux en finir en les conduisant prisonniers à Vienne, je suis surpris que vous ne conceviez pas cela. Je vois que la peur fait tourner toutes les têtes à Paris.

L'Impératrice et le Roi de Rome à Vienne, ou entre les mains des ennemis, vous et ceux qui voudraient se défendre seraient rebelles.

Quant à mon opinion, je préférerais qu'on égorgeât mon fils plutôt que de le voir élevé jamais à Vienne, comme prince autrichien; et j'ai assez bonne opinion de l'Impératrice pour être aussi persuadé qu'elle est de cet avis, autant qu'une femme et une mère peuvent l'être.

Je n'ai jamais vu représenter *Andromaque* que je n'aie plaint le sort d'*Astyanax* survivant à sa Maison, et que je n'aie regardé comme un bonheur pour lui de ne pas survivre à son père.

Vous ne connaissez pas la nation française : le résultat de ce qui se passerait dans ces grands événements est incalculable !

Quant à Louis, je crois qu'il doit vous suivre (1).

A leurs forces colossales, pouvant à peine opposer soixante-dix mille soldats, Napoléon, au milieu des obstacles, semble grandir de talent et retrouver toutes les premières inspirations de son génie. Communiquant à ses troupes

---

(1) *Correspondance de Napoléon*, pièce 21,210.

une valeur intrépide, une constance infatigable, il les multipliait par le mouvement. Partout il était en face de l'ennemi, prompt comme la foudre, il frappait là où l'on se croyait le plus loin de ses coups. Des combats glorieux eurent lieu à Sézanne, Chailly, la Ferté-Gaucher, Saint-Dizier, Trilport, Meaux; mais, malheureusement, ces avantages ne pouvaient guère compenser la déroute complète que les maréchaux Marmont et Mortier avaient essuyée à la Fère-Champenoise et qui ouvrait sans obstacle, aux alliés, le chemin de Paris. En effet, le corps de Schwarzenberg arrivait sous les murs de la capitale. La consternation s'empare du Gouvernement et de la population. Le Conseil de Régence s'assemble; on délibère si Marie-Louise et le Roi de Rome doivent s'éloigner. Cette question fut longtemps et vivement discutée; ceux qui tenaient à défendre la cause impériale avec énergie soutenaient que la présence de l'Impératrice et de son fils dans la capitale, pourrait imposer plus de ménagements à l'armée autrichienne, et devait inspirer une courageuse confiance aux troupes et aux habitants de Paris; que le départ du Gouvernement épouvanterait et déciderait à se rendre sans défense. Un avis contraire fut soutenu avec autant de vivacité, mais avec beaucoup moins d'évidence. C'est alors que Joseph détermina le Conseil, indécis et partagé, en montrant la lettre suivante, à la vérité d'une date déjà assez ancienne, mais enfin dans laquelle se trouvaient des instructions précises :

Reims, 16 mars 1814.

Mon Frère, conformément aux instructions verbales que je vous ai données et à l'esprit de toutes mes lettres, vous ne devez pas permettre que, dans aucun cas, l'Impératrice et le Roi de Rome tombent entre les mains de l'ennemi. Je vais manœuvrer de manière qu'il serait possible que vous fussiez plusieurs jours sans avoir de mes nouvelles. Si l'ennemi s'avançait sur Paris avec des forces telles que toute résistance devînt impossible, faites partir dans la direction de la Loire la Régente, mon fils, les grands dignitaires, les ministres, les officiers du Sénat, les présidents du Conseil d'État, les grands officiers de la Couronne, le baron de la Bouillerie et le Trésor. Ne quittez pas mon fils et rappelez-vous que je préférerais le savoir dans la Seine, plutôt que dans les mains des ennemis de la France. Le sort d'Astyanax, prisonnier des Grecs, m'a toujours paru le sort le plus malheureux de l'histoire (1).

Dès lors, le départ fut résolu. Le 29 mars, l'Impératrice Marie-Louise quitta les Tuileries pour se rendre à Rambouillet.

Tenue à l'écart du Conseil de Régence, la mère de l'Empereur en suivait, par ouï-dire et avec anxiété, les graves péripéties. Elle partageait, en dehors de ce Conseil, l'opinion patriotique de la majorité de ses membres, croyant que l'Impératrice régente et le Roi de Rome

---

(1) *Correspondance de Napoléon*, pièce 21,497.

devaient rester à Paris. La perspicacité de son esprit ferme faisait comprendre à sa grand'mère les instincts de cœur de son petit-fils, qui ne voulait pas quitter les Tuileries. Il s'y refusait avec colère, en poussant des cris et répétant, maintes fois : « Mon père m'a dit de ne pas m'en aller... » Il opposa une résistance telle aux efforts de la persuasion, pour le décider à partir, qu'on dut l'emporter de vive force du château et le mettre en voiture malgré lui. Il était au comble du désespoir, tous les spectateurs versaient des larmes. On eût dit qu'il s'était révélé dans le jeune enfant un instinct de répugnance pour ce voyage, convoi de sa mort politique. C'en était fait : l'Impératrice Régente quittait Paris, avec autant d'empressement que son fils en bas âge opposait de résistance à s'en éloigner.

Madame Mère fut profondément attristée de ce départ, pour l'honneur de la défense nationale.

Dès que Napoléon connut la défaite de ses lieutenants et le danger que courait la capitale, il n'hésita pas à revenir en toute hâte sur Paris. Parti de Doulevent le 29, au point du jour, il expédia le général Dejean, son aide de camp, pour annoncer aux Parisiens qu'il accourait à leur secours; et le 30, au soir, il n'était plus qu'à cinq lieues de sa capitale, quand on lui apprit qu'il était trop tard, que cette grande cité venait de se rendre et que l'ennemi devait y entrer le lendemain matin. Consterné par cette affreuse nouvelle, Napoléon revint à Fontainebleau.

Aussitôt et sans perdre une minute, le parti du passé se mit à l'œuvre pour faire accepter les Bourbons au gouvernement provisoire. Le peuple, livré à lui-même, sans direction, sans conseils, morne, silencieux, humilié et inquiet, ne voulait pas connaître Louis XVIII, quoiqu'il s'intitulât *le Désiré*. En un mot, Talleyrand et l'étranger déclarèrent Napoléon déchu du trône et l'hérédité abolie dans sa famille, au profit de la Maison de Bourbon rétablie dans tous ses droits.

Le Sénat s'associa injurieusement à cette intrigue, avec une platitude qui blessa profondément l'Empereur. Il n'avait rien à attendre de ses ennemis. Talleyrand était un double renégat, méprisé même de ceux qui s'en servaient; mais le Sénat... le Sénat pour lequel, comme il le disait dans une dernière proclamation à l'armée, *un signe de sa main était un ordre*, tant de bassesse de sa part le confondait. Quoi qu'il en soit, la trahison étant triomphante et maîtresse de la situation, il abdiqua en faveur de son fils :

Les puissances alliées ayant proclamé que l'Empereur Napoléon était le seul obstacle au rétablissement de la paix en Europe, l'Empereur Napoléon, fidèle à ses serments, déclare qu'il est prêt à descendre du trône, à quitter la France et même la vie, pour le bien de la patrie, inséparable des droits de son fils, de ceux de la régence de l'Impératrice et du maintien des lois de l'Empire.

Fait en notre palais de Fontainebleau, le 4 avril 1814 (1).

Ney et Macdonald furent chargés de négocier un accord sur cette déclaration. Mais pendant qu'une conférence s'engage à ce sujet, Marmont, après avoir signé une convention en vertu de laquelle il abandonnait la cause de Napoléon, se retire avec son corps d'armée, laissant ainsi Fontainebleau à découvert et le glorieux chef, qu'il avait suivi tant d'années, à la merci de l'étranger! Cette lâche trahison, qui plaçait sous son vrai jour la capitulation de Paris, rendant les alliés d'autant plus exigeants que le parti national s'en trouvait plus affaibli, ils rejetèrent la réserve des droits de Napoléon II, exigeant une abdication excluant du trône la famille impériale tout entière. Le premier mouvement de l'Empereur, à la nouvelle de cette prétention d'ennemis auxquels il avait tant de fois pardonné quand il les tenait sous ses pieds, fut de la repousser avec indignation et mépris. Les lieutenants de la République étaient à présent de hauts dignitaires de l'Empire; ils étaient fatigués de faveurs et de gloire; ils attendaient avec impatience la déchéance de leur chef. Alors

(1) Archives nationales.

Napoléon prit la plume et trouva moyen de se hisser sur les ruines pour se montrer grand dans ses revers; il écrivit son acte d'abdication :

> Les puissances alliées ayant proclamé que l'Empereur Napoléon était le seul obstacle au rétablissement de la paix en Europe, l'Empereur Napoléon, fidèle à son serment, déclare qu'il renonce, pour lui et ses héritiers, aux trônes de France et d'Italie, et qu'il n'est aucun sacrifice personnel, même celui de la vie, qu'il ne soit prêt à faire dans l'intérêt de la France.
> Fait au palais de Fontainebleau, le 11 avril 1814.
> NAPOLÉON.

Cet acte, remis par Napoléon à Caulincourt, son ministre des Relations extérieures et aux maréchaux Ney et Macdonald, fut porté aux souverains alliés ; il donna lieu au traité de Fontainebleau, qui assurait à Napoléon son titre et ses honneurs avec l'île d'Elbe en souveraineté et deux millions de rente.

Le sort de Marie-Louise et du Roi de Rome était réglé par l'article 5 de ce traité :

> Les duchés de Parme, de Plaisance et de Guastalla appartiendront, en toute propriété et souveraineté, à S. M. l'Impératrice Marie-Louise ; ils passeront à son fils et à sa descendance, en ligne directe ; le prince, son fils, prendra dès ce moment le titre de prince de Parme, de Plaisance et de Guastalla.

L'Impératrice Marie-Louise, arrivée le 29 à Rambouillet, en partit le lendemain et vint à Blois le 2 avril. Elle s'établit à la préfecture où elle séjourna jusqu'au 8, et c'est là qu'elle apprit successivement tous les événements qui s'étaient passés à Paris depuis le départ du gouvernement de la régente. Les frères de l'Empereur, Joseph et Jérôme, ainsi que l'archichancelier, vinrent auprès de l'Impératrice, dans la matinée du 8 avril, pour lui représenter la nécessité de quitter Blois, de se diriger avec le Roi de Rome au delà de la Loire, et d'y transporter le siège du gouvernement.

D'un autre côté, le comte Schouwalof, aide de camp de l'empereur de Russie et commissaire des puissances alliées, arriva à Blois à deux heures après midi. Il fit connaître l'objet de sa mission, qui était de conduire à Orléans l'Impératrice et son fils. Dès ce moment, toute facilité de se réunir à l'Empereur fut interdite à l'Impératrice. « Quelque illusion qu'elle voulût conserver à cet égard, la séparation des deux époux était arrêtée. Si les assurances données depuis par les ministres autrichiens et par l'empereur François lui-même, qu'elle serait laissée maîtresse d'habiter l'île d'Elbe ou ses nouveaux États, ou de partager sa résidence entre Parme et l'île d'Elbe, ont été sincères, il n'était plus en leur pouvoir de tenir ces promesses ; il fallut le reconnaître plus tard (1). »

L'Impératrice arriva à Orléans à six heures

---

(1) *Mémoires du baron de Meneval*, t. III, p. 266.

du soir et y resta jusqu'au 12 avril pour revenir à Rambouillet retrouver l'empereur d'Autriche.

« Cette princesse, dit M. le baron de Meneval, passa deux jours à Rambouillet, gardée par les Russes et attendant impatiemment la venue de son père, qui arriva le 16. Dans la matinée de ce jour, elle fut dans une agitation continuelle; elle sentait que cette entrevue allait décider de son sort, et l'avenir ne se peignait à ses yeux que sous de sombres couleurs. Avertie de l'approche de l'empereur François, elle vint le recevoir à la porte du palais, suivie du Roi de Rome, que conduisait Mme de Montesquiou, et de quelques officiers et dames de sa Maison. L'Impératrice, vivement émue, saisit son fils d'un geste animé et le jeta en pleurant dans les bras de son grand-père, auquel elle dit, d'un ton chagrin, quelques mots en allemand. L'empereur François embrassa son petit-fils ; mais le jeune prince parut peu sensible à cette marque de tendresse ; il considérait avec étonnement cette longue et grave figure. Quand on l'avait conduit à son grand-père, il avait dit : « Je vais voir l'empereur d'Autriche. » Quand il rentra dans son appartement, il dit : « Je viens de voir l'empereur d'Autriche ; il n'est pas beau. » La précoce intelligence du pauvre orphelin se vengeait bien doucement, par cette innocente épigramme, du tort que lui avait causé la faiblesse de son grand-père. Il avait compris que cet important personnage, dont la présence et le nom excitaient tant de troubles, était l'un des principaux auteurs des angoisses et des larmes de sa mère et la cause de tout le remue-ménage qui se faisait autour de lui depuis sa sortie des Tuileries ; il disait que Blücher (1) était son plus grand ennemi ; que Louis XVIII avait pris la place de son papa, et qu'il retenait tous ses joujoux, mais qu'il faudrait bien qu'il rendît l'un et l'autre. La prudence de Mme de Montesquiou écartait de l'esprit de cet enfant tout ce qui aurait pu y exciter une irritation dangereuse ; mais un mot qu'il saisissait au passage, au milieu de ses jeux, sans avoir l'air de le comprendre, se gravait dans sa jeune imagination.

« Il tardait à l'Impératrice de se trouver seule avec son père ; aussi prit-elle à peine le temps de lui présenter les personnes de sa Maison qui se trouvaient auprès d'elle, puis elle passa rapidement dans son appartement avec l'empereur François. Dans l'épanchement de leur commune émotion, le père et la fille s'embrassèrent à plusieurs reprises en pleurant. On fit venir le petit prince que l'empereur ne pouvait se lasser d'admirer, en disant que c'était bien son sang qui coulait dans ses veines. Il dit à sa fille qu'il prenait son petit-fils sous sa protection et qu'il lui servirait de père. Il lui dit entre

---

(1) Feld-maréchal prussien.

autres choses, que tout s'était fait sans son concours à Paris, parce que la fatalité avait voulu qu'il fût retenu à Chanceaux, près de Dijon, par les mouvements de l'armée française, sans pouvoir communiquer avec le prince de Schwarzenberg. Il faut, malgré tout, savoir gré à l'empereur et à son ministre du sentiment de convenance qui les a portés à ne pas sanctionner par leur présence le détrônement de la mère et du fils.

« A partir de ce jour, l'Impératrice Marie-Louise et le Roi de Rome se trouvèrent placés sous la tutelle de l'Autriche. Deux bataillons d'infanterie et deux escadrons de cuirassiers autrichiens vinrent remplacer la garde russe. Les sentinelles russes furent relevées par des grenadiers autrichiens, deux cuirassiers étaient placés en vedettes à la principale grille du château. »

Le 19, l'empereur Alexandre et le roi de Prusse vinrent successivement à Rambouillet visiter Marie-Louise et lui témoigner, par leur empressement et leurs égards, tout l'intérêt que leur inspirait sa destinée. Ils voulurent voir le jeune prince ; ils admirèrent sa beauté, ses grâces naïves, et pressèrent dans leurs bras cet enfant, illustre jouet de la fortune et de la politique.

Le jour de la visite de ces deux souverains,

Marie-Louise reçut de son époux la lettre suivante :

Fontainebleau, 19 avril, huit heures du soir.

Ma bonne Louise, j'ai reçu ta lettre ; j'y vois toutes tes peines, ce qui accroît les miennes. Je vois avec plaisir que Corvisart t'encourage, je lui en sais un gré infini ; il justifie par cette noble conduite toute l'opinion que j'avais de lui, dis-le-lui de ma part. Qu'il m'envoie un petit bulletin, fréquemment, de ton état. Tâche d'aller de suite aux eaux d'Aix, que l'on m'a dit que Corvisart t'avait conseillées. Porte-toi bien, conserve ta santé pour toi et pour ton fils, qui a besoin de tes soins.

Je vais partir pour l'île d'Elbe, d'où je t'écrirai. Je ferai tout aussi pour te recevoir.

Écris-moi souvent, adresse tes lettres au vice-roi, ou à ton oncle, si, comme on le dit, il est fait grand-duc de Toscane.

Adieu, ma bonne Louise Marie.

Napoléon partit le 20 avril, à midi, de Fontainebleau pour l'île d'Elbe, accompagné de quelques amis fidèles, Drouot, Bertrand, Cambronne et escorté par le général russe Schouwalof, le général autrichien Köhler, le comte Truchsess-Waldbourg, officier prussien, et le colonel Campbell, après une scène mémorable et touchante, dans laquelle il prit congé de ses aigles et des braves soldats et officiers de la vieille Garde.

Le matin, il avait écrit cette dernière lettre à Marie-Louise :

Fontainebleau, 20 avril 1814, neuf heures du soir.

Ma bonne amie, je pars pour coucher ce soir à Briare. Je partirai demain matin pour ne plus m'arrêter qu'à Saint-Tropez. Bausset, qui te remettra cette lettre, te donnera de mes nouvelles et te dira que je me porte bien, et que j'espère que ta santé te soutiendra et que tu pourras venir me joindre. Montesquiou, qui est parti à deux heures du matin, doit être arrivé. Je n'ai point de tes nouvelles d'hier, mais j'espère que le préfet du palais me rejoindra ce soir et m'en donnera. Adieu, ma bonne Louise. Tu peux toujours compter sur le courage, le calme et l'amitié de ton époux,
Un baiser au petit Roi.

Napoléon.

Le 25 avril, Marie-Louise partait de Rambouillet... Le 2 mai elle passait le Rhin. L'enfant quittait, pour ne plus la revoir, cette France qui, trois ans auparavant, avait entouré son berceau de tant d'acclamations et avait salué sa naissance comme l'aurore d'un vaste avenir.

Le général Kinski, les comtes de Wubna et de Tosi se trouvaient au bord du Rhin, chargés par l'empereur de recevoir sa fille et de l'escorter jusqu'à Schœnbrünn.

Pendant ce long voyage, l'enfant, confié aux soins particuliers de Mme de Montesquiou, prenait part, avec la joie de son âge, à tous les objets nouveaux qui venaient frapper ses regards, qui venaient éveiller sa jeune imagination. Seul des voyageurs il jouissait du présent, sans se douter qu'il y eût un avenir, sans songer à un passé dont il ne pouvait apprécier la perte. Le seul regret qu'il manifestait parfois était celui de sa séparation d'avec les jeunes compagnons qu'on avait donnés aux jeux de son enfance ; il disait alors en soupirant :

« Je vois bien que je ne suis plus roi ; je n'ai plus de pages ! »

CHAPITRE SIXIÈME

(1815)

Arrivée de Marie-Louise et du Roi de Rome à Vienne (21 mai) ; Schœnbrünn leur est affecté comme résidence. — Le Roi de Rome et le prince de Ligne. — Le baron de Meneval et Mme de Montesquiou près du Roi de Rome. — Le Jour des Rois ; la fève est au Roi de Rome. — — Marie-Louise renonce aux droits que lui donne le traité de Fontainebleau. — Napoléon apprend qu'on veut le déporter à Sainte-Hélène ; il quitte l'île d'Elbe (26 février) ; « l'aigle volera de clocher en clocher jusqu'aux tours Notre-Dame » ; Napoléon arrive aux Tuileries le 20 mars ; il est mis hors la loi des nations ; Marie-Louise se met sous la protection des Alliés. — Le Roi de Rome est conduit à Vienne, sous prétexte qu'on veut l'enlever ; on sépare Mme de Montesquiou du Roi de Rome ; arrestation du fils de Mme de Montesquiou. — Lettre de Napoléon à son beau-père, l'empereur d'Autriche, l'informant de sa rentrée en France et le priant de hâter le retour à Paris de l'Impératrice Marie-Louise et du Roi de Rome. — Le baron de Meneval quitte le Roi de Rome. — L'Empereur proteste contre la conduite tenue par l'Autriche et les autres puissances à l'égard de l'Impératrice et du Roi de Rome. — Campagne de 1815 ; l'Empereur quitte Paris le 12 juin ; batailles de Ligny et de Waterloo (16-18 juin). — Retour de l'Empereur à Paris (20 juin). — Opposition dans les Chambres. — Abdication de l'Empereur (22 juin) ; il proclame son fils Empereur des Français sous le nom de Napoléon II. — Séjour de Napoléon à la Malmaison ; départ pour Rochefort ; il s'embarque sur *le Bellérophon* (15 juillet), qui le conduit en Angleterre ; Napoléon, au mépris de tous les droits, est considéré comme prisonnier et déporté à Sainte-Hélène.

Marie-Louise arriva à Vienne le 21 mai et fixa aussitôt sa résidence à Schœnbrünn. Napoléon lui faisait dire par tous les moyens de venir le retrouver à l'île d'Elbe. Sa grand'mère, la reine des Deux-Siciles, qui avait fui son pays parce que les Anglais y faisaient les maîtres, et qui disait n'avoir pas à se louer de Napoléon, donnait à Marie-Louise le conseil d'attacher ses draps les uns au bout des autres pour s'échapper et de rejoindre son mari, parce que, disait-elle, quand on est marié, c'est pour la vie. Cet avis n'allait pas au caractère de Marie-Louise.

Au mois de juillet, elle obtint de se rendre aux eaux d'Aix, mais comme le jeune prince ne devait pas accompagner sa mère dans ce voyage, elle fit venir le docteur Frank, médecin de l'Empereur d'Autriche, qu'elle chargea du soin de la santé de son fils pendant le séjour que l'enfant devait faire à Vienne. Mme de Montesquiou demeura auprès de ce jeune prince, dont tant de bénédictions avaient salué la naissance, dont les destinées paraissaient si hautes, et qui ne devait plus sortir de l'Autriche où il avait trouvé pour asile une prison, en attendant le tombeau qui allait prématurément s'ouvrir pour le recevoir.

A un voyage qu'elle fit aux eaux d'Aix, Marie-Louise trouva le fameux comte de Neipperg, chargé de la surveiller, et pour qui elle s'éprit d'un singulier attachement. Au retour à Vienne, le comte de Neipperg avait si bien rempli sa mission qu'il obtint l'approbation de l'Empereur François pour faire le service de chambellan auprès de l'ex-Impératrice des Français pendant toute la durée du Congrès. Marie-Louise confinée avec son fils dans le château de Schœnbrünn, y vivait dans une retraite absolue; mais elle reçut cependant la visite des souverains de la Sainte-Alliance. Le prince de Ligne, si célèbre au commencement de la Révolution française, sous le nom de prince de Lambesc, avait redoublé d'attentions pour Marie-Louise depuis ses malheurs; il prenait plaisir à converser avec le jeune Napoléon, dont les propos vifs et enfantins lui paraissaient déceler une active intelligence.

La première fois qu'il vit le jeune prince, on l'annonça, en disant :

— Monseigneur, voici M. le maréchal Prince de Ligne.

— C'est un maréchal?... demanda l'enfant.

— Oui, monseigneur.

6.

— Est-il un de ceux qui ont abandonné mon père ?

Un jour, frappé de l'éclat de la pompe militaire qui avait escorté le convoi d'un général, le jeune prince racontait avec enthousiasme au prince de Lambesc le plaisir qu'il avait eu à voir défiler tant de belles troupes. — Je vous donnerai bientôt une plus grande satisfaction, lui dit le prince; car l'enterrement d'un feld-maréchal est, dans ce genre, tout ce qu'on peut voir de plus magnifique. Peu de temps s'écoula en effet, et le prince de Lambesc terminait sa carrière. Son convoi fut une des pompes les plus brillantes du Congrès de Vienne.

Le pauvre petit Roi de Rome menait une existence des plus monotones. — Mme de Montesquiou l'amenait à sa mère à la fin du déjeuner; là le régal du jeune prince était ce qu'il appelait le *bon plat;* c'était ordinairement une des cent espèces de gâteaux de farinage qui figurent en Autriche sur toutes les tables.

Le plus jeune des fils de l'Empereur, l'archiduc François, que son âge rapprochait de son neveu, venait assez souvent à Schœnbrünn passer quelques jours avec lui. « Mais Marie-Louise ne trouvait de véritable bienveillance pour elle et pour son fils qu'auprès de l'Empereur, son père, et de ses sœurs. Le reste de la famille impériale ne portait pas au fils de Napoléon l'intérêt dû à son âge et à sa position. L'Impératrice et ses beaux-frères ne parlaient de rien moins que de faire de lui un évêque ; l'Empereur était quelquefois obligé de leur imposer silence. Les sentiments hostiles contre l'empereur Napoléon et contre son fils étaient partagés par cette foule d'agents subalternes et de publicistes que la curée des dépouilles de l'Empire français attirait à Vienne ; ils trouvaient des échos dans une certaine classe de Viennois. Lors d'une visite que Marie-Louise fit à l'une des princesses étrangères, au palais impérial, un groupe de curieux, qui s'était arrêté devant sa voiture, trouva mauvais qu'elle eut conservé, sur les panneaux des portières et sur les boutons de sa livrée, les armes impériales françaises. Ces réflexions obligèrent Marie-Louise à les faire disparaître (1). »

« Ma plus grande distraction, dit le baron de Meneval, consistait à passer quelques heures dans l'appartement du jeune prince. Sa gentillesse, sa douceur, la vivacité de ses réparties étaient pleines de charme ; il avait alors près de quatre ans ; il était fort, bien constitué et d'une santé excellente. Une chevelure blonde, touffue et bouclée, encadrait son visage frais, dont les traits réguliers étaient animés par de beaux yeux bleus. Il avait une intelligence précoce et possédait une instruction qu'ont peu d'en-

---

(1) *Mémoires du baron de Meneval.*

fants d'un âge supérieur au sien. Mᵐᵉ de Montesquiou, qui ne le quittait pas, même la nuit, et qui le soignait avec la sollicitude d'une mère, se levait tous les jours à sept heures du matin, et commençait, aussitôt après la prière, ses leçons quotidiennes. Le jeune prince non seulement lisait couramment, mais savait un peu d'histoire et de géographie ; les premières connaissances élémentaires lui étaient déjà familières. Un abbé Lanti, aumônier de la Légation française, venait causer avec lui en italien ; un valet de chambre ne lui parlait qu'allemand. L'enfant se faisait déjà comprendre dans ces deux langues ; mais il éprouvait la plus grande répugnance à s'exprimer dans la dernière, dont il trouvait la prononciation difficile et rude.

« Le premier jour de l'an 1815 ranima dans le cœur de l'Impératrice les souvenirs de la France, si violemment battus en brèche. Le jour des rois, elle donna un goûter à son fils, à son jeune frère, l'archiduc François et à ses sœurs. La royauté éphémère échut au pauvre petit Roi de Rome ; hélas ! elle était malheureusement l'emblème de celle qu'il avait reçue en naissant. »

Renfermée au palais de Schœnbrünn, ne pouvant plus recevoir de Napoléon de lettres directes sans qu'elles fussent préalablement communiquées à son père, Marie-Louise demeurait alors dans une retraite presque absolue, occupée d'études diverses, dessinant avec Isabey, faisant de la musique, jouant au billard, ne recevant que les visites officielles et imposées. Auprès du Congrès, Marie-Louise jouait le rôle d'une plaideuse sans accès auprès de ses juges. Dans cette situation, on lui persuada qu'un simple soupçon d'intelligence ou de bon accord avec le souverain de l'île d'Elbe compromettrait ses intérêts, ceux de son fils et l'attitude indépendante du Cabinet aulique. Aussi, séparant sa cause de la cause napoléonienne, elle déclara, le 15 février 1815, à l'empereur Alexandre, ne vouloir user d'aucun des droits que lui donnait le traité de Fontainebleau, ni rien accepter de la France, et renoncer à la réversibilité du million de rente stipulé par l'article 3, ainsi qu'à toute prétention sur les fiefs bavaro-palatins de Bohême, qu'on assigna plus tard à son fils, pour le dédommager des Etats de Parme. Depuis lors, elle redevint complètement autrichienne et l'ex-impératrice abdiqua le diadème pour la couronne ducale, plus facile à porter.

D'un autre côté, le Congrès, dont les regards ne se portaient qu'avec terreur vers l'île d'Elbe, se préparait, contrairement au traité du 11 avril, à enlever Napoléon de l'île d'Elbe pour le transférer dans un exil plus lointain, à Sainte-Hélène. C'était un acte de félonie que voulait accomplir ce fameux Congrès. Napoléon n'avait rien fait qui put excuser cette violation du traité, il résolut de la prévenir par la plus audacieuse expédition dont l'histoire ait jamais conservé le souvenir. Le succès de cette entreprise est une des plus grandes preuves du génie de Napoléon et de sa connaissance supérieure des hommes et des mobiles qui les font agir. En partant de l'île d'Elbe, tout avait été prévu par lui et déterminé à l'avance. Ses préparatifs de départ furent bientôt faits.

Le 25 février, il y avait bal chez la princesse Pauline. Napoléon y parut calme et le visage ouvert, parcourant tous les groupes et adressant à chacun des mots bienveillants. L'heure était avancée lorsqu'il se retira, suivi des généraux Bertrand et Drouot. Ils apprirent de lui que le lendemain on partait pour la France.

Le 26 février, en effet, à cinq heures de l'après-midi, Napoléon monta sur le brick *L'Inconstant*, avec quatre cents grenadiers de sa Garde, commandés par Bertrand, Drouot et Cambronne. Trois autres petits navires de transport portaient deux cents chasseurs corses, cent chevau-légers polonais et un bataillon de flanqueurs. A huit heures, un coup de canon donna le signal du départ, et bientôt après Napoléon, paraissant sur le pont de son navire, jeta ces mots aux soldats qui l'entouraient : « Grenadiers ! nous allons en France ! nous allons à Paris ! » Des cris unanimes de joie et d'enthousiasme lui répondirent et transmirent la nouvelle aux autres bâtiments. Soldats et matelots étaient transportés d'allégresse et d'un navire à l'autre retentissaient de longs cris de : « Vive l'Empereur ! »

On aborda le 1ᵉʳ mars, sans obstacle, au golfe Juan. Napoléon avait dit : « La victoire marchera au pas de charge ; l'aigle avec les couleurs nationales volera de clocher en clocher jusqu'aux tours de Notre-Dame ! Cette prophétie atteignit son but ; la marche de Napoléon eut la rapidité de l'aigle. Sur la route, il ne fut arrêté par aucune tentative de résistance. Les troupes envoyées pour le combattre n'avaient fait que grossir le nombre de ses soldats ; c'était son armée tout entière qui lui revenait. Toutes les villes s'étaient ouvertes à son approche ; les portes étaient tombées devant lui ; on ne s'était soulevé que contre ceux qui tentaient de les lui fermer. Il avait traversé la France, salué par le cri des populations. Le 20 mars, il était aux Tuileries, Empereur comme en 1804 et 1805 (1).

On pourrait difficilement s'imaginer la figure que firent les membres du Congrès de Vienne quand ils apprirent que Napoléon avait quitté

---

(1) On remarqua cette gradation dans les journaux de Paris :
1° Buonaparte est débarqué au golfe Juan ;
2° Grenoble a ouvert ses portes au général Bonaparte ;
3° Napoléon a fait son entrée à Lyon ;
4° S. M. l'Empereur est descendue au palais des Tuileries.

l'île d'Elbe. Stupéfaction d'abord, puis colère furieuse ensuite, avec concert de malédictions et de menaces furibondes contre Napoléon et la France, à faire peur aux diplomates de profession qui leur aidaient à découper l'Europe.

Quand Marie-Louise fut mise au courant de l'arrivée de l'Empereur en France, elle déclara au prince de Metternich qu'elle était tout à fait étrangère aux projets de son époux et qu'elle se mettait sous la protection des alliés. Cette déclaration, immédiatement portée à la connaissance des souverains et de leurs plénipotentiaires assemblés au Congrès, semblait avoir été attendue par eux pour arrêter les termes du manifeste dirigé contre Napoléon, fameuse déclaration du 13 mars 1815, digne des temps de barbarie ! Cette déclaration violente mettait Napoléon hors la loi des nations ; on était résolu de le poursuivre à outrance ; toute l'Europe arma de nouveau. On se rejeta aussi sur le fils de Napoléon.

« La résolution de séparer le jeune prince de sa respectable gouvernante commença à se dévoiler par des plaintes contre Mme de Montesquiou. On disait qu'elle était coupable d'entretenir le prince de l'avenir que lui préparait l'entreprise tentée par son père. M. de Bausset (1) fut en conséquence chargé de voir le colonel de

---

(1) M. de Bausset, préfet du palais sous Napoléon.

Montesquiou et de lui faire sentir combien il était nécessaire que sa mère fût circonspecte dans ses discours, parce que la surveillance était extrême, recommandation bien superflue, car Mᵐᵉ de Montesquiou était la prudence même. Elle n'eut pas de peine à faire comprendre à l'Impératrice qu'elle n'était pas assez inconsidérée pour troubler l'esprit d'un jeune enfant par des révélations intempestives dont il ne pouvait pas apprécier la gravité, et pour lui tenir un langage susceptible d'exciter en lui une exaltation nuisible à sa santé comme à son moral. »

Mais la pensée que le fils de Napoléon était dans des mains dévouées à son père inquiétait les maîtres de l'Europe. L'empereur d'Autriche déclara à sa fille que les souverains avaient désiré que, dans les circonstances où l'on se trouvait, le jeune prince résidât à Vienne sous leurs yeux. Le 18 mars, l'Impératrice, à son retour de Vienne, où elle avait mené son fils à l'empereur François, fit prévenir Mᵐᵉ de Montesquiou qu'elle devait se préparer à y reconduire le jeune prince, pour y résider et occuper l'appartement du prince héréditaire. En conséquence de cet avertissement, des dispositions furent prises pour aller s'établir à Vienne le surlendemain; c'était le triste anniversaire d'un beau jour. Quand ce cher objet des vœux et des espérances d'une grande et puissante nation était venu au monde, qui aurait prévu qu'à pareil jour, quatre ans après, il serait à Vienne, nouvel Astyanax, prisonnier de la coalition, et qu'il subirait le sort dont son père avait voulu le préserver! Le 19, l'Impératrice, arrivant de Vienne, se rendit à l'appartement de son fils et communiqua à Mme de Montesquiou le désir exprimé par l'empereur François ; elle l'invita à se préparer à partir à huit heures du soir, sans faire connaître les raisons qui rendaient nécessaire ce départ précipité. A l'heure indiquée, elle monta en voiture avec Mme de Montesquiou et avec son fils et les conduisit au palais impérial où elle les laissa.

Le 20 mars, jour où l'empereur Napoléon reprenait possession du palais des Tuileries, que le roi Louis XVIII avait abandonné pendant la nuit, le grand chambellan de la Cour d'Autriche, le comte Wubna, se rendit chez Mme de Montesquiou. Il lui dit qu'il était allé la veille à Schœnbrünn, chargé d'une mission désagréable qu'il n'avait pas eu le courage de remplir, et lui notifia, avec tous les ménagements possibles, l'ordre de l'empereur François de se séparer du prince son petit-fils et de partir pour la France. Les sentiments connus de la respectable comtesse et le tendre attachement qu'elle croyait de son devoir de nourrir dans le cœur de son auguste élève pour l'empereur Napoléon, son père, l'avaient rendue suspecte à la Cour de Vienne. Malgré ses instances et ses protestations, elle se vit forcée d'obtempérer à un ordre aussi cruel.

« La conduite admirable qu'elle a tenue envers le Roi de Rome à l'époque des malheurs de son père serait digne à elle seule d'inspirer amour et respect. Non seulement elle lui avait prodigué les soins d'une mère, et d'une mère tendre, depuis le jour de sa naissance, mais celui qui sépara le malheureux enfant de *toute* sa famille, qui lui ôtait et son père et sa mère, ce jour-là vit Mme de Montesquiou se dévouer à lui, puisque *seule* elle lui restait! Elle quitta tout pour le suivre, patrie, amis, famille. Et pourquoi ? Parce que jeune, faible, marchant à peine, le pauvre enfant avait encore longtemps besoin d'une main amie qui le soutînt et le guidât! Et cependant alors le front du noble enfant était découronné! Et ses espérances, on pouvait le voir, détruites sans retour.

« Le choix que l'Empereur avait fait d'elle pour gouvernante de son fils prouvait bien comme il savait juger les hommes. C'était le choix le plus excellent, le plus parfait que l'on pût faire. Encore assez jeune pour que son âge ne put effaroucher l'enfant, elle avait pourtant la maturité nécessaire à la haute fonction que la confiance de l'Empereur l'appelait à remplir. Noble de nom, noble de cœur, elle possédait réellement ce que le monde n'accorde souvent qu'à la fortune et à la faveur, l'estime de tous. On la respectait et on l'aimait. Mme de Montesquiou avait été élevée d'une manière différente que les jeunes filles de son époque. Son éducation avait été fort soignée. Elle était pieuse et point dévote. Elle n'aurait jamais manqué d'aller à la messe un dimanche, mais elle y allait sans fracas. Et il en était de même de tous ses devoirs de religion, parce que sa piété était aussi éclairée qu'elle était vraie. Sa réputation était pure, même de la plus légère attaque » (1).

Mme de Montesquiou ne voulut toutefois se dessaisir de son précieux dépôt que sur un ordre écrit de l'empereur d'Autriche, protestant de la violence qui l'arrachait à des fonctions dont elle ne pouvait se démettre que dans les mains de celui qui les lui avait confiées. Elle exigea, indépendamment d'un ordre écrit de l'Empereur, un certificat du médecin qui prouvât qu'elle laissait le jeune prince dans un parfait état de santé.

En réponse, elle reçut de l'empereur d'Autriche une lettre qui lui faisait connaître que, des circonstances nouvelles rendant un changement nécessaire dans la Maison de son petit-fils, il ne pouvait laisser partir Mme de Montesquiou sans l'assurer de sa reconnaissance pour les soins qu'elle avait donnés au jeune prince depuis sa naissance. L'empereur François joignit à ce témoignage d'estime, qu'il ne pouvait

---

(1) *Mémoires de Mme d'Abrantès*, t. VIII, p. 387.

refuser à une aussi noble conduite, le don d'une parure en saphir.

« On apprit, ce même jour, le motif qui avait hâté le départ du jeune prince pour le palais impérial. Mme de Colloredo, étant venue au déjeuner de l'Impératrice, dit que le comte Anatole de Montesquiou avait voulu enlever le prince ; qu'on en avait eu la preuve consignée dans les rapports parvenus durant la nuit à l'Empereur, et que des relais étaient préparés à cet effet jusqu'à Bâle. M. le baron de Meneval, dans ses Mémoires, dit que les bruits répandus à cet égard ne reposaient sur aucun fondement sérieux » (1).

Le lendemain, 21 mars, l'Impératrice alla passer à Vienne plusieurs heures avec son fils, puis elle revint dîner à Schœnbrünn. Mme de Montesquiou, avec le comte Anatole de Montesquiou, arrivèrent dans une voiture de la Cour que le grand écuyer leur avait envoyée. Mme de Montesquiou n'avait quitté le prince qu'après son coucher. Comme elle devait partir le lendemain pour retourner en France avec son fils, l'Impératrice lui adressa une lettre affectueuse qu'elle accompagna d'une boucle de ses cheveux. Une séparation aussi douloureuse fut vivement sentie par le pauvre petit prince, qui s'était fait une si douce habitude des soins que lui prodiguait son affectionnée gouvernante. Il

(1) T. III, p. 427.

demandait sans cesse sa *maman Quiou*; et les regrets qu'il témoignait de ne plus la voir auprès de lui étaient la seule consolation qu'elle put recevoir dans cette pénible circonstance.

Mme de Montesquiou et son fils ne quittèrent pas Vienne; on leur donna contre-ordre, prétextant que les événements dont la France était le théâtre avaient déterminé l'empereur d'Autriche à révoquer l'autorisation de partir. Mais la dévouée gouvernante ne fut pas rappelée auprès de son cher petit Roi de Rome.

C'est une dame de Mitrowsky, veuve d'un général autrichien, qui fut nommée provisoirement pour remplacer Mme de Montesquiou. Cette dame paraissait âgée de trente ou trente-deux ans; elle n'était pas jolie, mais avait l'air fin, de l'amabilité et le désir de plaire. Elle avait avec elle sa fille, âgée d'environ dix ans. Son second mariage était arrêté avec un M. de Scarampi, officier supérieur du régiment autrichien de Lusignan, qui quittait le service pour entrer dans l'administration civile. Marie-Louise lui donna un emploi dans sa Maison pour le rapprocher de sa femme.

Une lettre de l'Empereur fut adressée de Lyon à Marie-Louise, le 12 mars. Elle lui annonçait que, appelé par le peuple français, il se rendait à son vœu; qu'il était reçu partout avec acclamation; qu'il serait dans quelques jours à Paris, *et qu'il l'y attendait avec son fils à la fin du mois*. Cette lettre avait été communiquée à Marie-Louise le jour même où le jeune prince était amené à Vienne. Elle avait été expédiée par le général autrichien Wubna, avec la lettre suivante datée de Paris, 1ᵉʳ avril 1815, adressée à l'empereur François :

Monsieur mon Frère et très cher Beau-Père, au moment où la Providence me ramène dans la capitale de mes Etats, le plus vif de mes vœux est d'y revoir bientôt l'objet de mes plus douces affections, mon épouse et mon fils.

Comme la longue séparation, que les circonstances ont nécessitée, m'a fait éprouver le sentiment le plus pénible qui ait jamais affecté mon cœur, une réunion si désirée ne tarde pas moins à l'impatience de la vertueuse princesse dont Votre Majesté a uni la destinée à la mienne. Si la dignité de la conduite de l'Impératrice, pendant le temps de mes malheurs, n'a pu qu'accroître la tendresse de Votre Majesté pour une fille qui lui était déjà si chère, vous comprendrez, Sire, combien je dois désirer de voir hâter le moment où je pourrai lui témoigner ma vive reconnaissance. Tout mon bonheur sera de la voir de nouveau recevoir les hommages d'une nation aimante qui, aujourd'hui plus que jamais, saura la chérir et apprécier ses vertus.

Mes efforts tendent uniquement à consolider ce trône que l'amour de mes peuples m'a conservé et rendu, et à le léguer un jour, affermi sur d'innombrables fondements, à l'enfant que Votre Majesté a entouré de ses bontés paternelles.

La durée de la paix étant essentiellement nécessaire pour atteindre ce but important et sacré, je n'ai rien de plus à cœur que de la maintenir avec toutes les puissances, mais je mets un prix particulier à la conserver avec Votre Majesté.

Je désire que l'Impératrice vienne par Strasbourg, les ordres étant donnés sur cette ligne pour sa réception dans l'intérieur de mes États. Je connais trop les principes de Votre Majesté ; je sais trop quelle valeur elle attache à ses affections de famille, pour n'avoir pas l'heureuse confiance qu'elle sera empressée, quelles que puissent être d'ailleurs les dispositions de son Cabinet et de sa politique, de concourir à accélérer l'instant de la réunion d'une femme avec son mari et d'un fils avec son père.

Je désire que Votre Majesté me permette de saisir cette circonstance pour lui réitérer l'assurance des sentiments d'estime, d'amitié et de parfaite considération avec lesquels je suis, de Votre Majesté Impériale, le bon Frère et Gendre.

NAPOLÉON.

Ces deux lettres furent remises au Congrès. « J'ignore, dit le baron de Meneval, quelle influence elles ont pu avoir sur la résolution prise à Vienne d'y retenir Mme de Montesquiou et son fils. Ce dernier obtint plus tard de retourner en France; mais, arrivé à Lambach, frontière des États autrichiens, on l'arrêta sous un prétexte quelconque. Ramené à Vienne et retenu au secret dans une maison de surveillance pendant quatre jours, M. de Montesquiou ne dut en partie son élargissement qu'à l'intervention de M. de Talleyrand et à l'engagement qu'il lui fallut prendre de ne pas s'éloigner de Vienne sans autorisation. Ces rigueurs gratuites exercées contre un officier (1) plein d'honneur, que sa position sociale et sa loyauté bien connue auraient dû mettre à l'abri de pareilles vexa-

---

(1) Le comte de Montesquiou-Fezensac (Ambroise-Anatole-Augustin) était colonel et aide de camp de l'Empereur au moment du départ pour l'île d'Elbe; devenu maréchal de camp en 1831, il fut député de la Sarthe en 1837 et pair de France en 1841.

tions, étaient exécutées par la police la plus servile et la plus brutale de l'Europe. Cette police était d'ailleurs stimulée par la défiance qu'inspirait le petit nombre de Français restés à Vienne auprès de l'Impératrice, défiance que devait encore augmenter la présence d'un aide de camp de l'Empereur, dont la mère était gouvernante du fils de Napoléon. La comtesse de Montesquiou, vivement blessée des accusations dont son fils était l'objet, demanda inutilement que la *Gazette de Vienne* publiât un démenti du prétendu complot formé pour l'enlèvement du jeune prince ; on n'eut aucun égard à sa réclamation. »

M. le baron de Meneval, lui aussi, quitta Vienne, et ce fut encore un grand ami de moins pour le pauvre petit roi. M. de Meneval raconte sa visite d'adieu ; elle est touchante :

« J'allai, avant de partir, prendre congé du jeune prince au palais impérial de Vienne. Je remarquai avec peine son air sérieux et même mélancolique. Il avait perdu son enjouement et cette loquacité enfantine qui avaient tant de charme en lui. Il ne vint pas à ma rencontre, comme à son ordinaire, et me vit entrer sans donner aucun signe qui annonçât qu'il me connût. On eût dit que le malheur commençait son œuvre sur cette jeune tête, qu'une grande leçon de la Providence semblait avoir parée d'une couronne à son entrée dans la vie, pour donner un nouvel exemple de la vanité des grandeurs humaines. C'était comme une de ces victimes ornées de fleurs qui étaient destinées aux sacrifices. Quoiqu'il fut déjà, depuis plus de six semaines, confié aux personnes avec lesquelles je le trouvai, il ne s'était pas encore familiarisé avec elles, et il semblait regarder avec méfiance ces figures qui étaient toujours nouvelles pour lui. Je lui demandai, en leur présence, s'il me chargerait de quelques commissions pour son père que j'allais revoir. Il me regarda d'un air triste et significatif sans me répondre; puis, dégageant doucement sa main de la mienne, il se retira silencieusement dans l'embrasure d'une croisée éloignée. Après avoir échangé quelques paroles avec les personnes qui étaient dans le salon, je me rapprochai de l'endroit où il était resté à l'écart, debout et dans une attitude d'observation; et comme je me penchais vers lui pour lui faire mes adieux, frappé de mon émotion, il m'attira vers la fenêtre et me dit tout bas en me regardant avec une expression touchante : « Monsieur *Méva*, vous lui direz que je l'aime toujours bien. » Le pauvre orphelin sentait déjà qu'il n'était plus libre et qu'il n'était pas avec des amis de son père; il avait beaucoup de peine à oublier sa *maman Quiou*. Il la redemandait sans cesse à Mme Marchand, qui avait été laissée près de lui et qu'il aimait beaucoup. Cette excellente femme, qui l'avait reçu dans ses bras à sa naissance, et qui s'était identifiée avec lui, retourna en France un an après ; sa retraite fut encore une douleur de plus, un nouveau sujet de chagrin pour le jeune prince. Quand on cessa de l'appeler du nom de Napoléon, il en conçut un grand déplaisir : il trouvait laid et trivial le nom de François qu'on lui avait imposé. Je le laissais dans un état de santé florissant ; sa constitution était robuste et promettait une vie longue et exempte d'infirmités, si quelque accident ne venait pas en troubler le cours. Il était beau, bon et doué d'aimables qualités qui lui concilièrent plus tard l'affection de l'Empereur, son grand-père » (1).

Napoléon essaya de traiter, sans espoir d'y réussir et seulement dans l'intention de laisser voir à l'opinion publique de quel côté se trouvaient réellement les agresseurs. Le 4 avril, il notifia aux Cours étrangères son nouvel avènement au trône de France ; cette notification, faite avec habileté et grandeur, était à la fois une justification de l'événement accompli, une démonstration de la nécessité de l'Empire pour la sûreté même de l'Europe, enfin une protestation de la volonté de l'Empereur de ne plus ambitionner d'autre gloire que celle de la paix.

L'Empereur, voulant également protester contre la conduite tenue par l'Autriche et les autres puissances à l'égard de l'Impératrice et du Roi

(1) *Meneval*, t. III, p. 512.

de Rome, dicta cettte note pour le duc de Vicence :

Paris, 30 mai 1815.

Il est possible que la Chambre fasse une motion pour le Roi de Rome tendant à faire ressortir l'horreur que doit inspirer la conduite de l'Autriche. Cela serait d'un bon effet.

Meneval doit faire un rapport daté du lendemain de son arrivée. Il tracera, depuis Orléans jusqu'à l'époque de son départ de Vienne, la conduite tenue par l'Autriche et les autres puissances à l'égard de l'Impératrice : la violation du traité de Fontainebleau, puisqu'on l'a arrachée, ainsi que son fils, à l'Empereur; il fera ressortir l'indignation que montra à cet égard, à Vienne, sa grand'mère, la reine de Sicile.

Il doit appuyer particulièrement sur la séparation du Prince Impérial de sa mère, sur celle avec Mme de Montesquiou, sur ses larmes en la quittant, sur les craintes de Mme de Montesquiou relatives à la sûreté, à l'existence du jeune prince. Il traitera ce dernier point avec la mesure convenable.

Il parlera de la douleur qu'a éprouvée l'Impératrice lorsqu'on l'arracha à l'Empereur. Elle a été trente jours sans dormir lors de l'embarquement de Sa Majesté.

Il appuiera sur ce que l'Impératrice est réellement prisonnière, puisqu'on ne lui a pas permis d'écrire à l'Empereur et qu'on lui a même fait donner sa parole d'honneur de ne jamais lui écrire un mot.

Meneval encadrera dans ce rapport tous les détails qu'il a donnés à l'Empereur et qui sont de nature à y trouver place et peuvent donner à ce rapport de la couleur.

Les puissances répondirent à toutes les propositions de Napoléon par des mobilisations de troupes considérables, et elles semblaient rivaliser de zèle et d'activité pour hâter le moment de la reprise des hostilités.

.La France, bien que surprise dans un désarroi sans nom, avait pu subvenir à la levée d'une force militaire suffisante pour résister à toute l'Europe. Napoléon partit avec cent cinquante mille combattants et trois cent cinquante bouches à feu, pour surprendre isolément les corps séparés de l'armée européenne, qui, réunie, devait se porter à près de onze cent mille combattants.

Napoléon quitta Paris le 12 juin. Il régla à Avesnes les premières opérations de l'armée par un ordre du jour daté du 13 dont il voulut que les dispositions fussent tenues secrètes. « Le 14, le général Bourmont, commandant une division du 4e corps, le colonel du génie C..., le chef d'escadron V..., officier d'état-major et ancien écuyer de l'Empereur, suivis de quelques officiers, à la honte de l'honneur français, passèrent à l'ennemi auquel ils dévoilèrent l'ordre du jour du 13 juin (1). Malgré cette inqualifiable trahison, les opérations militaires commencèrent avec la sûreté habituelle au vainqueur de tant de coalitions. Napoléon avait su dérober ses premiers mouvements aux yeux de l'ennemi et réussi à surprendre les armées prussienne et anglaise. Ses habiles manœuvres, qui avaient séparé ces deux armées et amené la victoire de Ligny, donnaient l'espoir que ces

(1) *Mémoires du baron de Meneval*, t. III, p. 528.

succès seraient suivis de victoires décisives. On n'en doutait pas à Paris, et l'on y attendait des nouvelles de l'armée dans une confiante sécurité, lorsque le bruit d'un grand désastre vint troubler tous les esprits. Bientôt la défaite de Waterloo ne fut plus un mystère pour personne... Un caprice de la Fortune renversa les plans les mieux combinés et arracha des mains de Napoléon le triomphe auquel il touchait. On peut dire que Napoléon et ses soldats tombèrent glorieusement. »

L'Empereur rentra à Paris le 20 juin. Il descendit seulement au petit palais de l'Élysée. Alors s'ouvrit une seconde et dernière campagne de Waterloo, où les ennemis se nommaient non plus Wellington et Blücher, mais La Fayette, Lanjuinais, Fouché, Manuel, Joly, Lacoste, etc. Ceux qui l'avaient proclamé l'élu du peuple, qui avaient spéculé sur ses talents, qui avaient juré de le défendre dans tous ses périls, se montrèrent impitoyables contre lui dans son infortune. La voix éteinte de La Fayette se réveilla tout à coup, pour exciter la Chambre des députés à méconnaître l'Empereur, à se déclarer en permanence contre lui, à le faire juger comme un traître s'il usait de ses droits constitutionnels en prononçant la dissolution de la Chambre. Sur l'insistance de La Fayette, les députés exigèrent l'abdication de l'Empereur, et la Chambre des pairs adhéra aux résolutions de l'autre Chambre. Ainsi, l'épée, que le sort avait brisée dans les mains vaillantes de Napoléon, devait être arrachée à ce grand homme par La Fayette!... Ce dernier outrage de la Fortune l'indigna... Son testament en a gardé la mémoire (1).

Égaré encore une fois par les manifestations des hommes officiels, Napoléon oublia le peuple qui lui offrait son appui. Une heure après, le président de la Chambre, Lanjuinais, communiquait aux représentants un acte ainsi conçu :

DÉCLARATION AU PEUPLE FRANÇAIS

Français !

En commençant la guerre pour soutenir l'indépendance nationale, je comptais sur la réunion de tous les efforts, de toutes les volontés, et sur le concours de toutes les autorités nationales ; j'étais fondé à en espérer le succès, et j'aurais bravé toutes les déclarations des puissances contre moi.

Les circonstances me paraissent changées. Je m'offre en sacrifice à la haine des ennemis de la France... Puissent-ils être sincères dans leurs déclarations et n'en avoir réellement voulu qu'à ma personne! Ma vie politique est terminée, et je proclame mon fils, sous le titre de *Napoléon II, Empereur des Français.*

Les ministres actuels formeront provisoirement le con-

---

(1) « Les deux issues si malheureuses des invasions de la France, lorsqu'elle avait encore tant de ressources, sont dues aux trahisons de Marmont, Augereau, Talleyrand et de La Fayette. Je leur pardonne ; puisse la postérité française leur pardonner comme moi ! » (Paragraphe 6 du testament de Napoléon.)

seil de gouvernement. L'intérêt que je porte à mon fils m'engage à inviter les Chambres à organiser, sans délai, la régence par une loi.

Unissez-vous tous pour le salut public et pour rester une nation indépendante !

Napoléon.

Au palais de l'Élysée, ce 22 juin 1815.

Le 23 juin, les Assemblées proclamèrent Napoléon II, empereur des Français, mais tout en prenant des mesures qui annulaient cette reconnaissance du nouveau souverain. Ensuite surgirent les honteux escamotages, les perfides menées, par lesquelles fut arrachée à l'exilé de Schœnbrünn la couronne que Napoléon Ier, immolant l'Empereur au père, avait espéré lui léguer.

Attendant du gouvernement provisoire la décision définitive de son sort, Napoléon, accablé par le malheur, vint se réfugier, une dernière fois, avec le souvenir de la bonne Joséphine, dans la solitude de la Malmaison. Il y retrouva Hortense, fidèle à ce dernier asile, et vit arriver Madame Mère, cherchant à lui offrir un refuge illusoire, pour ne plus se séparer de lui. C'est à la Malmaison, dans cette résidence déserte; c'est là que le souverain déchu de la France va passer les quatre derniers jours de son abdication, avant de subir un second exil, si lointain, si insalubre, qu'il sera l'irrévocable arrêt de sa mort.

Afin de conserver sa liberté personnelle, il hésite un instant pour savoir s'il ira demander asile aux États-Unis ou bien à l'Angleterre. Contraint par le gouvernement provisoire, qui s'est constitué à Paris, de s'éloigner de la capitale et de gagner Rochefort, il se décide à se placer sous la protection « du plus puissant, du plus constant et du plus généreux de ses ennemis », écrit-il le 13 juillet, au prince régent d'Angleterre, et le 15 il se rend avec confiance à bord du *Bellérophon* qui, le 26, mouille dans les eaux de Plymouth. C'est là qu'il apprend enfin le 30, et sans avoir pu obtenir l'autorisation de débarquer, que le gouvernement anglais, le considérant comme prisonnier de guerre, a pris la détermination de le déporter à Sainte-Hélène.

CHAPITRE SEPTIÈME

1816-1818

Commencement de l'éducation du Roi de Rome ; le comte Dietrichstein est nommé son gouverneur. — Mme Marchand, mère du premier valet de chambre de Napoléon à Sainte-Hélène, fait parvenir à l'Empereur une boucle de cheveux du Roi de Rome. Le Roi de Rome devient *duc de Reichstadt* (22 juillet 1818), suppression du nom de Napoléon. — Intimité du duc de Reichstadt avec son grand-père.

Pendant que l'Europe entière avait repris les armes, avec fracas, pour recommencer de sanglantes luttes; tandis que le sceptre si rapidement ressaisi par Napoléon était si subitement arraché de ses mains puissantes; que, par suite de son abdication dernière, la proclamation de Napoléon II était combattue de tant d'intrigues, faisait naître des discussions si violentes, le jeune enfant, indifférent à tous ces orages, vivait avec sa mère, dans la tranquille résidence de Schœnbrünn.

Le moment était arrivé, où son intelligence déjà active réclamait les premiers soins d'une éducation suivie, méthodique et progressivement développée. « L'Empereur devait confier la direction de cette éducation, si délicate sous tant de rapports, à un homme dont l'existence et le caractère pussent justifier la sagesse de son choix. A la demande de Marie-Louise, il désigna le comte Maurice de Dietrichstein, d'une des familles les plus illustres de l'Empire, réunissant à une grande noblesse de sentiments, à l'élévation d'un caractère véritablement loyal, des connaissances étendues et variées. Par sa haute position sociale, par ses qualités universellement reconnues, le comte de Dietrichstein méritait la confiance du monarque ; un tel choix prouvait suffisamment toute l'importance que l'Empereur attachait au dépôt qu'il ne pouvait remettre qu'en de si dignes mains (1).. »

Les quelques serviteurs français qui étaient restés auprès du jeune prince continuèrent à soigner son enfance ; ils restèrent encore plusieurs mois auprès de lui. Leur présence put donner alors à l'enfant quelques notions des nouvelles catastrophes qui venaient de renverser son père. Une circonstance particulière prouve qu'on avait pris soin de l'en instruire autant que son jeune âge était capable de le comprendre.

Par la convention du 2 août 1815, les puissances alliées avaient stipulé que Napoléon,

---

(1) *Le duc de Reichstadt*, par M. de Montbel.

qu'elles regardaient comme le prisonnier de l'Europe, serait spécialement confié à la garde du gouvernement britannique ; que les Cours d'Autriche, de Russie et de Prusse nommeraient des commissaires qui demeureraient au lieu choisi par l'Angleterre pour la résidence de Napoléon, et que, sans être chargés de la responsabilité de sa garde, ils devraient néanmoins s'assurer de sa présence.

La Cour de Vienne fit choix pour cette mission du baron de Stürmer, fils de l'internonce d'Autriche auprès de la Porte Ottomane, et lui-même commissaire de son gouvernement au quartier général de l'armée autrichienne, pendant les campagnes de France.

Le prince de Metternich lui donna des instructions, d'après lesquelles toutes ses démarches devaient être faites d'accord avec ses collègues, et principalement avec le gouverneur, sur qui seul portait toute la responsabilité de la garde et de la surveillance de Napoléon. Il lui était recommandé de n'avoir aucune relation directe avec les Français qui séjournaient dans l'île, toutes leurs communications devant être soumises à l'inspection du gouverneur, afin que celui-ci n'ignorât aucune démarche, aucune correspondance de ceux qu'on avait confiés à sa garde, pour être toujours en mesure de s'opposer à toutes les tentatives d'évasion qu'ils pourraient concerter.

Au moment où le baron de Stürmer dut partir de Vienne pour se rendre à Sainte-Hélène, le célèbre Alexandre de Humboldt conseilla à l'Empereur d'envoyer, avec le commissaire autrichien, un botaniste qui pourrait explorer les richesses végétales de l'île, et de là se rendre au cap de Bonne-Espérance, pour continuer ses recherches. On fit choix, pour cette lointaine exploration, de M. Wellé, adjoint à M. Boos, jardinier en chef de Schœnbrünn. M. Wellé était un homme studieux, versé dans les sciences naturelles, fort appliqué à ses travaux, et par suite entièrement incapable de se mêler d'intrigues. Au moment de son départ, M. Boos, ami de Mme Marchand, mère du premier valet de chambre de Napoléon, et attachée au service immédiat du jeune prince, chargea Wellé d'une lettre et d'un petit paquet qu'elle adressait à son fils; elle indiqua que le paquet renfermait une boucle de cheveux, qu'elle suppliait de faire remettre en secret à Marchand lui-même, de crainte qu'il ne fût privé, par la sévérité du gouverneur, de ce souvenir de la tendresse de sa mère.

Quand l'expédition fut en vue de Sainte-Hélène, M. le baron de Stürmer donna aux personnes de sa suite des avis et des ordres conformes aux instructions que lui-même avait reçues: il les prévint qu'aucune lettre, aucun paquet ne devaient être remis directement aux

Français qui se trouvaient dans l'île ; que tout devait lui être confié, afin qu'il pût le faire parvenir par l'intermédiaire indispensable du gouverneur. En conséquence, il leur ordonna de déclarer tout ce qui pouvait être entre leurs mains sous ce rapport. Craignant de désobliger M. Boos, en manquant à sa promesse, Wellé garda le silence ; et, quand il eut débarqué dans l'île, il trouva facilement le moyen de faire parvenir à Marchand le paquet que lui envoyait sa mère.

Tout à coup, une fête fut improvisée à Longwood : Napoléon avait reçu une boucle des cheveux de son fils et une lettre dont on avait fait tracer les caractères, en guidant la main inexpérimentée de l'enfant. Le captif de Saint-Hélène put oublier, un instant, les chagrins qui dévoraient son âme. Il manifesta la joie la plus vive : c'étaient les mêmes transports qui, la veille de la bataille de la Moskowa, accueillirent le portrait du jeune prince. Comme alors il avait présenté ce portrait à ses officiers, presque sur le champ de bataille, il montrait, avec empressement, à ceux qui l'entouraient encore, les cheveux et la lettre qu'il venait de recevoir. Quelle différence, toutefois devait mettre dans ses idées un si prodigieux changement de situation!... Sur les bords de la Moskowa, autour de lui une formidable armée, un passé de victoires constantes, un avenir entouré de tous les prestiges de la gloire et du pouvoir ; sur le rocher de Sainte-Hélène, l'appareil de la captivité, le souvenir poignant de récentes catastrophes, un avenir décoloré, détruit... sans espérance. La joie de cette fête dut bientôt s'éteindre dans de cruelles réflexions.

Sir Hudson Lowe crut que le baron de Stürmer avait volontairement violé la consigne donnée au gouverneur, et que lui-même avait fait parvenir des lettres à Longwood, sans les lui communiquer. Dans cette persuasion, il crut devoir garder le silence à l'égard du commissaire autrichien ; mais il porta plainte à son gouvernement : une explication eut lieu en conséquence. Wellé, dont l'intention était innocente, ne fut pas immédiatement renvoyé de l'île, comme le voulait d'abord sir Hudson Lowe et il continua ses recherches botaniques.

Les cheveux et la lettre de son fils ne furent pas les seuls souvenirs de lui qui consolèrent la captivité de Napoléon ; au-dessus de son lit était placé un buste de ce jeune prince, d'une ressemblance frappante ; un sculpteur français établi à Vienne en était l'auteur. M. le comte de Bausset, pendant le voyage qu'il fit en Savoie, à la suite de Marie-Louise, l'avait fait parvenir à l'île d'Elbe, avec une lettre de cette princesse.

On a vu précédemment que, par suite du traité du 11 avril 1814, les duchés de Parme,

Plaisance et Guastalla furent cédés à Marie-Louise, avec réversion à son fils de cette principauté dont il portait déjà le titre. Ces dispositions furent attaquées au Congrès. N'ayant pu faire valoir contre les titres anciens de la maison de Lorraine les droits plus récents qu'elle avait eus au commandement de la Toscane, l'ancienne reine d'Étrurie réclamait pour son fils les États héréditaires de Parme, dont la violence l'avait injustement dépouillé. L'entreprise de Napoléon avait donné lieu au Congrès de déclarer, dans l'acte du 13 mars, que, par suite de cette agression armée contre la France, le traité de Fontainebleau était complètement annulé. Dès lors on ne pouvait plus s'étayer de cet acte pour repousser des réclamations qu'appuyait fortement le chevalier de Labrador, plénipotentiaire de l'Espagne. Pour satisfaire aux vœux de cette puissance et pour calmer les craintes des princes d'Italie, sur l'établissement au milieu d'eux du fils de Napoléon, les plénipotentiaires français proposaient de restituer le duché de Parme à son ancien souverain et de donner en compensation à Marie-Louise le revenu des biens allodiaux que le roi de Bavière possédait en Bohême, connus sous le nom de Terres Bavaro-Palatines, avec la principauté de Lucques, réversible, à la mort de cette princesse, au grand-duc de Toscane. L'Empereur déclara que, si le repos de l'Europe exigeait que sa fille renonçât à toute souveraineté, il était prêt à y consentir, s'en remettant aux puissances du soin de satisfaire aux justes demandes d'indemnités qu'elle serait en droit de présenter.

Des difficultés s'élevèrent néanmoins, sur la restitution de Plaisance, que l'Autriche voulait temporairement conserver comme un point militaire important; tandis que la Cour d'Espagne rejetait toute idée de démembrement du duché de Parme, à moins d'égale compensation en Italie.

Le Congrès répondit au plénipotentiaire espagnol, par une déclaration du 9 juin, que l'infant don Charles-Louis était appelé à posséder, au lieu des duchés de Parme, Plaisance et Guastalla, la principauté de Lucques, avec une indemnité de cinq cent mille francs de rentes perpétuelles. . L'ex-reine d'Étrurie, l'infante Marie-Louise, refusa cet arrangement pour son fils, dont elle était tutrice; et l'archiduchesse Marie-Louise conserva les duchés de Parme, sans qu'ils fussent désormais réversibles au jeune Napoléon.

Postérieurement à cette décision, à la demande de la France et de l'Espagne, par convention du 10 juin 1817, à Paris, les puissances alliées arrêtèrent que les dispositions de l'acte du Congrès du 9 juin, relatives au duché de Parme, étaient maintenues à l'égard de l'archiduchesse Marie-Louise; mais, après son décès, la réversion devait avoir lieu en faveur de l'infant don Charles-Louis et de ses descendants mâles. Au moment où ce prince rentrerait en possession de Parme, le duché de Lucques passerait sous la domination du grand-duc de Toscane.

Ainsi, par ces dispositions nouvelles comme par l'annulation du traité de Fontainebleau, le fils de Napoléon, jusqu'alors appelé duc de Parme, se trouva tout à coup sans nom, sans titre et sans héritage.

« L'Empereur devait pourvoir à cet état de choses : il était dans ses sentiments paternels de donner à son petit-fils un rang, un titre, une existence; de lui fournir une compensation de ces États que d'abord on lui avait assurés, par la convention de Fontainebleau. Quoique l'invasion de Napoléon eût donné lieu aux puissances d'annuler ce traité, l'Empereur ne pouvait imputer à son petit-fils les actes de son père et l'en rendre responsable. Il consentait à tous les sacrifices, à tous les ménagements qu'exigeait la politique; mais il voulut les concilier avec ce que lui dictaient son équité et sa tendresse pour l'enfant que la Providence avait remis à ses soins (1). »

Ce fut dans ce but que, par une patente du 22 juillet 1818, l'Empereur régla d'une manière définitive la position du jeune prince.

(1) *Le duc de Reichstadt*, par M. DE MONTBEL.

PATENTE IMPÉRIALE CONCERNANT LE DUC DE REICHSTADT

Nous François premier, par la grâce de Dieu, empereur d'Autriche, roi de Jérusalem, de Hongrie, de Bohême, de Lombardie et de Venise, de Dalmatie, de Croatie, d'Esclavonie, de Gallicie, de Lodomérie et d'Illyrie, archiduc d'Autriche, duc de Lorraine, de Salzbourg, de Styrie, de Carinthie, de Carniole, de la haute et basse Silésie, grand prince de Transylvanie, margrave de Moravie, comte princier de Habsbourg et du Tyrol, etc., etc., savoir faisons :

Armoiries du duc de Reichstadt.

Comme nous nous trouvons par suite de l'acte du Congrès de Vienne et des négociations qui depuis ont eu lieu à Paris avec nos hauts alliés pour son exécution, dans le cas de déterminer le titre, les armes, le rang et les rapports personnels du prince François-Joseph-Charles, fils de notre bien-aimée fille Marie-Louise, archiduchesse d'Autriche, duchesse de Parme, de Plaisance et de Guastalla, nous avons résolu à cet égard ce qui suit :

1º Nous donnons au prince François-Joseph-Charles, fils de notre fille bien-aimée l'archiduchesse Marie-Louise, le titre de duc de Reichstadt, et nous ordonnons en même temps qu'à l'avenir toutes nos autorités et chacun en particulier lui donnent, en lui adressant la parole, soit de vive voix, soit par écrit, au commencement du discours et au haut d'une lettre, le titre de *duc sérénissime*, et dans le texte celui d'*Altesse sérénissime*.

2° Nous lui permettons d'avoir et de se servir d'armoiries particulières, savoir de gueule à la fasce d'or, à deux lions léopardés du même, l'un en chef et l'autre en point, l'écu ovale posé sur un manteau ducal timbré d'une couronne de duc; pour supports, deux griffons de sable armés, becqués et couronnés d'or, tenant des bannières sur lesquelles sont répétées les armoiries de l'écu.

3° Le prince François-Joseph-Charles, duc de Reichstadt, prendra rang, tant à notre Cour que dans toute l'étendue de notre empire, immédiatement après les princes de notre famille et les archiducs d'Autriche.

Il a été expédié deux exemplaires parfaitement semblables et signés par nous de la présente déclaration et ordonnance qui doit servir d'information à chacun, afin qu'il ait à s'y conformer; l'un des exemplaires a été déposé dans nos archives privées de famille, de Cour et d'État.

Donné dans notre capitale et résidence de Vienne, le 22 juillet de l'an 1818, de notre règne le vingt-septième.

FRANÇOIS (L. S.).

François, comte de Sauran,
grand chancelier.

Un acte particulier lui conférait la possession éventuelle des terres de Bohême, connues sous le nom de *Bavaro-Palatines*, pour en jouir, lui et ses descendants mâles, avec réversion à la Couronne d'Autriche en cas d'extinction de la postérité masculine; les revenus en étaient évalués à 500,000 francs, mais il ne devait entrer en possession de cet apanage que lorsque

Marie-Louise aurait cessé d'exister; jusque-là, jouissant des duchés de Parme, Plaisance et Guastalla, elle devait fournir à l'existence de son fils.

On a remarqué, dans les actes relatifs au duc de Reichstadt, la suppression du nom de Napoléon. Moi-même, dit M. de Montbel, j'en fus frappé quand ces pièces me furent communiquées ; je ne pus m'empêcher d'en faire l'observation à un homme d'État célèbre.

« Pour juger une détermination, me répondit-il, il faut se placer dans la situation et se reporter à l'époque où elle a été prise. Tel acte qui paraissait indispensablement nécessaire, il y a quatorze ans, pourrait être aujourd'hui considéré d'une manière absolument différente.

« Qu'on recule par la pensée jusqu'à cette époque où l'Europe, après une lutte et une oppression de tant d'années, s'était levée pour venger son honneur et reconquérir son indépendance ; qu'on se rappelle l'indignation et la fureur des peuples quand, pour prix d'une confiance imprudente, Napoléon, brisant les traités, s'élança de l'île d'Elbe, compromit de nouveau leur existence et sembla rendre inutile, en un moment, tant de sang versé sur les champs de bataille. La victoire n'apaisa pas d'abord cette fureur.

« Aujourd'hui la haine a fait place à la modération. A cet égard les idées se sont modifiées et ont pris une direction différente. Mais alors l'Allemagne, indignée, regardait sa haine contre Napoléon comme un lien de vertu qui devait unir les peuples : c'était une religion; c'était un fanatisme; le nom de l'oppresseur des nations leur inspirait un sentiment d'horreur......

« Mais des raisons d'un ordre plus élevé dictèrent cette détermination. L'Europe venait de reconnaître combien il y avait eu danger pour elle de laisser à un guerrier si entreprenant le prestige attaché au titre d'empereur. En donnant à tous les rois et souverains qu'il avait créés dans sa famille le nom de Napoléon, à l'exemple des successeurs de Jules et d'Octave qui portaient le titre d'Auguste et de César, il l'a classé parmi les insignes du rang impérial, il en avait fait une dénomination de dynastie, à laquelle évidemment il voulait attacher une signification d'autorité et de puissance. L'empereur d'Autriche, qui avait déjà sacrifié toutes ses affections à la sûreté et au bonheur de ses sujets, avait à cœur de leur prouver, ainsi qu'à l'Europe, que, dans aucune situation, ses sentiments paternels ne l'emporteraient sur ses principes et son amour pour son peuple. C'est essentiellement dans ce but qu'il ôta au jeune prince son nom de dynastie, comme il lui avait refusé le titre d'empereur, pour que dès lors des noms, tous consacrés en Autriche, prouvassent qu'il ne serait plus désormais qu'un prince autrichien (1). »

Toutes les difficultés relatives à la possession du duché de Parme étaient levées : Marie-Louise se rendit dans ses nouveaux États, et le jeune enfant resta, dès lors, auprès de l'Empereur.

« C'était un spectacle touchant que l'intimité qui s'établit, dès les premiers instants, entre le monarque et le jeune prince. Un instinct secret semblait indiquer à l'enfant que toute son existence devait se réfugier désormais sous la protection de son aïeul. L'Empereur éprouvait cet intérêt profond que devait nécessairement lui inspirer un être qui lui tenait de si près, et qui, si jeune, était déjà cependant le jouet d'une inconcevable destinée : ils ne se quittaient plus. Un établissement de jeux, proportionnés à l'âge de l'enfant, se trouvait dans l'appartement même de l'Empereur, qui prenait plaisir à être témoin de son adresse, de son agilité et des transports de sa joie. Le jeune duc pénétrait même dans le cabinet de travail. La présence du jeune prince venait faire diversion à ses graves travaux : sa conversation l'intéressait. L'enfant lui parlait avec une confiance entière, parce qu'il était sûr de recevoir des réponses proportionnées à son intelligence et des explications faites avec ce sentiment bienveillant qui

(1) *Le duc de Reichstadt*, par M. DE MONTBEL, 1832.

leur donne tant d'attrait pour celui qui les écoute.

« Dans un de ces moments d'épanchement, le jeune duc s'approcha d'un air préoccupé, et, s'appuyant sur les genoux de l'Empereur :

« — Mon grand-papa, lui dit-il, n'est-il pas vrai, quand j'étais à Paris, j'avais des pages ?

« — Oui ; je crois que vous aviez des pages.

« — N'est-il pas vrai aussi qu'on m'appelait le Roi de Rome ?

« — Oui ; l'on vous appelait le Roi de Rome.

« — Mais, mon grand-papa, qu'est-ce donc être Roi de Rome ?

« — Mon enfant, répondit l'Empereur, quand vous serez plus âgé, il me sera plus facile de vous expliquer ce que vous me demandez ; pour le moment, je vous dirai qu'à mon titre d'empereur d'Autriche, je joins celui de roi de Jérusalem, sans avoir aucune sorte de pouvoir sur cette ville..... Eh bien ! vous étiez roi de Rome comme je suis roi de Jérusalem.

« Cette réponse frappa l'enfant ; il garda le silence et sembla longtemps réfléchir.

« L'enfant suivait l'Empereur dans ses terres et dans ses maisons de plaisance. Leur société devenait de plus en plus intime. Ils prenaient ensemble leurs repas, et quand, par des raisons de santé ou d'affaires, l'Empereur voulait être seul à sa table, on savait que cet ordre ne concernait jamais le duc de Reichstadt, compagnon nécessaire et inséparable de son aïeul.

« Celui des princes avec qui le jeune duc se trouvait en relations plus intimes d'affections et d'habitudes était le second fils de l'Empereur, l'archiduc François, qui, plus rapproché de son âge, se plaisait à partager ses joies et ses amusements. Nulle différence n'existait, du reste, dans la manière dont on traitait le duc de Reichstadt et les jeunes archiducs dans la famille ; il recevait les mêmes soins et les mêmes témoignages de tendresse ; à la Cour on lui rendait les mêmes honneurs. »

L'intérêt que faisait naître généralement la situation si extraordinaire de ce jeune enfant, et la beauté remarquable de ses traits, inspirèrent à plusieurs artistes le désir de reproduire son image. A l'époque du Congrès de Vienne, Isabey et d'autres peintres habiles étaient venus dans la capitale de l'Autriche consacrer par leur art le souvenir de tant de monarques, de princes, d'hommes d'État, de personnages illustres qui prirent part à cette grande réunion européenne. Ils firent des portraits remarquables du jeune prince. Celui que quelques années plus tard on dut au talent du célèbre Lawrence, lors de son séjour à Vienne, a été reproduit avec bonheur par la gravure.

Un peintre français, qui depuis longtemps était établi à Vienne, recommandable par son talent et par son caractère, fut appelé pour peindre le jeune prince, alors âgé de cinq ans. Il le trouva jouant avec une multitude de figures de soldats, parmi lesquelles il remarqua des Cosaques irréguliers; cherchant à captiver son attention, pour éviter son impatience :

— Avez-vous jamais vu des Cosaques, monseigneur? lui dit le peintre.

— Oui, certainement j'en ai vu : ce sont eux qui nous ont escortés en France.

— S'ils étaient comme ceux que vous avez-là, avec le cou et les jambes nus, ils devaient avoir bien froid.

— Non, ils ne sentent pas le froid, parce qu'ils sont d'un pays où l'on y est accoutumé.

Il répondait également à toutes les questions du peintre avec une justesse frappante, mais toujours après quelques instants de réflexion.

— Je veux être soldat, lui disait-il dans la même séance : je me battrai bien; je monterai à l'assaut.

— Mais, monseigneur, vous trouverez les baïonnettes des grenadiers qui vous repousseront, qui vous tueront peut-être.

— Est-ce que je n'aurai pas une épée pour écarter les baïonnettes? répondit-il avec fierté.

Quand le portrait fut presque terminé et qu'il fut question du costume, le peintre demanda au comte de Dietrichstein : « De quel Ordre dois-je décorer le prince? — De l'Ordre de

Saint-Étienne que l'Empereur lui a envoyé au berceau. — Mais, monsieur le comte, j'en avais encore beaucoup d'autres, dit l'enfant. — Oui, mais vous ne les portez plus. » Il se contenta de cette réponse.

Outre les preuves d'intelligence que donnait le jeune prince, il montrait aussi déjà de la fermeté et de l'adresse : on le remarqua dans quelques circonstances. Le général italien Pino avait offert à l'Empereur un jeune lion, récemment dérobé à la mamelle de sa mère; trop faible encore pour être nuisible, il jouait, avec les chèvres qui le nourrissaient, dans un des parcs de la ménagerie de Schœnbrünn; il attirait l'attention du public qui venait le visiter; on le caressait comme un chien docile. Un jour, accompagné de ses enfants et du jeune prince, l'Empereur voulut aller voir le lion : la plus jeune des archiduchesses parut effrayée, non de cet animal, mais d'une des chèvres qui courait vers elle d'un air menaçant : — « Ne craignez pas, dit l'enfant, en saisissant adroitement la chèvre par les cornes, je l'Empêcherai bien de vous approcher. — Voyez, dit l'Empereur en souriant, il est bien jeune, et cependant il sait déjà comment on doit prendre la difficulté. »

CHAPITRE HUITIÈME

Récit du capitaine Foresti, sur l'éducation du duc de Reichstadt. Le duc de Reichstadt reçoit l'éducation des princes autrichiens. Il joue à Robinson Crusoë. Son caractère; sa résolution; chagrin du duc quand on lui apprit la mort de l'Empereur; études classiques et militaires; instruction religieuse; études mathématiques; fortification; travaux graphiques; études littéraires; histoire et sciences. Le duc de Reichstadt suit les cours de l'École polytechnique de Vienne; il étudie l'architecture civile; son peu de goût pour les arts et la musique; sa dextérité pour les exercices physiques; son goût prononcé pour l'état militaire; à sept ans, il était habillé en simple soldat; il obtient le grade de sergent; sa déférence pour la hiérarchie militaire; il refuse de se trouver au milieu des dames. Leçons d'histoire et de politique données au duc de Reichstadt par le prince de Metternich; respect du duc de Reichstadt pour la mémoire de son père.

Les études du duc de Reichstadt furent dirigées d'après le mode constamment adopté pour les princes de la famille impériale. Le duc suivit avec succès tous les cours prescrits, sans en excepter l'étude approfondie du droit public et du droit privé.

Un des hommes qui, par sa situation précédente, pouvait me communiquer, à cet égard, les renseignements les plus exacts et les plus intéressants, était, sans contredit, le capitaine Foresti ; appelé auprès du duc de Reichstadt, dès les premiers instants de son arrivée à Vienne, il fut attaché à ce prince comme l'un de ses gouverneurs. Sans interruption pendant seize années, il le suivit dans toutes les circonstances de son éducation, et assista au développement complet de son intelligence (1).

« Nous eûmes avec le capitaine Foresti plusieurs conférences dans l'appartement même qu'avait occupé le prince, au palais de l'Empereur. Là nous étions entourés de ses armes, de ses livres, de ses derniers écrits, de ses derniers souvenirs : tout, autour de nous, était imprégné de la vie intellectuelle de celui dont l'existence venait de s'éteindre si prématurément. Voici ce que, dans cette situation, et visiblement ému, me racontait le capitaine Foresti :

« A l'époque même où le jeune prince fut confié au comte de Dietrichstein, je fus appelé auprès de lui, pour remplir les fonctions de sous-gouverneur. Je partageai cette marque honorable de confiance avec M. Collin, connu par ses succès littéraires, par sa belle tragédie d'*Essex*

Tout ce récit est extrait, avec l'autorisation de M. Edmond Richardin l'un des successeurs de l'ancienne librairie Dentu, de l'ouvrage de M. de Montbel intitulé : *Le duc de Reichstadt*, publié en 1832.

et plusieurs autres pièces qui sont restées sur la scène; il était frère du célèbre poète Henri Collin, l'auteur de *Régulus*, de *Coriolan*, de tant de productions, l'honneur du théâtre autrichien.

« Jusqu'au moment où le prince passa sous notre direction, on avait évité de fatiguer son enfance d'un travail pénible, mais on s'était appliqué à développer son intelligence par des soins assidus, par des entretiens à portée de sa compréhension. Sous les ordres immédiats de Mme la comtesse de Montesquiou se trouvaient deux dames plus spécialement chargées de s'occuper habituellement de son éducation, Mme Soufflot et sa fille: toutes deux étaient instruites et parfaitement convenables aux fonctions qu'on leur avait confiées. La jeune personne, surtout, était extrêmement distinguée par un caractère aimable, par une imagination vive et pénétrante: c'est elle qui, le plus habituellement, cultivait l'esprit de son jeune élève, en lui racontant des histoires à sa portée, en lui faisant des lectures dont le choix l'intéressait, qui donnaient lieu à des demandes, à des explications, à des entretiens assidus. Employée avec un discernement remarquable, cette méthode contribua à donner de l'action et du développement aux facultés naturelles de l'enfant. Aussi l'on jugea qu'il était susceptible de commencer à recevoir son éducation sous la direction de gouverneurs, dès qu'il eut atteint l'âge de quatre ans et demi.

« L'enfant était à cet âge remarquablement beau, ses mouvements avaient de la grâce et de la gentillesse. Il parlait déjà facilement et avec cet accent particulier aux habitants de Paris. Nous prenions plaisir à l'entendre nous exprimer, dans le langage naïf de son âge, des pensées, des observations d'une extrême justesse.

« Il était nécessaire qu'il s'habituât de bonne heure à l'usage de la langue allemande; il devait l'entendre beaucoup parler autour de lui; il fallait donc qu'il fût bientôt en état de ne rester étranger ni à ce qu'on pouvait dire en sa présence, ni par suite aux moyens d'instruction qui devaient en résulter. Mais quand nous voulûmes essayer de lui faire prononcer quelques mots allemands, tout à coup il opposa une volonté négative déterminée, comme une résistance désespérée; on eût dit qu'en parlant cette langue, il craignait d'abdiquer sa qualité de Français; il soutint fort longtemps, pour son âge, cette résolution qui dut s'évanouir enfin. Alors il apprit l'allemand avec une prodigieuse facilité, il le parla bientôt dans la famille impériale. C'était une satisfaction réelle d'assister au travail facile de cette jeune imagination. Les fautes mêmes qu'il commettait fréquemment décelaient une vive intelligence, et une véritable réflexion. Il s'appuyait sur des analogies, sur des observations étymologiques fort ingénieuses ; il y avait déjà dans cette jeune tête une faculté de logique très intéressante à observer.

« Les enseignements qu'il avait reçus jusque-là ne l'avaient pas soumis aux fatigues de l'étude ; c'est moi qui me chargeai du soin assez pénible de lui montrer à lire. Il avait de l'aptitude, assez de docilité ; mais souvent il se glissait entre mes jambes pour échapper au dégoût et à l'ennui des leçons. Afin de donner à son travail plus d'attrait, plus d'activité, un jeune enfant, Émile Gobereau, venait partager ses études : c'était le fils d'un valet de chambre de Marie-Louise. Je leur enseignais à lire à tous deux ensemble. L'émulation qui résultait de la simultanéité des leçons fit faire de rapides progrès à mon élève.

« Nos travaux se faisaient alors dans l'appartement de Marie-Louise. Cette princesse, toujours à portée d'entendre les exclamations de la joie, et quelquefois les expressions du chagrin, ou du mécontentement, venait souvent auprès de son fils encourager ses bonnes dispositions par ses éloges, ou réprimer ses défauts par un blâme sévère.

« Il montrait dès lors les qualités distinctives de son caractère : bon pour les subalternes, ami de ses gouverneurs, mais sans démonstration vive, il obéissait par conviction, mais presque toujours il commençait par essayer de la résistance. Il aimait à produire de l'effet. En général, on voyait qu'il pensait beaucoup plus qu'il ne voulait dire : nous dûmes nous attacher à régler en lui cette disposition, qui aurait tendu à le rendre dissimulé ; nous y parvînmes par des soins assidus et avec assez de difficulté. Du reste, il recevait nos réprimandes avec fermeté ; et, quelque mécontentement qu'il en éprouvât, jamais il ne conservait de rancune ; il finissait toujours par convenir de la justice des représentations qu'on lui avait faites. Quand, dans la journée, nous avions senti quelque mutuel refroidissement, par suite d'une leçon sévère, le soir, en prenant congé de nous, il était le premier à nous tendre une main amicale, en nous priant de lui pardonner et d'oublier ses torts.

« Son amour-propre le portait à profiter rapidement des moindres observations qui lui signalaient ce qui pouvait ressembler à un tort, et surtout à un ridicule. Il nous donna dans ce genre une singulière preuve de la fermeté de son caractère, quand il prenait une résolution. A cette époque, il n'avait pas cinq ans. Quand il voulait donner à ses assertions beaucoup de force, il se servait du mot *vrai*, qu'il employait même aussi quelquefois, alors qu'il avait intérêt à nous tromper. En prononçant ce mot d'un air presque solennel, il levait sa petite main avec beaucoup de grâce, pour faire un geste affirmatif.

« Le 12 décembre 1815, jour anniversaire de la naissance de l'archiduchesse Marie-Louise, l'enfant voulut adresser un compliment à sa mère : on rédigea à la hâte quatre vers que je ne vous donne pas pour de la poésie ; je ne sais comment j'ai pu me les rappeler après un si long intervalle, mais j'ai totalement oublié quel fut l'improvisateur qui les écrivit dans le moment nécessaire :

> Autant que moi, personne, ô ma chère maman,
> Ne doit bénir ce jour prospère,
> *Vrai*, ne lui dois-je pas le bonheur si touchant,
> Et si doux à mon cœur, de vous nommer ma mère ?

« Dans peu d'instants l'enfant eut appris et retenu le quatrain ; alors on lui fit l'observation qu'on y avait employé le mot *vrai*, parce que lui-même s'en servait continuellement, que c'était en lui un mot d'habitude, une sorte de manie : il devint sérieux ; on le conduisit à sa mère, à l'heure de son déjeuner ; il courut se jeter dans ses bras, avec empressement, lui dit beaucoup de choses aimables, mais jamais il ne voulut consentir à réciter les vers. Il n'en dit pas la raison, mais nous ne pûmes pas en douter. Depuis cette époque il renonça complètement à son mot favori ; dès lors il ne le prononça plus une seule fois.

« Il me donna d'autres preuves de l'empire qu'il avait déjà sur lui-même. Jusqu'au départ de Marie-Louise pour ses États de Parme, il conserva près de lui une femme qui le soignait avec une affection au-dessus de tout éloge. Mme Marchand, mère du premier valet de chambre de Napoléon, restait de nuit près de l'enfant qui, le matin, était accoutumé à recevoir ses caresses empressées : c'est elle qui assistait à son réveil, et qui était chargée du soin de le vêtir. Aussi elle recevait chaque jour ses premières paroles. Au départ de Marie-Louise, Mme Marchand retourna en France, en même temps que M. le comte de Bausset, qui avait aussi beaucoup d'affection pour le jeune prince. Dès ce moment je passai les nuits dans sa chambre. La première fois je craignis qu'à son réveil il ne se livrât au vif chagrin de l'enfance, en ne retrouvant plus, près de lui, celle qu'il était accoutumé à revoir chaque matin. En s'éveillant, il s'adressa à moi sans hésiter, et me dit, avec un calme étonnant pour son âge : « Monsieur de Foresti, je voudrais me lever. »

« Il y avait dans son caractère un trait distinctif, il ne pouvait tolérer la pensée qu'on voulût le tromper ; aussi il détestait les contes et les fables. La morale ne pouvait pas recourir à ce moyen pour le persuader ; il restait insensible à ce genre de narration. C'est faux, disait-il, à quoi cela est-il bon ?

« Toutefois le génie poétique de Collin sembla triompher en quelque sorte de cette tendance absolue à repousser tout ce qui ne paraissait pas exactement vrai. Sur les hauteurs qui dominent Schœnbrünn, à droite des élégantes arcades de la Gloriette, au fond d'une allée sombre, on trouve une enceinte qui, séparée entièrement par des arbres touffus de la vue de Vienne et des vastes plaines du Danube, est en présence de l'aspect riant des hauteurs, des collines, des montagnes qui vont en s'élevant jusqu'aux cimes du Schneeberg. Là, dans la forme des chalets de la Suisse, ou plutôt du Tyrol, on a construit une chaumière, que pour cette raison on a nommée Tyroler-Haus'. Cette construction rustique, en harmonie avec les montagnes qui l'environnent, transporte l'imagination bien loin de la capitale. C'est dans ces lieux tranquilles que Collin menait souvent le jeune duc. Il lui racontait alors l'histoire de Robinson Crusoé. L'imagination de l'enfant s'échauffait à ces récits. La solitude, le silence complétaient son illusion ; il se croyait dans un désert, et Collin l'excitait alors à fabriquer lui-même une multitude de petits ustensiles, nécessaires aux besoins de la vie ; il s'en acquittait avec adresse. On avait fait de ces objets une collection, qui était déposée dans le pavillon qu'on appelle encore la maison du duc de Reichstadt. Le gouverneur et l'élève, réunissant leurs efforts et leur industrie, étaient parvenus à creuser une caverne semblable à celle que décrit l'habitant de l'île déserte.

« Ses souvenirs étaient restés assez distincts relativement à la situation brillante où il s'était trouvé en France : il y pensait, et souvent il en était occupé. Il n'ignorait pas qu'on l'avait appelé roi, et que son père était un grand homme. Un jour, dans une réunion de la famille impériale, un des archiducs lui montra une de ces petites médailles d'argent qu'on avait frappées à l'époque de sa naissance, et qui furent distribuées au peuple après la cérémonie de son baptême : son buste y était représenté. On lui demanda : « — Savez-vous quelle est cette « image ? — C'est moi, répondit-il sans hésiter, « quand j'étais Roi de Rome. »

« Son extrême curiosité sur sa situation passée, sur l'histoire de son père, sur son existence actuelle, sur les causes de sa chute, nous mettait tous les jours dans un extrême embarras ; les réponses évasives ne pouvaient pas suffire à le contenter : c'était pour nous un supplice. Heureusement enfin l'Empereur arriva. Nous nous empressâmes de lui faire part des questions continuelles que nous faisait l'enfant, en le priant de nous donner ses ordres à cet égard. L'Empereur nous répondit : « — La « vérité doit être la base de l'éducation du « prince : vous devez répondre librement à

« toutes les questions qu'il vous adressera ;
« c'est le meilleur et seul moyen de calmer son
« imagination et de lui inspirer la confiance
« dont vous avez besoin pour le guider. »

« Dans les premiers temps il nous interrogeait avec avidité, et avec une affluence d'idées surprenante. Nous trouvant autorisés à lui répondre, nous le faisions avec une extrême franchise. Ce que l'Empereur avait prévu ne manqua pas d'arriver : après quelques jours il fut comme rassasié de cette conversation ; alors il devint plus calme, plus réservé sur ce sujet. Ce qui semble incroyable, c'est qu'à aucun âge, dans aucune circonstance, nous ne lui avons entendu articuler un regret relatif à sa situation passée ; mais, comme je vous l'ai déjà dit, ses paroles étaient loin de révéler tous les secrets de son âme.

« La nouvelle de la mort de Napoléon fut portée à Vienne par un courrier de MM. de Rothschild. A cette époque, le comte de Dietrichstein avait été obligé de s'absenter pour se rendre à Wurtzbourg ; l'Empereur me chargea d'annoncer ce lugubre événement au jeune prince, qui venait de terminer sa dixième année...... C'était le 22 juillet, à Schœnbrünn ! Dans le même lieu, le même jour, où lui-même, onze ans après, devait expirer, je lui annonçai la fin de l'existence de son père. Il pleura amèrement, et sa tristesse dura plusieurs jours. « — M. de

« Foresti, me dit-il alors, mon père était bien
« loin de penser en mourant que c'est de vous
« que je reçois des soins si affectueux et tant
« de preuves d'attachement. » Dans ce moment,
le prince faisait allusion à une circonstance de
ma vie que je lui avais racontée. Dans la campagne de 1809, fait prisonnier à l'affaire de Ratisbonne, je fus conduit avec quelques autres officiers autrichiens devant l'Empereur des Français : il était à cheval, entouré de son nombreux état-major, dans lequel se trouvaient plusieurs maréchaux ; il était fort agité. —
« Où donc est l'archiduc ? » nous répéta-t-il plusieurs fois. — Alors, en s'adressant à moi, il s'emporta sur ce que l'Autriche avait voulu profiter contre lui de la guerre d'Espagne, et lui suscitait des obstacles qui l'empêchaient de terminer cette lutte sanglante. Je fus étonné de son emportement envers des officiers dont le devoir était de servir fidèlement leur souverain, sans se permettre d'examiner et de discuter les causes de la guerre.

« Quand je lui annonçai la mort de son père, le jeune prince, avec beaucoup de discernement, fit ce rapprochement remarquable que le prisonnier, traité durement par Napoléon, était destiné par la Providence à être un jour le guide et l'ami fidèle de son fils.

« Le duc de Reichstadt porta le deuil de son père pendant longtemps, ainsi que toutes les personnes de son service ; nous le prîmes aussi, comme ses gouverneurs.

« L'éducation préparatoire aux études classiques dura, pour le prince, jusqu'au moment où il eut atteint sa huitième année. Avant cette époque, nous nous contentions de l'exercer assidûment, par le moyen de nombreuses lectures, à la connaissance des langues française, allemande, italienne. J'avais soin de noter les mots qu'il n'avait pas compris, pour faire de nouveaux appels à sa mémoire. Chaque jour je lui faisais faire quelques exercices de grammaire, mais sans insister sur un travail trop métaphysique pour un enfant qui apprend beaucoup plus facilement les langues vivantes par l'usage que par le raisonnement. De semblables exercices continuèrent pendant le cours de l'éducation.

« A l'âge de huit ans, M. Collin lui enseigna les premiers éléments des langues anciennes, et le dirigea dans les études classiques dont je lui faisais la répétition. Ce travail l'intéressait peu : il y apportait plus d'intelligence que d'ardeur ; ses pensées se dirigeaient, avec toute leur énergie, vers un autre genre d'occupations, celles relatives à l'art militaire. Comme on voulait faire marcher simultanément cette double instruction, on avait divisé les cours : les jours étaient alternativement consacrés aux études classiques et aux études militaires.

« Pour suppléer à l'émulation que seule peut créer la concurrence des élèves, en même temps pour s'assurer que l'instruction était suivie avec attention, avec assiduité, l'Empereur avait institué deux commissions chargées d'examiner le prince à des époques déterminées. La commission des études classiques était composée des gouverneurs, du prélat de la Cour, et du conseiller aulique Summaruga, chargé de la surveillance spéciale des écoles publiques. La commission à laquelle était confié l'examen des études militaires comptait au nombre de ses membres un officier major, colonel du génie, le major Weiss, professeur à l'académie militaire, et les gouverneurs.

« La surveillance active et éclairée de ces deux réunions d'hommes éminents par leurs talents éprouvés et par leur réputation, fut un stimulant actif pour l'imagination du jeune prince : il ambitionnait le suffrage de ses juges, et, dès son enfance, nous en vîmes les heureux résultats. Nous soumettions aux examens ses travaux rédigés d'une manière correcte. Vous pourrez vous en convaincre par vous-même, continua M. de Foresti, en me présentant plusieurs cahiers très proprement et lisiblement écrits, quelquefois même d'une belle écriture. C'étaient des traductions faites en latin de textes allemands : elles étaient des années 1821 et 1822, toutes signées *Franciscus*. Les corrections et les observations, faites par les commissaires, étaient notées à l'encre rouge.

« Le duc de Reichstadt continua ses cours d'études classiques, reprit M. de Foresti, sous la direction de M. Collin jusqu'en 1824, où nous eûmes le malheur de perdre cet homme si distingué par son mérite et ses talents. Il fut dignement remplacé par M. Obenaus, conseiller de régence de Basse-Autriche; il avait déjà été gouverneur de l'archiduc François-Charles, et avait donné d'utiles leçons à plusieurs des membres de la famille impériale, notamment au prince héréditaire, aujourd'hui roi de Hongrie.

« Le prince, à cette époque, était arrivé déjà à un degré d'instruction élevé. Le baron Obenaus lui fit un cours de philologie latine, appliqué particulièrement à l'étude développée des *Odes* et de l'*Art poétique* d'Horace, à l'explication des *Annales* de Tacite, et surtout des *Commentaires* de César sur la guerre des Gaules, ouvrage de prédilection pour le duc qui le préférait à toutes les productions des auteurs latins.

« A ces études succédèrent celles de la philosophie théorique et pratique, dans ses généralités et dans ses diverses branches; les cours furent terminés par l'enseignement du droit naturel, politique et administratif. M. Obenaus, qui a de hautes connaissances dans ces diverses parties, avait rédigé des ouvrages destinés à l'éducation du prince. Il en avait rassemblé les matériaux dans les écrits des philosophes et des publicistes les plus célèbres de l'Allemagne, de la France et de l'Italie.

« Comme vous pouvez le penser, l'empereur ne négligeait pas de fonder l'éducation du duc de Reichstadt sur sa véritable base. L'enseignement religieux lui était donné par le prélat de la cour Wagner, homme de mœurs douces et exemplaires, d'une vaste érudition dans la plupart des connaissances humaines. Il avait écrit, pour le prince, un recueil d'instructions dogmatiques et morales. Deux fois par semaine, il lui donnait des leçons, que l'érudition, et les manières persuasives du professeur rendaient intéressantes à l'élève: il s'attachait, à la fois, à éclairer son esprit, à parler à son cœur; il ne négligeait pas de lui présenter des instructions relatives à sa situation particulière, et aux devoirs qu'elle lui imposait. Jouissant, par sa vertu et sa tolérance, de la considération générale, il avait su inspirer au prince de l'estime et de l'affection.

« Le duc de Reichstadt, ayant un goût décidé pour les études historiques, connaissait déjà un grand nombre d'historiens, et, dans ce genre, avait certainement plus de lecture qu'aucun jeune homme de son âge, lorsqu'en 1825, M. Obenaus commença à lui donner des leçons formelles et systématiques sur l'histoire universelle et sur l'histoire spéciale des États d'Autriche, jusqu'à la révolution de France en 1830. En nommant M. Obenaus, l'Empereur lui avait donné ordre d'instruire le jeune duc des événements de nos jours, et particulièrement de ceux relatifs à la vie de son père : il lui avait aussi recommandé expressément de lui enseigner toutes les sciences nécessaires pour un officier d'un rang supérieur. Aussi, à l'étude suivie de l'histoire, nous ajoutâmes celle des sciences politiques, et de la statistique dans tous ses développements. C'était surtout dans ce genre de connaissances que se plaisait plus particulièrement l'esprit du prince. Il aimait à s'occuper de spéculations historiques, il y portait de la pénétration et une grande justesse de jugement. Sa mémoire était excellente pour les événements et pour les noms; il n'en était pas de même pour les dates, et généralement pour tout ce qui s'exprime par des chiffres. Sa propension et son aptitude n'étaient pas pour les calculs, différent en cela de son père qui en avait le goût et la facilité.

« Cependant, vers sa douzième année, je commençai à lui donner des leçons de mathématiques. Il s'occupa, avec intelligence, de l'étude de la géométrie et des opérations trigonométriques pour la levée des cartes. Nous nous accoutumions à faire des travaux sur le terrain, et le duc put offrir à l'Empereur une carte topographique d'une partie de l'Autriche dressée et exécutée par lui-même, avec beaucoup d'exactitude et de précision.

« Quand ces études préliminaires furent terminées, il reçut des leçons suivies du major Weiss, dont j'ai déjà parlé : c'est un officier d'un grand mérite, auteur de plusieurs ouvrages estimés et regardés comme classiques, sur l'architecture civile, et particulièrement sur l'architecture militaire. Cet habile professeur fit au duc de Reichstadt un cours complet de fortification provisoire et permanente, en commençant par l'étude des systèmes anciens, antérieurs à l'invention de la poudre et à l'emploi du canon. Il lui développa tous les travaux, tous les systèmes qui précédèrent les grandes conceptions de Vauban, et les modifications de Cormontaigne, Montalembert, Carnot, Chasseloup, l'école de Mézières, soit dans la défense ; soit dans l'attaque des places fortes, avec les approches et les tranchées ; soit dans les ouvrages provisoires de fortifications de campagne. C'est sur ce programme étendu que le jeune duc subit plusieurs examens devant la commission, alors présidée par le savant colonel Schindler, professeur à l'académie du génie. Je puis dire, avec vérité, que le prince étonna, par son intelligence et par son instruction, ceux qui furent témoins des séances pendant lesquelles il fut interrogé.

« La commission lui donnait des problèmes qu'il devait résoudre par des travaux graphiques appuyés de mémoires et de démonstrations. » En disant ces paroles, M. de Foresti me montrait une suite de plusieurs plans de fortifications provisoires et permanentes, mis au trait, lavés, et coloriés de la main du duc de Reichstadt; des cartes de défilement, avec les indications des mouvements de terrain, exécutées, à la plume, avec franchise et intelligence. Ces différentes pièces avec leurs échelles, et leurs notes indicatives sont datées des années 1829 et 1830; elles sont toutes signées: *Franz von Reichstadt.*

« M'étant moi-même beaucoup occupé de travaux graphiques et des arts du dessin, je pouvais avoir une opinion sur ces ouvrages; je les ai vus, avec un extrême intérêt, comme des preuves vivantes de l'intelligence qui vient de s'éteindre, et j'ai cru même devoir donner le conseil de réunir et de déposer dans la bibliothèque ou dans les archives impériales ces témoins irrécusables des talents que montrait déjà ce jeune prince.

« Je vous ai entretenu des commissions qui surveillaient les travaux du duc de Reichstadt, reprit M. de Foresti, je dois vous dire aussi qu'habituellement la famille impériale assistait à leurs examens. Le premier eut lieu en présence de l'Empereur et de l'Impératrice : il dura pendant trois heures, et Leurs Majestés ne se fatiguèrent pas d'assister au jeu de cette intelligence qui se développait par ces exercices. Vous savez que notre Impératrice est aussi distinguée par son instruction que par la tournure de son esprit, et la noblesse de ses sentiments ; son affection pour notre jeune prince était extrêmement utile aux progrès de ses moyens ; elle le gardait souvent auprès d'elle, aimait à s'entretenir avec lui, à cultiver sa raison par un entretien éclairé. Souvent elle faisait de lui son lecteur ; il parcourait ainsi des ouvrages, dont elle lui apprenait à discuter la composition et à en juger le mérite, en lui faisant des observations pleines de tact et de finesse.

« L'Empereur et l'Impératrice assistèrent aussi au dernier examen qu'eut à subir le prince à la fin de ses études : il fut interrogé sur le code de législation militaire que lui avait fait étudier M. Obenaus. Cet examen se faisait dans la matinée du 1er mars 1830. Il fut soudainement interrompu par la nouvelle d'une des plus effrayantes catastrophes dont Vienne puisse conserver le souvenir. La débâcle subite du Danube pendant la nuit avait produit une terrible inondation. Jamais les eaux ne s'étaient élevées à une telle hauteur. Le fleuve, rompant toutes ses digues, s'était précipité avec fureur dans les faubourgs de Léopoldstadt, de Rossau, roulant d'immenses glaçons, qui frappaient, comme des béliers, contre les édifices, et en renversaient plusieurs. Le canon avait annoncé vainement la débâcle; surpris, pendant la nuit, dans leur premier sommeil, beaucoup d'habitants des faubourgs furent submergés, sans pouvoir échapper à leur sort. L'eau et les glaces avaient envahi les portes; les fenêtres des rez-de-chaussée ne pouvaient pas laisser d'issue, elles sont fermées par des grilles de fer. Le nombre des victimes fut considérable; quelques-unes parvinrent à se soustraire à la mort, en se réfugiant sur des meubles élevés, en se suspendant avec effort à des corniches, à des poutres, luttant ainsi contre les eaux et les glaçons qui venaient les frapper.

« Dans cette circonstance, guidés par leurs sentiments habituels pour les habitants de Vienne, l'Empereur et les membres de la famille impériale se portèrent, avec empressement, partout où il y avait un malheur à secourir, un exemple de courage à donner. Ils parcoururent, dans des bateaux, les lieux, théâtre de ces scènes de désolation; et le roi de Hongrie, ce prince si généreux, que la Providence vient de nous conserver contre la fureur d'un ingrat assassin, ce prince, dis-je, eut le bonheur de sauver un jeune enfant au milieu des flots; aujourd'hui, il le fait élever sous sa protection.

« Afin de prendre part à l'action bienfaisante de la famille impériale, le duc de Reichstadt voulait s'associer aux dangers qu'elle affrontait pour remplir ces devoirs sacrés ; mais sa faible constitution faisait déjà une loi de s'opposer à tout ce qui pouvait compromettre ses jours. Ses médecins avaient expressément recommandé, à cet égard, les plus grands ménagements ; le développement rapide et excessif de la taille du jeune homme avait redoublé leurs craintes. Il se soumit avec chagrin aux défenses de l'Empereur. Il chercha à s'en dédommager en donnant tout ce qu'il possédait, avec une extrême générosité, afin de fournir aux secours abondants qui furent distribués dans cette circonstance.

« Je reviens à la suite des travaux et de l'éducation du prince. Nous continuâmes à l'occuper de l'étude des langues et de la littérature des peuples modernes. Il eut, pendant longtemps, un professeur habile, M. Podevin, que la mort nous enleva malheureusement avant la fin de l'éducation. C'est avec lui particulièrement qu'il s'occupait de l'étude approfondie des classiques français ; il s'accoutumait à les analyser et à les apprécier dans leurs plus parfaits ouvrages. Il avait cultivé sa mémoire en apprenant beaucoup de fragments de *la Henriade*, des tragédies de Racine et de Corneille. Le génie mâle de Corneille le frappait surtout ; mais, en général, il était peu sensible aux charmes de la poésie. Il n'appréciait que la vérité et l'élévation des pensées; il ne concevait pas qu'il y eût un mérite spécial dans l'harmonie des expressions et une séduction puissante dans la forme du rhythme cadencé.

« La Bruyère était celui des auteurs français qu'il préférait; il relisait et méditait avec soin ses *Caractères*; il admirait la profondeur de ses observations. Cette prédilection tenait essentiellement à la nature de son esprit. Peu confiant, peut-être par suite de sa position, qu'il jugeait avec discernement, il portait sur les hommes un regard scrutateur; il savait les interroger, les examiner, il les devinait. Ses idées à leur égard étaient généralement sévères; mais souvent nous étions obligés de reconnaître la vérité et la justesse de ses observations.

« Le prince s'occupa aussi avec suite et succès de la littérature allemande. Il connaissait nos grands poètes, parmi lesquels il distinguait Goëthe, et surtout Schiller; il savait un grand nombre des beaux passages de ses tragédies; il admirait, dans ses personnages, leur caractère d'individualité, et la chaleur de leur langage passionné. Il a beaucoup travaillé sur la *Guerre de Trente Ans*, ouvrage de ce beau génie. Le goût particulier du prince l'a porté à lire avec suite et intérêt les écrits volumineux de Schmidt, de Müller, et de nos célèbres historiens allemands.

« Plus spécialement chargé de diriger ses études sur la littérature italienne, je puis vous donner une connaissance complète de tous ses travaux en ce genre. Il avait pour professeur spécial l'abbé Pina, Piémontais, très versé dans les connaissances de la langue et des auteurs de l'Italie. Le jeune homme avait donné sa préférence à *la Jérusalem* du Tasse, dont il savait des stances nombreuses. Je m'attachais à l'exercer à écrire correctement dans cette belle langue; il faisait des traductions d'auteurs allemands et français. Nous avons conservé ces travaux qu'il mettait au net, et qui sont écrits avec correction dans un style élégant et facile. Vous pouvez vous assurer par vous-même qu'il a beaucoup produit, quoique souvent il semblât avoir peu d'ardeur pour ce genre d'étude. »

« M. de Foresti me montra plusieurs cahiers volumineux écrits en italien par le prince; c'étaient:

« La *Biographie du prince de Schwarzenberg*; j'en lus avec curiosité plusieurs passages, où il était question de Napoléon; ils étaient écrits sans passion et avec franchise.

« Les *Biographies de Piccolomini, de Tilly, de Wallenstein*, extraites de l'ouvrage de Schiller.

« La *Vie de Montecuculli*, traduite de Schell, officier rédacteur du *Journal militaire*.

« Les *Caractères* de la Bruyère, plusieurs lettres de Voltaire.

« Le livre troisième de la *Campagne de Russie*, par M. de Chambray.

« Un discours funèbre, en l'honneur de Washington, prononcé par Fontanes, aux Invalides, l'an VIII de la République française.

« Enfin, un livre de l'*Itinéraire de Paris à Jérusalem*, de M. de Chateaubriand, où cet illustre écrivain traite de l'existence de la Grèce et de son avenir.

« Il y avait en outre un grand nombre de lettres et de compositions italiennes, dans lesquelles le jeune homme trouvait à exercer sa plume et à former son style.

« Dès qu'il eut atteint sa quinzième année, le comte Dietrichstein se fit un devoir de mettre sous ses yeux tous les écrits, sans exception, qui ont été publiés sur l'histoire de son père, et sur la Révolution française. Aussi personne n'avait lu et ne savait autant que lui à cet égard.

« Nous avons mis un grand intérêt à appuyer ses études d'histoire sur les deux bases essentielles de la chronologie et des connaissances géographiques : il s'en occupa avec beaucoup de suite. Voilà un recueil volumineux qu'il a écrit en français; il contient une analyse raisonnée et des extraits des meilleurs voyages dans les différentes parties du monde. Voilà encore un autre recueil en français sur des questions de morale. Tous ces écrits étaient soumis à un examen et corrigés soigneusement ; il était tenu de les remettre au net. Vous voyez combien il a rempli ce devoir avec suite.

« Pendant son cours de philosophie, il étudia la physique et les diverses sciences naturelles qui s'y rattachent, sous la direction du savant professeur de l'université, M. Baumgartens, dont les talents sont généralement connus, et qui sait développer avec intérêt et lucidité les systèmes des plus hautes connaissances. Il est auteur d'un cours de physique très estimé. Il conduisit son illustre élève à l'Observatoire pour suivre les enseignements astronomiques du savant Littrow, qui faisait prendre part au prince à ses observations et lui indiquait l'usage et la manœuvre des beaux et nombreux instruments de cet établissement universitaire confié à son habile direction.

« Nous allions aussi habituellement, avec M. Baumgartens, suivre les cours et étudier les différentes collections de l'École polytechnique. Cette institution n'est pas ici, comme en France, consacrée à l'éducation des jeunes militaires destinés à des armes spéciales ; c'est un établissement tout en faveur des classes commerciales et industrielles ; il a été fondé par l'Empereur régnant en 1816.

« Une fabrication de beaux instruments de physique, des collections très riches de minéralogie, d'outils, de modèles de machines, de tous les instruments employés dans les arts et métiers, de nombreux échantillons de toutes les fabrications indigènes, donnaient à M. Baumgartens les moyens d'appeler l'attention du prince sur une multitude d'objets qu'il pouvait ainsi lui faire mieux juger, en les mettant immédiament sous ses yeux ; par là, ne le laissant étranger à la connaissance essentielle d'aucun des produits industriels de l'Empire, et lui faisant acquérir des données exactes, non seulement sur la théorie des sciences, mais sur plusieurs de leurs applications pratiques et de leurs résultats qui intéressent au plus haut point la haute démonstration.

« Il me reste à vous parler du duc de Reichstadt sous le rapport des arts : il n'en avait ni le goût, ni le sentiment; quelques leçons de musique avaient été promptement abandonnées. Il dessinait assez correctement; mais on eût dit que les procédés mécaniques du dessin avaient pour son activité quelque chose de trop matériel, et qui absorbaient trop un temps dont il sentait l'importance, pour ne rien dissiper des moments qu'il devait consacrer à développer ses facultés intellectuelles, en acquérant des connaissances indispensables à la carrière qu'il voulait parcourir. Vous avez vu ses travaux graphiques pour la fortification, c'est là ce qu'il appréciait particulièrement dans l'art du dessin.

« Pour se perfectionner dans ce genre de connaissance, il voulut étudier l'architecture civile sous les rapports de l'art. C'est Nobile, de Trieste, qui fut appelé à lui donner des leçons; elles étaient faites en italien. Le prince les suivait avec intérêt et succès; il prenait plaisir à l'entretien de Nobile, homme d'esprit qui a développé ses talents par ses études en Italie, et particulièrement à Rome.

« Doué d'une grande dextérité pour les exercices du corps, le prince se montrait adroit et agile dans ses jeux avec les enfants de son âge, surtout avec l'archiduc François, dont il était le compagnon habituel. Dès son bas âge on le laissa s'accoutumer à monter à cheval; mais ce ne fut que lorsqu'il eut atteint sa quatorzième année qu'il reçut des leçons suivies et régulières d'équitation. Il acquit bientôt une grande habileté dans cet exercice qu'il aimait: chacun a pu voir avec quelle grâce, avec quelle hardiesse il guidait les chevaux les plus fougueux; soit quand, les yeux étincelants de contentement et d'ardeur, il parcourait le front des troupes dans les manœuvres; soit quand il se mêlait aux nombreux cavaliers qui, sur les bords du Danube, tantôt à travers les brillants équipages, tantôt au milieu des troupeaux agiles de biches et de cerfs, parcourent rapidement les allées populeuses ou les sites agrestes de notre pittoresque et magnifique Prater.

« Son goût prononcé pour l'état militaire, avait engagé l'Empereur à accéder à sa demande de porter un uniforme: avant même qu'il eût atteint sa septième année, on lui donna l'habit de simple soldat. Il apprit le maniement des armes avec un grand zèle et une véritable application, et quand, pour le récompenser de sa bonne conduite et de son exactitude à l'exercice, on lui accorda les insignes du grade de sergent, il fut au comble de la joie, et courut se vanter à ses jeunes amis de l'avancement qu'il avait obtenu par son mérite. Il parcourut plus tard les degrés de la hiérarchie militaire, et apprit ainsi jusqu'aux détails les plus minutieux du service.

« Dans les essais que son enfance fit du métier de soldat, il était en faction à la porte des appartements de l'Empereur. Toutes les fois qu'un homme de la Cour passait devant lui, il présentait les armes avec beaucoup de gravité, mais jamais quand c'était une femme. Quelqu'un s'amusa à lui en faire des reproches. « Je suis « prêt, répondit-il, avec vivacité, à présenter « aux dames tout... excepté les armes. »

« Son respect et sa déférence pour les militaires se manifestaient dès sa plus tendre jeunesse, dans toutes les occasions. La place du prince à la table impériale était à côté de l'archiduc François: pendant un séjour de l'Empereur à Schlosshof, château situé dans le voisinage de Presbourg, plusieurs personnes distinguées furent admises au dîner du monarque. Un jour le jeune prince n'alla pas s'asseoir à sa place accoutumée, et chercha à reculer vers l'extrémité de la table; on lui en demanda la raison. — « Je vois ici des généraux, dit-il, ils doivent tous passer avant moi. »

« Nous avions aussi habitué son enfance à se servir de petites armes qu'il maniait avec beaucoup de dextérité et de précision; mais bientôt il fut impossible de lui faire continuer ses exercices qu'on ne lui eût donné des armes ordinaires. Il tint de bonne heure à n'être pas traité comme un enfant.

« Je me souviens à ce sujet d'avoir entendu raconter par une dame de la Cour une anecdote qui peint parfaitement cette disposition. Chaque année, au retour du printemps, l'Empereur avait l'habitude de donner une fête dans les magnifiques serres qu'il a fait construire près de son palais. Là, au milieu de toutes les richesses du monde végétal, des tables étaient dressées, auxquelles s'asseyaient seules l'Impératrice et les femmes qu'elle avait invitées: tous les hommes circulaient dans l'espace qui séparait les dames des fleurs dont elles étaient environnées. A l'époque de l'une de ces fêtes, le duc de Reichstadt avait atteint sa douzième année; il n'avait pas encore commencé à prendre ce développement remarquable qui, sans doute, plus tard lui a été si funeste; mais la beauté de ses traits était distinguée. L'Impératrice l'apercevant l'appela auprès d'elle, lui témoigna sa tendre affection, et voulut le faire placer parmi les dames qui montraient pour lui un bienveillant empressement. Le jeune prince rougit beaucoup : il refusa de s'asseoir, en disant d'un air sérieux : « Ma place doit être avec les hommes. »

« On a remarqué toujours en lui tant de réflexion, qu'à proprement parler il n'a presque pas eu d'enfance. Vivant habituellement avec des personnes d'un âge différent du sien, il semblait se plaire dans leur conversation. Sans avoir, dans ses premières années, rien d'extraordinaire, son intelligence était néanmoins précoce; sa repartie était aussi vive que juste; il s'exprimait avec précision et un choix de termes remarquables par leur exactitude et leur élégance. Ayant une connaissance profonde de la théorie des langues française et allemande, il écrivait en général très purement et d'une manière distinguée; quelquefois au contraire, avec une négligence de style qui altérait alors jusqu'à son orthographe, ce qui était en opposition absolue avec son instruction très réelle et ses lectures si vastes et si assidues.

« Il nous a toujours traités avec bonté, mais

sans ces épanchements affectueux qui n'étaient pas dans ses habitudes. Depuis la fin de son éducation, je l'ai souvent visité jusqu'aux jours qui précédèrent immédiatement sa mort. Même dans ses moments les plus pénibles, il me témoignait, dit M. le capitaine Foresti, une bienveillante satisfaction de me revoir.

« Aux études classiques et militaires, il importait que le duc de Reichstadt joignît des connaissances plus directement applicables à sa situation ; il était essentiel d'augmenter ses lumières, afin qu'il pût aisément distinguer et reconnaître les erreurs dont il était probable qu'on chercherait à l'entourer pour le séduire. Il avait étudié l'histoire sous des maîtres habiles ; le comte de Dietrichstein lui avait fourni les nombreux ouvrages qu'on avait publiés sur l'histoire de son père ; mais il n'avait encore, sur cette époque, que les notions généralement reçues : il était indispensable de le conduire plus avant dans la connaissance approfondie de la vérité et de lui apprendre à la discerner au milieu de cette multitude d'écrits, où l'on trouve souvent peu d'accord, peu d'exactitude, et tant de passion.

« L'empereur, toujours occupé du développement moral de son petit-fils, confia le soin de l'initier dans la politique et la philosophie de l'histoire, à l'homme qui, par sa longue expérience, sa position élevée et ses hautes lumières, était certainement le plus en état de répondre aux sages intentions du monarque. Le prince de Metternich fut expressément chargé de tracer au duc de Reichstadt une histoire exacte et complète de Napoléon.

« Je désire, lui dit l'Empereur, que le duc respecte la mémoire de son père, qu'il prenne exemple de ses grandes qualités et qu'il apprenne à reconnaître ses défauts, afin de les éviter et de se prémunir contre leur fatale influence. Parlez au prince, sur le compte de son père, comme vous voudriez qu'on parlât de vous à votre propre fils. Ne lui cachez, à cet égard, aucune vérité; mais enseignez-lui à honorer sa mémoire. »

« Dès lors le prince de Metternich dirigea le duc de Reichstadt dans les hautes études historiques. En mettant sous ses yeux des documents irrécusables, il l'accoutumait à connaître la bonne foi des factions, la justice de l'esprit de parti; il s'attachait à former son esprit aux habitudes d'une saine critique, à éclairer sa raison, en lui enseignant à apprécier les actions et les événements, dans leurs causes, aussi bien qu'à les juger dans leurs résultats. Il traçait au jeune prince le tableau fidèle de la carrière extraordinaire de Napoléon, de son avènement au trône, de son règne et de sa chute, en lui expliquant ce que cette existence avait eu de grand, d'habile, d'élevé dans la guerre, l'administration et la politique ; mais aussi ce qu'elle avait eu d'injuste, de violent et d'exagéré. Ce tableau, qu'il mettait sous ses yeux, avait pour objet de lui démontrer que ce fut l'abus des mêmes qualités, comme l'influence des mêmes défauts qui, après avoir contribué à élever Napoléon, le précipitèrent, plus tard, du faîte de la grandeur et du pouvoir. Les hommes qui montent au-dessus de leur niveau, jusqu'aux hauteurs du rang suprême, ne peuvent y parvenir en effet que par un prodigieux ensemble de grandes qualités et de défauts non moins remarquables, dont l'exagération doit généralement entraîner leur chute. Quelque vaste que fût le génie de Napoléon, il ne serait jamais parvenu à créer son immense empire, s'il n'eût été sans cesse activé par le stimulant d'une ambition ardente; c'est cette ambition même, trop confiante dans les ressources de talents incontestables, qui creusa le précipice où devait s'engloutir l'édifice étonnant de sa fortune. Il manquait à Napoléon cette qualité essentielle qui seule peut assurer le bonheur des peuples et la solidité des trônes : la modération ; mais, avec la modération, il ne serait jamais parvenu à l'empire.

« Le duc de Reichstadt recevait ces hautes instructions avec un grand empressement : la justesse et la pénétration de son esprit lui en faisaient apprécier toute l'importance. A proportion qu'il lisait des ouvrages relatifs à l'histoire de nos jours, il consultait le prince de Metternich dans tous ses doutes ; il aimait à lui soumettre ses observations, à recevoir de lui des indications précises, à interroger son expérience et son habileté reconnues sur tant de grands événements, auxquels il avait pris une part si active. Des études, ainsi dirigées, avaient l'immense avantage de s'appuyer sur des documents positifs, sur des pièces diplomatiques. Cette ressource si rare, et si habilement employée, montrait au jeune homme l'histoire dans sa nudité, et non déguisée sous ces ajustements fantastiques dont se plaisent à la revêtir les passions intéressées des partis ou les rêveries de quelques imaginations brillantes.

« La confiance du jeune prince dans l'Empereur ne connaissait pas de limites : elle était le résultat de son estime, de son respect pour le caractère du monarque. Aucun des enfants de l'empereur ne lui parlait avec plus de franchise et de liberté que le duc de Reichstadt; mais aussi aucune démarche n'était faite auprès de lui, aucune dépêche ne lui était adressée, aucune lettre ne lui parvenait en cachette, qu'il ne se hâtât de tout confier à son aïeul. »

IX

Napoléon, à Sainte-Hélène, ne cesse de penser à Marie-Louise et au Roi de Rome ; le portrait du Roi de Rome ; l'Empereur fait son testament ; ses dispositions en faveur de Marie-Louise et de son fils ; il recommande à son fils de ne jamais oublier qu'il est né prince français ; les derniers moments de Napoléon ; il meurt le 5 mai 1821. — Le docteur Antommarchi, se conformant aux instructions de Napoléon, se rend à Parme pour se présenter à Marie-Louise, mais il n'est pas reçu ; sentiments indignés de la mère de Napoléon contre Marie-Louise. — Le buste du Roi de Rome rapporté de Sainte-Hélène. — Tentative de la famille de Napoléon auprès du duc de Reichstadt ; démarches de Lucien ; le poète Barthélemy et *le Fils de l'homme ;* la comtesse Napoleone Camerata ; lettre qu'elle adresse à son cousin le duc de Reichstadt. — La Révolution de juillet 1830 ; manifeste pour rappeler Napoléon II. — Lettre de Joseph Napoléon à sa mère sur les vœux de la Fance en faveur de Napoléon II.

Nous allons interrompre un moment le récit de M. de Montbel pour nous reporter un moment à Sainte-Hélène où le prisonnier des rois ne cessait de penser à son cher enfant et à l'ingrate épouse. Que de cruelles douleurs sur ce rocher ! O'Meara et Antommarchi nous dénoncent le héros cachant, sous l'impassibilité d'un visage auquel le malheur a fait une nouvelle majesté, les morsures de ce double cancer physique et moral qui lui ronge en même temps le foie et le cœur.

Un jour, on reçut un ballot expédié d'Europe. On trouva parmi les objets qu'il contenait un portrait que le prince Eugène envoyait à Napoléon; il le reçut avec transport, l'embrassa, le contempla longtemps avec des yeux pleins de larmes. « Cher enfant, disait l'Empereur, s'il n'est pas victime de quelque infamie politique, il ne sera pas indigne de celui dont il tient le jour. » L'Empereur était si émotionné que je l'engageai à se reposer. « J'y consens, docteur, me dit-il en fixant le portrait du Roi de Rome qu'il tenait toujours dans ses mains; mais placez-moi cet adorable enfant à côté de sa mère, là, à droite, plus près de ma cheminée. Vous la reconnaissez à sa fraîcheur : c'est Marie-Louise; elle tient son fils dans ses bras. Et cet autre, vous le reconnaissez aussi ? C'est le prince impérial. Vous ne devinez pas quelle belle main l'a dessiné ? C'est sa mère, dont l'aiguille gracieuse a reproduit ses traits. Celui qui est devant vous représente encore Marie-Louise; les deux autres sont ceux de Joséphine; je l'ai tendrement aimée. » Puis l'Empereur ajouta : « Appuyez à gauche le buste du prince impérial; il est trop à droite » (1).

(1) *Derniers moments de Napoléon*, par le docteur ANTOMMARCHI.

Mais la conversation amenait-elle quelque trait, quelque circonstance qui lui rappelât l'Impératrice ou son fils, il interrompait tout pour ne plus s'occuper que des qualités de l'une et de la destinée de l'autre :

« Quel abandon! quels malheurs! » Mais il avait son nom, il aimait son courage, il ne s'en laisserait pas déshériter ; et passant brusquement à Marie-Louise, comme s'il eut craint de mesurer l'avenir de cet enfant, il se répandait en éloges sur sa bonté, sa douceur, l'inaltérable tendresse qu'elle avait pour lui ; il la payait de retour, et cette affection, peut-être, avait causé sa perte.

Plus d'une fois, obligé de jeter malgré lui, la douleur étant plus forte que la pudeur, son masque spartiate, on le vit, pleurant, en extase devant le portrait de son enfant, ou interrompant, en se cachant le visage, l'épreuve trop forte pour lui des beaux vers d'*Andromaque*, « cette tragédie des pères malheureux » :

> Je passais jusqu'aux lieux où l'on garde mon fils.
> Puisqu'une fois le jour vous souffrez que je voie
> Le seul bien qui me reste et d'Hector et de Troie,
> J'allais, Seigneur, pleurer un moment avec lui,
> Je ne l'ai point encore embrassé aujourd'hui.

Le 15 avril 1821, Napoléon, s'occupant de son testament, prend les dispositions suivantes en faveur de Marie-Louise et de son fils :

3° J'ai toujours eu à me louer de ma très chère épouse, Marie-Louise; je lui conserve jusqu'au dernier moment les plus tendres sentiments; je la prie de veiller pour garantir mon fils des embûches qui environnent encore son enfance.

4° Je recommande à mon fils de ne jamais oublier qu'il est né prince français et de ne jamais se prêter à être un instrument entre les mains de triumvirs qui oppriment les peuples de l'Europe. Il ne doit jamais combattre ni nuire en aucune manière à la France; il doit adopter ma devise : *Tout pour le peuple français.*

Je lègue à mon fils les boîtes, Ordres et autres objets tels qu'argenterie, lit de camp, armes, selles, éperons, vases de ma chapelle, livres, linge qui a servi à mon corps et à mon usage, conformément à l'état annexé, coté A. Je désire que ce faible legs lui soit cher, comme lui retraçant le souvenir d'un père dont l'univers l'entretiendra.

Les vases sacrés qui ont servi à ma chapelle à Longwood : je charge l'abbé Vignali de les garder et de les remettre à mon fils quand il aura seize ans.

Mes armes, savoir : mon épée, celle que je portais à Austerlitz, le sabre de Sobieski, mon poignard, mon glaive, mon couteau de chasse, mes deux paires de pistolets de Versailles.

Mon nécessaire d'or, celui qui m'a servi le matin d'Ulm, d'Austerlitz, d'Iéna, d'Eylau, de Friedland, de l'île de Lobau, de la Moskowa et de Montmirail; sous ce point de vue, je désire qu'il soit précieux à mon fils; le comte Bertrand en est dépositaire depuis 1814. Je charge le comte Bertrand de soigner et conserver ces objets et de les remettre à mon fils quand il aura seize ans.

Trois petites caisses d'acajou, contenant : la première, trente-trois tabatières ou bonbonnières; la deuxième, douze boîtes aux armes impériales, deux petites lunettes et quatre boîtes trouvées sur la table de Louis XVIII, aux Tuileries, le 20 mars 1815; la troisième, trois tabatières ornées de médailles d'argent, à l'usage de l'Empereur, et divers effets de toilette, conformément aux états numérotés I, II, III.

Mes lits de camp, dont j'ai fait usage dans toutes mes campagnes.

Ma lunette de guerre.

Mon nécessaire de toilette, un de chacun de mes uniformes, une douzaine de chemises et un objet complet de chacun de mes habillements, et généralement de tout ce qui sert à ma toilette.

Mon lavabo.

Une petite pendule qui est dans ma chambre à coucher de Longwood.

Mes deux montres et la chaîne de cheveux de l'Impératrice.

Je charge Marchand, mon premier valet de chambre, de garder ces objets et de les remettre à mon fils lorsqu'il aura seize ans.

Mon médailler; mon argenterie et ma porcelaine de Sèvres dont j'ai fait usage à Sainte-Hélène (états *B* et *C*); je charge le comte Montholon de garder ces objets et de les remettre à mon fils quand il aura seize ans.

Mes trois selles et brides, mes éperons qui m'ont servi à Sainte-Hélène; mes fusils de chasse au nombre de cinq; je charge mon chasseur Noverraz de garder ces objets et de les remettre à mon fils quand il aura seize ans.

Quatre cents volumes choisis dans ma bibliothèque, parmi ceux qui ont le plus servi à mon usage.

Je charge Saint-Denis de les garder et de les remettre à mon fils quand il aura seize ans.

2° Marchand conservera mes cheveux et en fera faire un bracelet avec un petit cadenas en or, pour être envoyé à l'impératrice Marie-Louise, à ma mère et à chacun de mes frères, sœurs, neveux, nièces, au cardinal, et un plus considérable pour mon fils.

Inventaire de mes effets que Marchand gardera pour remettre à mon fils.

1° Mon nécessaire d'argent, celui qui est sur ma table, garni de tous ses ustensiles, rasoirs, etc.

2° Mon réveille-matin; c'est le réveille-matin de Frédéric II que j'ai pris à Potsdam (dans la boîte n° III).

3° Mes deux montres, avec la chaîne des cheveux de l'impératrice et une chaîne de mes cheveux pour l'autre montre. Marchand la fera faire à Paris.

4° Mes deux sceaux (un de France, enfermé dans la boîte n° III).

5° La petite pendule dorée qui est actuellement dans ma chambre à coucher.

6° Mon lavabo, son pot à eau et son pied.

7° Mes tables de nuit, celles qui me servaient en France, et mon bidet de vermeil.

8° Mes deux lits de fer, mes matelas et mes couvertures, s'ils se peuvent conserver.

9° Mes trois flacons d'argent où l'on mettait mon eau-de-vie que portaient mes chasseurs en campagne.

10° Ma lunette de France.

11° Mes éperons (deux paires).

12° Trois boîtes d'acajou, n°s I, II, III, renfermant mes tabatières et autres objets.

Linge de toilette.

6 chemises, 6 mouchoirs, 6 cravates, 6 serviettes, 6 paires de bas de soie, 4 cols noirs, 6 paires de chaussettes, 2 paires de draps de batiste, 2 taies d'oreillers, 2 robes de chambre, 2 pantalons de nuit, 1 paire de bretelles, 4 culottes-vestes de casimir blanc, 6 madras, 6 gilets de flanelle, 4 caleçons, 6 paires de guêtres, 1 petite boîte pleine de mon tabac, 1 boucle de col, en or, 1 paire de boucles à jarretières, en or, 1 paire de boucles, en or, à souliers. (Ces trois objets renfermés dans la petite boîte n° III.)

Habillement.

1 uniforme chasseur, 1 *dito* grenadier, 1 *dito* garde nationale, 2 chapeaux, 1 capote grise et verte, 1 manteau bleu (celui que j'avais à Marengo), 1 zibeline (petite veste), 2 paires de souliers, 2 paires de bottes, 1 paire de pantoufles, 6 ceinturons.

Je donne à mon fils :
Le sabre de Sobieski, le collier de la Légion d'honneur, l'épée en vermeil, le glaive de consul, l'épée en fer, le collier de la Toison d'Or, le chapeau à la Henri IV et la toque, le nécessaire d'or pour les dents, resté chez le dentiste.

Je donne à l'impératrice Marie-Louise, mes dentelles.
. . . .

1° J'ai chez Denon et d'Albe une grande quantité de plans qui m'appartiennent, puisque j'ai payé pendant plusieurs années 10 à 20,000 francs par mois pour la levée et la confection de ces plans et dessins : s'en faire rendre compte et faire faire remise pour mon fils.

2° Je désire que mes exécuteurs testamentaires fassent une réunion de gravures, tableaux, livres, médailles, qui puissent donner à mon fils des idées justes et détruire les idées fausses que la politique étrangère aurait pu vouloir lui inculquer, afin qu'il soit dans le cas de voir les choses comme elles ont été. En imprimant mes campagnes d'Italie et d'Égypte, et ceux de mes manuscrits qu'on imprimera, on les dédiera à mon fils, ainsi que les lettres des souverains, si on les trouve ; on doit pouvoir se les procurer aux Archives, ce qui ne doit pas être difficile, puisque la vanité nationale y gagnerait beaucoup.

3° Si on peut se procurer une collection de mes quartiers généraux qui était à Fontainebleau, ainsi que les vues de mes Palais de France et d'Italie, on en fera une collection pour mon fils.

4° Constant m'a beaucoup volé à Fontainebleau ; je crois que de lui et de Roustan on peut tirer beaucoup de choses précieuses pour mon fils et qui pour eux n'ont que des valeurs métalliques.

5° Il y avait dans mes petits appartements, au comble des Tuileries, un grand nombre de chaises faites par Joséphine et Marie-Louise, qui peuvent être agréables à mon fils.

6° Quand mes exécuteurs testamentaires pourront voir mon fils, ils redresseront ses idées, avec force, sur les faits et les choses, et le remettront en droit chemin.

7° Quand ils pourront voir l'Impératrice (je désire que ce soit isolément et aussitôt que la prudence le permettra), ils feront de même.

8° Sans désirer que ma mère, si elle n'est pas morte, fasse par son testament des avantages à mon fils, que je suppose plus riche que ses autres enfants, je désire cependant qu'elle le distingue par quelque legs précieux, tels que portrait de ma mère, de mon père ou quelques bijoux qu'il puisse dire tenir de ses grands parents.

9° Aussitôt que mon fils sera en âge de raison, ma mère, mes frères, mes sœurs, doivent lui écrire et se lier avec lui, quelque obstacle qu'y mette la Maison d'Autriche, alors impuissante, puisque mon fils aura sa propre connaissance.

10° Je verrais avec plaisir ceux de mes officiers ou domestiques qui pourraient s'attacher au service de mon fils, soit les enfants de Bertrand, soit ceux de Montholon, soit...

11° Engager mon fils à reprendre son nom de Napoléon aussitôt qu'il sera en âge de raison et pourra le faire convenablement.

12° On doit trouver chez Denon, d'Albe, Pain, Meneval, Bourrienne, beaucoup de choses d'un grand intérêt pour mon fils.

13° En faisant imprimer mes mémoires d'Italie, se servir d'Albe pour les plans. J'ai fait relever tous les champs de bataille, il paraît même qu'il les a imprimés; on pourra se procurer au dépôt de la guerre des plans que j'avais faits de plusieurs batailles; je soupçonne que Jomini en a eu connaissance.

14° On peut trouver chez Appiani, peintre à Milan,

beaucoup de choses importantes pour mon fils ; mon souvenir sera la gloire de sa vie ; lui réunir, lui acquérir ou lui faciliter l'acquisition de tout ce qui peut lui faire un entourage en ce sens.

15° S'il y avait un retour de fortune et que mon fils remontât sur le trône, il est du devoir de mes exécuteurs testamentaires de lui mettre sous les yeux tout ce que je dois à mes vieux officiers et soldats et à mes fidèles serviteurs.

16° Entretenir par lettres et lorsqu'on pourra la voir, l'impératrice Marie-Louise de la constance, de l'estime et des sentiments que j'ai eus pour elle, et lui recommander toujours mon fils, qui n'a de ressource que de son côté.

17° Je désire que mes exécuteurs testamentaires se procurent les dessins les plus ressemblants de moi sous divers costumes et les envoient à mon fils aussitôt qu'ils le pourront.

18° Ma nourrice à Ajaccio a des enfants et petits-enfants que le grand sort que je lui ai fait l'a mise à même de bien élever ; ils ne seraient pas suspects à l'autorité autrichienne : tâcher d'en mettre au service de mon fils (1).

Sentant approcher sa fin, Napoléon adresse à son fidèle médecin, Antommarchi, ses instructions suprêmes, avec un calme plein de confiance : « Quand je ne serai plus, lui dit-il, vous vous rendrez à Rome ; vous irez trouver ma mère, ma famille ; vous leur rapporterez tout ce que vous avez observé relativement à ma maladie et à ma mort sur ce malheureux rocher..... Il prescrit au docteur de faire l'autopsie de son corps et de n'y laisser toucher que par le docteur Arnott, si besoin était d'une main

(1) Collationné d'après l'original déposé aux Archives nationales. (Désiré Lacroix.)

étrangère pour lui prêter assistance. Après quoi, les dernières pensées de Napoléon se reportèrent sur sa mère et sur son fils pour la dernière fois.

Le 5 mai 1821, à six heures moins quelques minutes du soir, au coucher du soleil, Napoléon cessait de vivre. « Il n'était plus de ce monde et disparaissait comme un météore, pour entrer dans l'immortalité.. »

Le docteur Antommarchi ayant accompli sa mission jusqu'à la dernière heure, s'embarqua le 27 mai, à Sainte-Hélène. Il alla d'abord en Italie, conformément aux instructions de l'Empereur. Il alla en premier lieu à Parme, pour se présenter à l'ex-impératrice, mais il ne fut pas reçu par elle et ne put que la voir, de loin, dans la soirée, en public, à une représentation du Théâtre Italien ! Un pareil oubli de son devoir eût été un opprobre pour Marie-Louise, si on ne pouvait supposer qu'elle ignorait encore être veuve de Napoléon.

Voici un fait que relate M. le baron Larrey dans son ouvrage sur Madame Mère et qui est très curieux, sur le caractère de ses sentiments indignés contre Marie-Louise :

« L'empereur d'Autriche se trouvait au mois de mars 1819 dans les États Romains, accompagné par l'ex-impératrice Marie-Louise. On approchait de Rome et un chambellan fit voir que madame Letizia, ayant là sa résidence, il serait opportun de pressentir ses intentions, pour savoir si elle voudrait bien recevoir sa belle-fille. L'ambassadeur chargé de cette mission délicate, se rendit auprès de Madame Mère et lui soumit le motif de sa démarche : « Ce que vous m'apprenez là, monsieur l'ambassadeur, lui dit Madame d'un ton sévère, a lieu de me surprendre, en vérité. Vous faites injure à ma belle-fille, en supposant qu'elle court les grands chemins, au lieu d'être auprès de son mari, martyr à Sainte-Hélène. La femme dont vous me parlez ne saurait être ma belle-fille ; c'est sans doute quelque intrigante qui se pare de mon nom, et je ne reçois point les intrigantes. » Marie-Louise, très mortifiée, assure-t-on, dut retourner sur ses pas sans avoir visité Rome. D'après une autre version, l'empereur d'Autriche voulut prévenir de son arrivée la reine d'Etrurie, sa parente, habitant un hôtel voisin du palais Rinuccini, où habitait Madame Mère. L'aide de camp chargé de ce soin fut mal informé sans doute et se fit annoncer chez Madame, en lui disant à haute voix : « Sa Majesté l'empereur d'Autriche, mon maître... » A ces mots, Madame se leva fièrement et interrompit l'officier en ces termes : « Allez dire, monsieur, à l'empereur d'Autriche, votre maître, qu'il n'y a rien de commun entre lui et la mère de l'Empereur Napoléon ».

« Madame se rappelait, ajoute M. le baron

Larrey, que l'empereur François avait consenti à signer un acte déclarant que l'archiduchesse (sans la nommer) avait eu un enfant mâle, auquel était assigné un rang, des armes et un nom de famille. — En vérité, se serait écriée Madame Mère, après avoir jugé cet acte, nous voilà trop vengés de la Maison d'Autriche! Jamais je ne me serais imaginée qu'en donnant Marie-Louise à mon fils, on avait cru en faire, non son épouse, mais sa maîtresse... » — « Quoi qu'on fasse, disait encore Madame Mère, dans une autre occasion, mon petit-fils ne portera jamais un plus beau nom que le nom de son père. Le titre de duc de Reichstadt est sourd; celui de Napoléon Bonaparte retentira toujours au bout du monde et les échos de la France ne manqueront pas de le répéter. »

« Quelques mois après la mort de Napoléon, dans le courant de septembre, les membres de la famille, réunis à Rome, furent convoqués chez leur vénérable aïeule. Vêtue, comme tous, d'habits de deuil et gravement assise sur son fauteuil, au milieu du salon, Madame Mère fit signe aux enfants d'ouvrir la porte d'une chambre voisine et d'y entrer en silence, pour voir ce qui s'y trouvait. Ils y entrèrent et en ressortirent sans bruit, avec une expression de tristesse et quelques-uns les larmes aux yeux, pour prendre place auprès de leurs parents.

Un colonel de l'ancienne armée d'Italie, présent à cette scène muette, avec l'un des jeunes princes Bonaparte, témoigna un air de curiosité, dont Madame Mère s'aperçut. Elle se leva, prit le colonel par la main et lui ouvrit la porte de la chambre d'où sortaient les enfants. Le nouveau visiteur se trouva en face d'un buste du Roi de Rome, rapporté de Sainte-Hélène et légué par l'Empereur à sa mère, qui l'avait fait placer dans l'obscurité en l'éclairant, de chaque côté, par des flambeaux. Madame Mère, après un instant et sans proférer une parole, referma la porte et ramena le colonel ému jusqu'aux larmes (1). »

Malgré l'ignorance dans laquelle on était du genre de vie que menait l'infortuné duc de Reichstadt, on ne désespérait pas dans la famille Napoléon de le voir un jour reprendre le trône de son père. Du reste, il y eut quelques tentatives de faites auprès de l'exilé pour lui rappeler qu'il était toujours Napoléon II et que la couronne de son père lui appartenait.

Dès le commencement de l'année 1827, le prince Lucien, frère de Napoléon, avait cru devoir faire, en Autriche, quelques démarches directes pour la cause de Napoléon II. « Il n'avait pas consulté sa mère sur l'opportunité de cette intervention, sans pouvoir la fonder sur les bruits absurdes et mensongers répandus à

---

(1) *Madame Mère*, par le baron LARREY.

cette époque... » On prétendait que l'Empereur d'Autriche soumettait son petit-fils, le duc de Reichstadt à un régime de vie susceptible d'entraîner sa mort.

« Madame Mère, sans faire allusion à ces bruits absurdes, adressa à son fils une courte lettre, attestant l'autorité morale de la grand'mère du jeune prince élevé à la Cour d'Autriche (1) :

« Mon cher fils... Je ne conçois pas ce que vous avez pu écrire en Autriche ; ce n'était ni le temps, ni la circonstance... »

L'année suivante, en 1828, le poète Barthélemy, auteur avec Méry du beau poème *Napoléon en Egypte*, vint à Vienne. Il demanda à être admis auprès du duc de Reichstadt pour lui offrir son poème ; mais ses vers satyriques sur le trône des Bourbons et le ministère qui gouvernait la France à cette époque, lui avaient valu une telle réputation à la Cour de Vienne, que l'audience qu'il voulait obtenir lui fut refusée. Barthélemy chercha du moins à rencontrer le jeune prince ; il l'aperçut au spectacle dans la loge de la Cour. Il peignit cette vision dans l'écrit qu'il intitula : *le Fils de l'homme* ; et son ressentiment de poète, s'associant à d'autres

---

(1) *Madame Mère*, par le baron LARREY, t. II, p. 325.

pensées vraiment trop exagérées, s'exhala dans ces vers :

>   . . . . Je ne puis, sans douleur,
> Contempler ce visage éclatant de pâleur ;
> On dirait que la vie à la mort s'y mélange :
> Voyez-vous comme moi cette couleur étrange ?
> Quel germe destructeur, sous l'écorce agissant,
> A sitôt défloré ce fruit adolescent ?
> Assailli, malgré moi, d'un effroi salutaire,
> Je n'ose pour moi-même éclaircir ce mystère ;
> Le noir conseil des Cours aux peuples défendu,
> Est un profond abîme où nul n'est descendu ;
> Invisible dépôt, il est dans chaque empire
> Une énigme, un secret qui jamais ne transpire :
> C'est ce secret d'Etat que, sur le Crucifix,
> Les rois, en expirant, révèlent à leurs fils.
> Faut-il vous répéter un effroyable doute ?
> Ecoutez ; ou plutôt que personne n'écoute :
> S'il est vrai qu'à la Cour, malheureux nourrisson,
> La moderne Locuste ait transmis sa leçon,
> Cette horrible pâleur, sinistre caractère,
> Annonce de ton sang le mal héréditaire ;
> Et peut-être aujourd'hui, méthodique assassin,
> Le cancer politique est déjà dans ton sein.

Le duc de Reichstadt venait, en juin 1830, de parcourir avec son grand-père, l'empereur François II, et sa mère, l'impératrice Marie-Louise, les pittoresques contrées de la Styrie, lorsque la Révolution de Juillet éclata à Paris. Le 30 du même mois, une proclamation au peuple, semblant écrite par un gouvernement provisoire, proposait aux Français et aux citoyens de Paris, le fils de l'Empereur Napoléon le Grand, enfant de Paris, comme souverain et empereur, sous le nom de Napoléon II. Cette proclamation, qui rappelait que le Roi de Rome avait été proclamé empereur le 22 juillet 1815, finissait par ces mots : Vive Napoléon II ! Vive la liberté ! Des démarches eurent lieu afin d'engager l'Autriche à se prêter à des combinaisons nouvelles. Pour prix du rétablissement de Napoléon II, la France devait offrir aux puissances européennes toutes les garanties désirables d'union et de paix, et le prince de Talleyrand fut chargé, dit-on, dans les premiers jours d'août, sous le voile d'une tout autre mission, de faire à la Cour de Vienne des propositions en faveur du duc de Reichstadt ; la froideur avec laquelle ses communications furent accueillies déconcerta le diplomate qui s'éloigna promptement.

Une autre démarche, mais moins officielle, fut tentée par la comtesse Napoléone Camerata, qui écrivit directement au duc de Reichstadt.

Vienne, 17 novembre 1830.

Prince,

Je vous écris pour la troisième fois : dites-moi si vous avez reçu mes lettres, et si vous voulez agir en archiduc autrichien ou en prince français : dans le premier cas, donnez mes lettres ; en me perdant vous acquerrez une position plus élevée, et cet acte de dévouement vous sera attribué à gloire ; mais si au contraire vous voulez profiter de mes avis, si vous agissez en homme, vous verrez combien les obstacles cèdent devant une volonté calme et

LE DUC DE REICHSTADT.

forte : vous trouverez mille moyens de me parler que seule je ne puis embrasser. Vous ne pouvez avoir d'espoir qu'en vous ; que l'idée de vous confier à quelqu'un ne se présente même pas à votre esprit. Sachez que si je demandais à vous voir, même devant cent témoins, ma demande serait refusée, sachez que vous êtes mort pour tout ce qui est français, pour votre famille. Au nom des horribles tourments auxquels les rois de l'Europe ont condamné votre père, en pensant à cette agonie de banni par laquelle ils lui ont fait expier le crime d'avoir été trop généreux envers eux, songez que vous êtes son fils, que ses regards mourants se sont arrêtés sur votre image : pénétrez-vous de tant d'horreurs, et ne leur imposez d'autre supplice que de vous voir assis sur le trône de France. Profitez de ce moment, prince... J'ai peut-être trop dit : mon sort est entre vos mains, et je puis vous dire que si vous vous servez de mes lettres pour me perdre, l'idée de votre lâcheté me fera plus souffrir que tout ce qu'on pourrait me faire endurer.

L'homme qui vous remettra cette lettre se chargera aussi de votre réponse : si vous avez de l'honneur, vous ne m'en refuserez pas une.

Napoléone Camerata (1).

Elisa-Napoléone, fille d'Elisa Bacciochi, était née le 30 juin 1806 à Paris, elle épousa le comte Camerata, riche seigneur italien. Cette jeune cousine du fils de Napoléon était remarquable par une imagination d'une incroyable activité, par la résolution de son caractère ; elle excellait à guider un cheval, à manier des armes. Par ses traits, par sa physionomie et l'ensemble de ses manières, elle ressemblait beaucoup à Napoléon. Elle était venue à Vienne, avait rencontré plu-

---

(1) Extrait du *Duc de Reichstadt*, de M. de Montbel.

sieurs fois le duc de Reichstadt dans les promenades du Prater, mais sans avoir aucune relation avec lui. Voyant qu'elle ne pouvait aboutir à rien auprès de son cousin, elle s'éloigna de Vienne après un séjour de quelques semaines.

L'oncle Joseph aussi songeait au duc de Reichstadt; de Pointe-Breeze, sa résidence aux Etats-Unis, il écrit à sa mère le 27 décembre 1831 :

« . . . . . . Nous ne sommes pas au pouvoir, mais vous pouvez être certaine que les vœux de la France nous sont favorables. La nation rend justice à Napoléon et son fils finira par gouverner la France, avec la libéralité qui était dans la prévoyante espérance de son père. Il nous disait souvent, vous vous le rappelez : « Dix ans après la paix générale, la France pourra être gouvernée avec les principes de Jean-Jacques Rousseau ; mais jusque-là ce sont des rêves. On ne fait pas la guerre avec de l'eau de roses ; l'Angleterre le sait et c'est pour m'empêcher de faire le bonheur de la France et de la consolider par de bonnes institutions, qu'elle a rompu le traité d'Amiens. Mon fils pourra faire tout ce que nous souhaitons en vain ; il vivra assez pour voir la chute de l'oligarchie anglaise. Je pense que nous touchons à ce moment, tâchez de vivre assez pour en être témoin..... »

Dans une autre lettre datée du 15 février 1832, Joseph adresse une longue et sérieuse épitre à Napoléon II par l'entremise d'une personne de confiance, devenue l'interprète de ses sentiments. L'oncle expose à son neveu en exil sa propre situation, comme l'aîné de la famille Bonaparte, et aussi la situation monarchique de la France, depuis 1830, ses vœux et ses efforts personnels, unis à la voix du peuple, pour l'appeler au trône, comme le successeur légitime de Napoléon. Il invoque auprès du jeune prince l'autorité de son grand-père, Sa Majesté l'empereur d'Autriche, qui seul aurait pu réaliser de tels vœux. Il rappelle enfin les faits rétrospectifs de la destinée du Roi de Rome.

Hélas ! combien les espérances de l'aîné des Napoléon avaient été déçues !

CHAPITRE DIXIÈME

Récit fait à M. de Montbel par le colonel Prokesch d'Osten, ami intime du duc de Reichstadt. — Ses premières relations avec le duc de Reichstadt ; entretien sur l'Orient, sur l'Égypte ; le duc demande quel souvenir on a conservé de son père ; opinion du duc sur les grands hommes de Plutarque ; son admiration pour Annibal ; il rappelle que le testament de son père lui dicte un devoir qui dirigera les actions de sa vie ; dans les cercles et les bals de la Cour, le duc de Reichstadt est entouré avec empressement ; ses succès dans le monde ; une inclination combattue ; une amitié réelle. — Le duc de Reichstadt au bal donné par l'ambassadeur d'Angleterre. — Le maréchal Marmont à Vienne ; sa rencontre avec le duc de Reichstadt ; il lui donne des leçons de stratégie sur les campagnes de Napoléon. — La révolution à Parme ; le duc de Reichstadt veut aller au secours de sa mère ; chagrin qu'il éprouve du refus qu'on lui oppose. — Le duc de Reichstadt a terminé son éducation classique et militaire ; il se sépare de ses gouverneurs.

C'est pendant le voyage que la famille impériale d'Autriche fit en Styrie, au mois de juin 1830, que le duc de Reichstadt fit la connaissance du colonel Prokesch d'Osten, homme jeune encore, distingué par l'activité de son esprit, ses travaux dans l'art militaire, ses services intelligents dans la diplomatie et par de nombreux ouvrages qui révélaient en lui les talents d'un écrivain.

« Le chevalier Prokesch d'Osten, arrivait d'Orient; il avait successivement visité la Grèce, l'Asie-Mineure, la Terre Sainte, l'Égypte, la Nubie. Ses observations étaient celles d'un homme instruit, capable de voir, de juger et d'écrire (1).

« Tandis qu'il visite ses États, l'Empereur a l'habitude d'inviter à sa table les personnes qu'il veut distinguer; il admit à cet honneur M. de Prokesch qui, pendant le repas, répondit à plusieurs questions de ce prince et de l'impératrice, et raconta des détails intéressants sur les missions qu'il avait remplies, sur les pays qu'il avait parcourus; il se trouvait placé auprès du duc de Reichstadt; ce moment décida d'une amitié et de relations intimes qui ne devaient cesser qu'avec la courte existence du jeune prince.

« — Je vous connais depuis longtemps, me dit le jeune prince; je me suis beaucoup occupé de vous.

« — Comment! Monseigneur, lui répondis-je, ai-je pu mériter cet intérêt de votre part?

---

(1) Ces extraits sont empruntés à l'ouvrage de M. DE MONTBEL : *Le duc de Reichstadt*, 1 vol. in-8°, 1832.

« — J'ai lu, j'ai étudié votre ouvrage sur la bataille de Waterloo, et j'en ai été tellement satisfait que je l'ai traduit en français et en italien. »

« L'expression du duc était celle d'un vif attachement, d'une admiration passionnée pour la mémoire de son père : il s'animait en parlant de ses actions qu'il connaissait dans tous leurs détails, aussi bien que dans leur ensemble ; et, en me remerciant de la justice que je lui avais rendue, dans mon écrit sur Waterloo, il me témoigna le désir de le relire avec moi, et m'engagea à venir le voir souvent pendant son séjour à Gratz, où il resta encore quelques jours : j'acceptai cette faveur avec reconnaissance et je n'eus garde de manquer à ma promesse.

« La première impression que produisit sur moi ce jeune homme extraordinaire, dépassa de beaucoup l'idée avantageuse que, d'après l'opinion générale, je m'étais formée de ses moyens. Je ne m'étais pas attendu à trouver, dans cette extrême jeunesse, réunies à la fois et à un si haut point, la pénétration de l'esprit et la solidité du caractère. J'eus le bonheur de lui inspirer promptement autant de confiance que lui-même faisait naître en moi d'intérêt et d'attachement : en me parlant, il semblait que son cœur cherchait à s'épanouir, et il m'expliquait le sentiment qu'il éprouvait alors, en me disant que j'étais pour lui un homme entièrement de son choix. Dès le début de nos relations, je m'attachai à lui donner des avis francs et sincères ; et, par la suite, je ne négligeai aucune occasion de l'avertir des imperfections que je remarquais en lui : je lui reprochais des indices de légèreté, en opposition avec son sens généralement si droit et si sévère ; un défaut ordinaire d'application aux choses qui n'entraient pas dans ses idées : je lui répétais qu'une des études les plus utiles et les plus indispensables pour lui, était de s'habituer, de bonne heure, à se vaincre dans tous ses désirs, et qu'il devait s'efforcer de triompher de tous les obstacles qui pouvaient nuire au développement complet de ses facultés intellectuelles. Il me savait gré de ces observations et se montrait disposé à en profiter.

« De son côté, le comte de Dietrichstein me manifestait une véritable satisfaction des relations qui s'étaient établies entre nous. Il était bien aise, me disait-il, que je fusse en mesure d'en profiter, pour l'aider à combattre quelques dispositions dans le caractère du jeune prince : il lui trouvait trop de ténacité dans ses idées ; dans son cœur était beaucoup de bonté, mais encore plus d'amour-propre. Il se laissait aller à une grande négligence dans plusieurs de ses travaux, même quelquefois dans l'application des règles de l'art d'écrire que cependant il connaissait d'une manière approfondie.

« Une de nos premières conversations porta particulièrement sur l'Égypte ; je pus lui donner sur ce pays, que j'avais entièrement parcouru, et sur les améliorations qu'y crée chaque jour l'homme extraordinaire qui le gouverne, les nombreuses notions que je venais d'y recueillir si récemment.

« — Quel souvenir a-t-on conservé de mon père, en Égypte, me dit-il.

« — On s'en souvient comme d'un météore qui a passé sur ce pays, en l'éblouissant.

« — Je conçois cette opinion de la part d'Ibrahim et de Méhémet-Ali, dont l'esprit élevé est susceptible de former un pareil jugement ; mais le peuple, qui eut alors à supporter les malheurs de la guerre, n'en a-t-il pas conservé un profond ressentiment ?

« — Depuis ce temps, l'inimitié des habitants contre Napoléon a fait place à d'autres inimitiés ; il n'est resté pour ses souvenirs qu'une grande admiration. La haine qui existe entre les Turcs et les Arabes est si active, qu'aujourd'hui le mal actuel a totalement effacé la mémoire du mal qu'on eût à subir à une autre époque.

« — C'est une explication que je conçois... mais, en général, la multitude considère un grand homme, comme elle regarde un beau tableau, sans pouvoir se rendre compte de ce qui constitue son mérite ; aussi les traces qu'il laisse dans sa mémoire doivent s'effacer promptement. Il n'y a que les esprits supérieurs qui puissent juger, apprécier les grands hommes et conserver leur souvenir. »

« L'objet habituel de nos entretiens était ses études sur l'art militaire ; en traitant de ces théories qui absorbaient toutes ses pensées et tous ses désirs, il m'étonnait par la justesse de ses aperçus. Plutarque était pour lui un auteur de prédilection ; il avait médité ses écrits et il aimait à me parler des grands hommes de l'antiquité qu'il jugeait lui-même, avec un discernement remarquable. Les talents solides et créateurs de César lui semblaient de beaucoup préférables aux triomphes éblouissants d'Alexandre ; mais de tous les grands capitaines, celui qu'il admirait le plus, c'était Annibal. « C'est le plus haut génie militaire de l'antiquité, me disait-il ; c'est l'homme le plus habile dans la stratégie de l'époque. On lui reproche de n'avoir pas su profiter des succès qu'il avait obtenus ; mais conçoit-on la différence qui aurait existé entre Annibal, chef d'un empire, disposant librement de ses ressources, et le simple général d'une république jalouse, d'un sénat composé de ses envieux, et d'esprits étroits qui, par de honteux calculs, lui refusaient les moyens d'assurer le triomphe de sa patrie ? Annibal a le mérite d'avoir formé Scipion à la victoire ; et l'un des plus grands phénomènes de l'antiquité, c'est de voir ce général faire triompher si longtemps, par son génie, une nation de marchands d'un peuple entier de soldats. »

« Nos pensées se dirigèrent dès lors habituellement sur les devoirs de la vie militaire, sur les études qui pouvaient le mieux développer l'intelligence à cet égard, sur la suite qu'il fallait y mettre et l'ardeur avec laquelle il était nécessaire de s'y porter.

« — Vous avez un noble but devant vous, Monseigneur, lui dis-je : l'Autriche est devenue votre patrie adoptive; vous pouvez, par vos talents, vous préparer à lui rendre dans l'avenir d'immenses services. »

« Il me répondit ces paroles remarquables :

« — Je le sens comme vous, mes idées ne doivent pas se porter à troubler la France; je ne veux pas être un aventurier; je ne dois pas surtout servir d'instrument et de jouet au libéralisme. Ce serait déjà pour moi le but d'une assez noble ambition que de m'efforcer de marcher, un jour, sur les traces du prince Eugène de Savoie; mais comment me préparer à un si grand rôle? comment atteindre à une semblable hauteur?... Je désire pouvoir trouver autour de moi des hommes dont les talents et l'expérience me facilitent les moyens de fournir, s'il est possible, cette honorable carrière. »

« Le prince quitta Gratz, en me donnant de

NAPOLÉON II.
REPRODUCTION D'UNE EAU-FORTE D'APRÈS LE DESSIN DE RAFFET.

véritables témoignages de bienveillance et d'affection; et moi-même je m'éloignai, pour faire successivement deux voyages en Suisse et en Prusse; avant de nous séparer, je lui offris une belle médaille antique d'Alexandre le Grand, que j'avais rapportée de mes expéditions en Grèce.

« A mon retour de mes voyages, je retrouvai le duc de Reichstadt triste, pensif, préoccupé; la révolution de France venait d'éclater et avec elle la pensée des approches de nouvelles guerres. Le jeune prince jugeait l'état des choses avec un véritable discernement, et il me fit part de sa conviction, que désormais la France allait être soumise à des oscillations continuelles qui agiraient fortement sur l'Europe entière :

« — Dès son arrivée à Vienne, me dit-il, le général Belliard a demandé à me voir, on a éludé sa requête, et l'on a agi sagement; que pouvait avoir à faire avec moi l'ambassadeur extraordinaire de Louis-Philippe? Voulait-il me demander mon adhésion à ce qui vient de se passer en France ? »

« Je m'efforçai de ramener cette imagination active vers les travaux utiles qui pouvaient à la fois le calmer et lui donner une direction avantageuse. Il suivait mes conseils; nous lisions, nous écrivions ensemble. Son voyage à Presbourg, pour le couronnement du roi de Hongrie, interrompit quelque temps nos relations, qui se renouvelèrent à son retour.

« On pensait alors à la formation de la Maison militaire du prince ; il m'exprima plusieurs fois, avec une bonté touchante, combien il désirerait de m'en voir faire partie. J'avais même été inscrit sur une liste d'officiers parmi lesquels l'Empereur devait choisir ceux qu'il voulait placer auprès de son petit-fils; mais on jugea qu'ailleurs mes services pourraient être plus utiles ; mon nom fut effacé de la liste. Le prince me dit avec bienveillance : « Je vous « fixerai près de moi, quand ma volonté réglera « entièrement ma conduite. »

« Il savait que je n'approuvais pas le projet qu'on avait annoncé de l'envoyer major dans un régiment en garnison à Prague, sous la direction de quelques officiers choisis. Cette position pour lui ne me paraissait ni avantageuse, ni convenable ; c'était, à mon avis, une fausse situation d'émancipation ; il allait se trouver, trop jeune, en relations trop directes avec des militaires, parmi lesquels il était toujours à craindre que tous n'eussent pas également la réserve et la mesure que devait imposer la position si particulière et si délicate du jeune prince.

« — Je sais que vous blâmez le projet de m'en-« voyer à Prague, me dit-il ; mais songez qu'il « importe à mon développement d'arriver, par

« mon émancipation, à l'usage complet de ma
« volonté : il faut que je m'habitue à être moi-
« même, que je voie et que je sois vu ; c'est le
« seul moyen d'arriver à la connaissance des
« choses et des hommes... Que pense-t-on de
« moi dans le monde ?... Du reste, mon plus
« grand avantage actuel serait que l'opinion
« publique s'occupât très peu de ma personne,
« et qu'elle ne me supposât pas de grandes qua-
« lités... L'imagination aime à aller si loin dans
« ses hypothèses, et il est si dangereux d'avoir
« affaire à ses mécomptes, le jour où enfin
« elle aperçoit la réalité.

« Comment espérer d'ailleurs de se trouver
« au niveau des circonstances extraordinaires
« qui dominent le monde, dans l'époque ac-
« tuelle ? Quel malheur pour moi si je me trou-
« vais aujourd'hui sur un trône ! Dans ce
« moment, la flatterie et le monde pourraient fa-
« cilement s'emparer de mes passions et me
« maîtriser... et j'ignore absolument ce que je
« saurais être dans l'action... Les travaux, la
« réflexion, le temps, et surtout l'expérience,
« peuvent seuls mûrir mon jugement et m'ap-
« prendre si j'ai le droit de compter sur mes
« facultés. »

« Les préparatifs de guerre auxquels partout
la Révolution avait donné lieu ; les entretiens
des militaires qui comptaient bientôt entrer en
campagne ; les journaux et les orateurs qui, de

jour en jour, prenaient une attitude plus belliqueuse, agissaient fortement sur cette jeune imagination. Le désir de prendre une part active dans une guerre prochaine, était pour lui une passion qui, se croisant avec des idées oscillantes, le mettait souvent dans un état de pénible angoisse.

« Être militaire, et rester inactif quand tout
« s'ébranle autour de moi, disait-il alors, ce
« serait une situation affreuse : d'un autre côté,
« prendre part à une guerre d'agression contre
« la France, que penserait-on de moi ?... Mais
« la victoire seule décide de l'opinion des
« hommes... Les succès sont la condition essen-
« tielle de la popularité aussi bien que de la
« gloire... Je ne porterais les armes que dans
« le cas où la France attaquerait l'Autriche ;
« mon devoir serait alors de défendre ma patrie
« adoptive... » Un moment après, il me dit, d'un ton ému : « Et cependant le testament de
« mon père me dicte un devoir qui dirigera les
« actions de ma vie. »

« Nos travaux militaires continuèrent avec activité : j'avais pris pour base habituelle de nos entretiens un volume d'extraits que j'ai recueillis dans plusieurs ouvrages français, italiens, anglais, allemands, sur la science de la guerre, étudiée dans ses causes, ses moyens, ses accidents et ses résultats. Ces opinions, diversement exprimées, ces aperçus pris de points de vue différents, offraient un grand intérêt au jeune prince qui copia presque entièrement ce recueil, quoique fort volumineux. Nous prenions l'habitude de discussions orales sur ces textes variés, dans diverses langues; j'étais frappé de la précision de son jugement et de la finesse de ses remarques. Il n'avait pas une grande promptitude de compréhension, mais une puissance réelle de plonger jusqu'au fond d'une idée, quand il l'avait saisie; il était éminemment doué de la faculté d'esprit que nous exprimons en allemand par cette figure : *bien enfoncer le clou.*

« Nous lûmes, pendant cette époque, avec beaucoup de suite, Vaudoncourt, Ségur, Norvins, les *Aphorismes* de Montecuculli, les *Mémoires* du prince Eugène de Savoie, le volumineux écrit de Jomini : tous ces ouvrages furent successivement discutés, comparés, soumis à une critique raisonnée ; ils sont couverts de remarques, de notes marginales qu'y faisait le prince.

« Mais nos études s'attachèrent plus particulièrement aux principes de stratégie appliqués à la campagne de 1799 par l'archiduc Charles. Cet ouvrage précis et sévère dans ses vues, semé de grandes pensées, plein d'aperçus remarquables sur la marche de l'administration militaire, ne pouvait être écrit que par un grand capitaine, dont une vaste expérience avait

12.

développé les talents; il honore aussi son caractère; appréciateur généreux du mérite d'autrui, l'archiduc ne se montre trop sévère qu'envers lui-même. Le duc de Reichstadt, qui avait pour ce prince un respect profond, aimait à étudier ses ouvrages; il en a fait des analyses et des extraits nombreux.

« Dans nos entretiens, comme dans nos travaux, le duc tendait toujours à généraliser les idées, à les agrandir : les considérations de détail, les formes réglementaires semblaient comprimer son esprit et le fatiguer : il aimait à parler de la marche du monde moral et politique; et alors il se portait en avant avec une extrême ardeur. A travers un calme apparent, je remarquais en lui un mouvement intérieur continuel, d'une excessive activité, et en même temps cette réflexion profonde, cet œil analytique et scrutateur, habile à plonger dans le cœur des hommes, à y saisir tous les éléments des jugements sévères qu'il prononçait sur eux. Les circonstances particulières de sa position, en le forçant à se replier habituellement sur lui-même, avaient sans doute contribué à lui faire contracter des habitudes de méfiance et de préventions austères.

« Dans les cercles et les bals de la Cour, il fut entouré d'un empressement et d'un intérêt remarquables : sa situation attirait l'attention générale; son esprit, sa facilité d'expression, la vivacité de ses reparties, l'élégance de sa mise et de ses manières, la grâce de sa taille élevée, la beauté de ses traits lui assuraient des succès marquants. Les dames, pour qui, en général, il se montrait aimable et prévenant, l'accueillaient toujours avec une extrême bienveillance. Il me confia que son cœur s'était laissé préoccuper des charmes et de l'esprit plein de vivacité d'une femme jeune et belle, la comtesse ***, qu'il avait plusieurs fois rencontrée à la Cour, dont la conversation l'avait vivement intéressé et qui paraissait flattée de ses soins. Je vis quel danger pouvait avoir pour ce jeune prince une préoccupation dont les résultats, en outre qu'ils l'éloigneraient de ses travaux et de ses devoirs, l'exposeraient à une réputation de légèreté à laquelle il importait de le soustraire. Je lui fis ces observations, qu'il écouta avec intérêt. Je lui répétai que tout homme qui aspire à remplir dignement un rôle élevé doit commencer à savoir se maîtriser lui-même ; que l'étude qui pouvait le mieux fortifier son âme, c'était de l'habituer à triompher de la passion dont il me parlait ; qu'il la combattrait avec d'autant plus de facilité, qu'elle n'avait pas encore eu le temps de prendre sur lui un grand empire ; que, dans la situation où il était placé, aucune de ses actions n'était sans importance, parce qu'elles étaient surveillées par la curiosité publique ; il lui importait donc de ne donner lieu ni aux critiques de la malignité, ni surtout aux remarques des hommes graves dont l'opinion devait lui être précieuse : à l'époque où il devait consacrer tous ses moments à acquérir les connaissances indispensables à son développement intellectuel, il ne fallait pas qu'on le vît dissiper son temps aux soins assidus d'une vaine passion, avec une légèreté qui ne lui serait pas pardonnée ; il appartenait trop à l'histoire pour qu'il lui fût permis de faire du roman. Il convint de la justesse de mes conseils, me promit de s'y conformer, en évitant tout ce qui pourrait lui inspirer de la faiblesse ; et, après quelques rechutes, dont il me fit part aussitôt avec franchise, il triompha complètement d'un sentiment qui aurait pu le mettre dans une situation fâcheuse, embarrassante, et qui, sous beaucoup de rapports essentiels, n'aurait pu manquer de lui être nuisible.

« Dans ce même temps, il s'attacha d'une amitié réelle à un jeune Hongrois, aussi distingué par son esprit que par sa position sociale, le comte Maurice d'Esterhazy ; il me parla avec beaucoup d'intérêt de cette nouvelle liaison, dont je me félicitai avec lui ; il était si important pour ce jeune prince de rencontrer dans toutes ses relations des sentiments élevés et des moyens intellectuels qui garantissent qu'il ne trouverait jamais autour de lui que d'honorables influences. Malheureusement le jeune comte était attaché à la diplomatie : un voyage à Naples mit fin à des habitudes qui ne pouvaient qu'être avantageuses et profitables au duc de Reichstadt.

« Ce singulier jeune homme me communiqua alors un travail très intéressant : c'était un plan, tracé par lui-même, sur la direction qu'il croyait devoir lui être donnée. Dans cet écrit, semé d'aperçus piquants, il considérait sa position dans ses rapports avec la France et l'Autriche ; il signalait les écueils qui l'entouraient, les moyens de le préserver de ces dangers, les ressources dont on pouvait avantageusement se servir pour influer sur son esprit et son caractère, pour combattre ses défauts, modérer son ambition, en régler les mouvements, et par là donner de l'utilité à des dispositions qui, abandonnées à elles-mêmes, pourraient devenir nuisibles, pour le préparer enfin à un avenir honorable, en accord avec le rang où la Providence l'avait placé. Par des circonstances particulières, qui donnaient à cet ouvrage un caractère très remarquable, le prince crut devoir le détruire quelques jours après me l'avoir communiqué. Je le regrette vivement aujourd'hui ; ce serait un monument d'un haut intérêt. Il s'y jugeait lui-même avec une sagacité surprenante : c'était un portrait exactement ressemblant de son être moral, où il n'avait oublié ni ses défauts ni ses qualités.

« Le 25 janvier 1831 fut une époque remarquable dans la vie du duc de Reichstadt. Jusqu'alors il n'avait assisté qu'aux bals et aux fêtes de la Cour; pour la première fois il parut dans une grande réunion chez l'ambassadeur d'Angleterre, lord Cawley; il y eut beaucoup de succès : le comte de Dietrichstein, qui avait pour lui une affection si vive et si sincère, en éprouvait une joie évidente. Le jeune duc avait été frappé de tout ce que cette assemblée renfermait de circonstances singulières. Le lendemain il me parut tout attristé. — « Combien, « me dit-il, de semblables soirées sont vides et « pénibles!... Quels contrastes frappants étaient « réunis dans la même salle! Je voyais autour « de moi deux princes de la Maison de Bourbon, « le baron de Kentzinger, envoyé par Charles X, « le maréchal Maison, ambassadeur de Louis- « Philippe, le prince Gustave Wasa, héritier « naturel du trône de Suède, le comte de Loe- « venhielm, ministre du roi Charles-Jean!...
« J'ai causé pour la première fois avec le maré- « chal Marmont: mon père le citait comme un « homme d'esprit; son entretien s'est trouvé « d'accord avec cette opinion. Je dois le rece- « voir aujourd'hui. Je suis bien aise de me « trouver en relation avec des Français: je dé- « sire ne pas rester absolument inconnu en « France, où l'on a des idées si peu exactes sur « ma situation. »

Par suite des événements de Paris et de la révolution de France, le maréchal Marmont arriva à Vienne, vers la fin de l'année 1830. Se trouvant dans la même résidence que le fils de Napoléon, il était naturel qu'il éprouvât un vif désir de le voir et de le connaître ; toutefois il jugea convenable d'observer une grande réserve dans ses démarches pour parvenir à ce but, et quelques semaines se passèrent, sans qu'il crût devoir former aucune demande à cet égard.

De son côté, dès qu'il apprit l'arrivée du maréchal, le jeune prince manifesta qu'il lui serait agréable de s'entretenir avec un des plus anciens compagnons d'armes de son père ; il voulait l'interroger sur une multitude de faits que nul autre ne pouvait lui expliquer, puisqu'ils avaient rapport à des faits dont il restait comme le seul témoin.

Le comte de Dietrichstein prévint le maréchal du désir du prince et lui annonça qu'il pourrait le rencontrer le soir même au bal que donnait l'ambassadeur d'Angleterre. Le maréchal se rendit, avec exactitude, à cette fête : il y vit enfin le duc dont les regards le cherchaient et se dirigèrent vers lui avec empressement. Le comte de Dietrichstein vint l'avertir qu'il allait le présenter au prince, dont ils s'approchèrent aussitôt.

— « Monsieur le maréchal, lui dit le duc de

« Reichstadt, je ne saurais vous exprimer
« quelle satisfaction j'éprouve de voir un des
« généraux les plus illustres qui ont combattu
« sous les ordres de mon père : vous particu-
« lièrement qui avez été son aide de camp,
« dans ses premières campagnes : vous étiez
« avec lui en Italie, vous l'avez suivi en Égypte,
« en Allemagne. J'ai étudié son histoire avec
« une profonde attention ; j'aurais un grand
« nombre de questions à vous adresser sur
« beaucoup de faits que je désire éclaircir.

— « Je suis entièrement à vos ordres, Mon-
« seigneur, répondit le maréchal. »

Profitant du mouvement du bal, le maréchal quitta un instant le duc de Reichstadt, et s'approchant du prince de Metternich, il lui fit part de sa demande en lui disant qu'avant de répondre, il avait voulu être sûr de ne pas contrarier les intentions de l'Empereur.

— « Monsieur le maréchal, lui dit le prince,
« les intentions de l'Empereur sont positivement
« que le duc de Reichstadt connaisse la vérité
« telle qu'elle est : la lui cacher serait très
« impolitique et même me semblerait criminel.
« Napoléon était certainement un grand homme
« et c'est en racontant à son fils ses grandes
« actions et ses grandes qualités, que nous
« avons acquis le droit de lui signaler et le
« pouvoir de lui faire apprécier les excès et les
« funestes résultats de son ambition déme-

« surée. Voyez-le librement, Monsieur le Maré-
« chal, aussi souvent que vous le désirerez
« l'un et l'autre : répondez, sans aucune con-
« trainte, aux questions qu'il pourra vous
« adresser. Je n'y mets qu'une seule condition,
« c'est que vous lui direz la vérité tout entière,
« sans lui déguiser ni le bien ni le mal : il
« saura vous entendre. »

« A la science approfondie des théories stratégiques, dit M. de Montbel, le maréchal unit
des notions étendues et variées dans plusieurs
branches des connaissances humaines. Ayant
pris une part active aux grands événements
du siècle, sa position l'a mis à portée de
connaître presque tous les grands hommes de
notre époque qui ont marqué dans les sciences,
les arts, les lettres, la guerre et la politique.
On conçoit combien les récits du maréchal
devaient attacher le jeune prince : pour la première fois, il entendait la voix d'un compagnon
d'armes de son père lui raconter des faits, dont
lui-même avait été ou l'acteur ou le témoin.
C'était un des guerriers célèbres de l'époque
qui lui expliquait les mouvements des armées
où il avait eu de grands commandements. Ces
narrations animées avaient une vie qui répondait mieux à l'active imagination du duc de
Reichstadt, que la lettre morte des livres, dont
les nombreuses contradictions avaient laissé
dans son esprit beaucoup d'incertitude. Le

maréchal trouva qu'il n'ignorait rien de ce qu'on a écrit sur les grands événements du siècle : tous les ouvrages historiques qui parlent de son père, il les avait lus, analysés, et avait parfaitement retenu ce qu'ils offraient de saillant.

« Bientôt les conversations ne suffirent plus ; il fallut donner à ces entretiens une direction méthodique qui les rendît plus substantiels et plus utiles. A la demande du jeune prince, le maréchal adopta la forme de leçons de théorie militaire sur différentes campagnes de Napoléon.

« Les leçons eurent lieu régulièrement et se succédèrent sans interruption, pendant trois mois : le jeune homme leur prêtait une vive attention ; ses yeux brillaient d'intelligence ; dans son profond regard, le maréchal croyait retrouver les yeux et l'âme de Napoléon. Il suivait les indications avec une insatiable avidité. Ses remarques étaient justes, précises ; ses demandes annonçaient une haute conception ; mais il en adressait rarement, parce qu'il évitait, autant que possible, d'interrompre des enseignements qui absorbaient toutes ses facultés. Toutes les fois qu'un appel était adressé à sa mémoire, elle se trouvait imperturbable, aussi bien que son jugement. La justesse de ses idées l'attachait particulièrement à la gloire des premières campagnes de son père, qui servirent aussi de base principale aux leçons du maréchal.

« Il manifestait, par moments, combien, avec ses goûts militaires, il sentait que sa position était fausse et contrarierait nécessairement sa carrière, parce que la politique ne pourrait jamais s'empêcher de douter de ses intentions et de sa bonne foi.

« Quand le maréchal eut épuisé les matériaux de ses leçons, il en prévint le duc de Reichstadt, qui en témoigna beaucoup de regret et insista pour que les entretiens habituels continuassent encore : le maréchal lui fit sentir qu'aussi longtemps que leurs entrevues avaient eu un but positif d'instruction, leur utilité en garantissait la convenance; que désormais la malveillance pourrait faussement interpréter des relations sans objet déterminé et qu'il fallait éviter ce grave inconvénient. En conséquence, il fut convenu que désormais le maréchal se bornerait à venir lui rendre ses devoirs en le visitant seulement tous les quinze jours.

« Avant de se séparer, le prince voulut donner à son instituteur militaire un souvenir de leurs relations et de sa reconnaissance : le jour qui termina les leçons, il lui remit son portrait : c'est une aquarelle peinte, avec talent, par Daffinger, un des artistes les plus distingués de Vienne, et qui a le mieux réussi à rendre la physionomie profonde et active du duc de Reichstadt. Il est représenté à mi-corps, assis vis-à-vis du buste en marbre de son père, ayant l'air d'écouter, avec beaucoup d'intérêt, en dehors du tableau. Au-dessous du portrait, il a écrit de sa main ces quatre vers que, dans la *Phèdre* de Racine, Hippolyte adresse à Théramène, et dont il a modifié seulement le premier hémistiche :

> Arrivé près de moi, par un zèle sincère,
> Tu me contais alors l'histoire de mon père ;
> Tu sais combien mon âme, attentive à ta voix,
> S'échauffait au récit de ses nobles exploits.

« Le duc de Reichstadt parla souvent de ses entretiens avec le maréchal, au prince de Metternich, à plusieurs des personnes qui étaient auprès de lui ; il leur rendit compte des impressions qu'avaient produites sur son esprit ces relations nouvelles. « Le maréchal, leur
« disait-il, est certainement un homme doué
« de beaucoup de talents et de connaissances ;
« mais il est né sous une étoile funeste :
« spéculations, entreprises, politique, excepté
« la guerre, rien ne lui a réussi. On a beau-
« coup parlé des relations que nous avons
« ensemble, on a voulu en induire des plans et
« des projets d'ambition. Si j'avais formé de
« semblables projets, j'aurais redouté l'influence

« de son malheur, que souvent, je crois, on
« lui a imputé comme un tort. Quand le maré-
« chal retournera en France, s'il me demande
« mes ordres pour ce pays, je lui dirai d'aller,
« de ma part, saluer la colonne de la place
« Vendôme ; il a pris assez de part à son
« érection, pour qu'il puisse noblement se
« charger d'un semblable message (1). »

Le contre-coup de la Révolution de France
avait retenti en Italie, et des troubles avaient

(1) Il faut convenir que c'était un triste mentor que l'on donnait là au fils du grand Napoléon ! et le duc de Reichstadt qui, d'après le dire de ses professeurs, connaissait si bien à fond l'histoire de son père n'aurait jamais dû s'entretenir avec le traître qui livra son corps d'armée en 1814 à Schwarzenberg. On aurait dû rappeler au duc de Reichstadt que son père, l'empereur Napoléon, en apprenant la défection de Marmont, s'écria :
« Un fait pareil de Marmont ! un homme avec lequel j'ai partagé mon pain... que j'ai tiré de l'obscurité !... l'ingrat ! Il sera plus malheureux que moi. — Sans la trahison de Marmont, les alliés étaient perdus. J'étais maître de leurs derrières et de toutes leurs ressources de guerre ; pas un seul ne se serait échappé. »
Et puis on aurait dû mettre sous les yeux du malheureux exilé de Schœnbrünn ce jugement écrit par son père dans son testament :
« Les deux issues si malheureuses des invasions de la France, lorsqu'elle avait encore tant de ressources, sont dues aux trahisons de Marmont, Augereau, Talleyrand et de La Fayette. Je leur pardonne ; puisse la postérité française leur pardonner comme moi ! »
On aurait dû avoir la pudeur d'éviter au Roi de Rome le contact de l'homme dont la trahison était une des causes principales des malheurs de Napoléon ; et si lui, Roi de Rome, était devenu un duc autrichien, si lui, enfant de France n'avait plus revu son père ni reçu ses baisers, c'est parce que Marmont avait livré la France et Napoléon à l'Autriche.

éclaté dans le duché de Parme. Marie-Louise avait été obligée d'abandonner ses États. Effrayé pour sa mère, le duc de Reichstadt sollicite vainement de l'Empereur la permission d'aller à son secours. « Jamais, dit M. de Prokesch, je ne l'avais vu si agité; des pleurs s'échappaient de ses yeux. Il se montrait impatient de la guerre; on eût dit qu'il était dans les tourments d'une fièvre continuelle : il ne pouvait se captiver à aucun travail. Je lui en fis des reproches. « Comment, lui dis-je, parviendrez-vous
« à jouer un grand rôle, si vous ne vous déci-
« dez pas à savoir triompher de vous-même?
« Une contrariété doit-elle ainsi détruire l'équi-
« libre de votre âme? Doit-elle suffire pour
« vous écarter de travaux indispensables à
« votre instruction, à votre perfectionnement
« intellectuel? — Le temps est trop court, il
« marche trop rapidement, pour le perdre en
« longs travaux préparatoires : le moment de
« l'action n'était-il pas évidemment venu pour
« moi? »

« — Comment suis-je assez malheureux, me
« disait-il, pour être obligé de perdre la pre-
« mière occasion qui se présentait à moi de
« montrer à ma mère tout mon dévouement
« pour elle! Il m'eût été si doux de la secourir,
« si honorable de tirer pour la première fois
« mon épée dans l'intérêt de sa cause, pour
« châtier ceux qui l'insultent et la menacent...

« et, dans de telles circonstances, je suis réduit
« à lui offrir des consolations stériles! » Il lui
adressa une lettre touchante, où il lui témoignait que, s'il avait dépendu de sa volonté, il
aurait déjà volé à son secours. — « C'est la pre-
« mière fois, lui disait-il, qu'il m'a été pénible
« d'obéir aux ordres de l'Empereur. »

Le prince était arrivé au terme de son éducation classique et militaire; il allait se séparer de ses gouverneurs qui lui avaient donné tant d'utiles leçons, tant de preuves de leur dévouement véritable, du comte de Dietrichstein, qui le chérissait d'une affection vraiment paternelle, et qui, sous tous les rapports, était si digne de sa reconnaissance et de son amitié.

CHAPITRE ONZIÈME

(1831-1832)

Maison militaire du duc de Reichstadt; le général Hartmann et les capitaines de Moll et Standeiski. — Le duc de Reichstadt est nommé lieutenant-colonel (15 juin 1831); sa bonté envers ses camarades; sa vie à la caserne; les exercices et les fatigues provoquent les symptômes d'indisposition phtisique. — Le docteur Malfatti, médecin du duc de Reichstadt, décrit la maladie du duc; le duc est obligé d'interrompre son service militaire; remarque singulière de l'organisation physique et morale du duc de Reichstadt; Byron et Lamartine sont les poètes favoris du fils de Napoléon. — Le duc de Reichstadt en convalescence à Schœnbrünn; de nouveaux symptômes fâcheux surviennent à la suite d'une partie de chasse; chagrin du duc de Reichstadt en se voyant privé de ses habitudes militaires; aggravation de la maladie du duc; il reçoit le viatique; arrivée de Marie-Louise auprès de son fils. — Mort du duc de Reichstadt (22 juillet 1832).

Voulant désormais laisser le duc de Reichstadt développer ses talents dans la carrière des armes, l'Empereur attacha à sa personne des officiers connus par leur loyauté, leurs services, leurs talents et leur expérience militaire; il fit choix du général comte Hartmann et des capitaines baron de Moll et Standeiski. Ces officiers entrèrent en relations habituelles avec le duc dès la fin de 1830; mais leur service ne commença que le 14 juin 1831. A cette époque, étant dans l'intention d'envoyer son petit-fils dans un régiment stationné à Prague, l'Empereur organisa complètement sa Maison; mais, quelque temps après, des considérations de santé, malheureusement trop fondées, firent renoncer à un projet qui présentait trop de dangers et d'inconvénients; une partie de la Maison du prince fut réformée; il ne conserva que sa livrée et ses chevaux (1).

« Suivant l'usage et l'ordre établis pour les membres de la famille impériale qui se vouent au service militaire, le duc de Reichstadt avait passé par tous les grades inférieurs et en avait successivement rempli les fonctions; il avait ainsi appris tous les détails militaires avec un zèle qu'il fallait constamment modérer, pour qu'il ne nuisît pas à ses études.

« Le 15 juin 1831, il fut nommé lieutenant-colonel, et il prit le commandement d'un bataillon du régiment d'infanterie hongroise de Giulay, alors en garnison à Vienne : il se porta à ses nouvelles fonctions avec une extrême ardeur. Poli, bon, prévenant pour les officiers,

---

(1) Relation du général Hartmann, extraite du *Duc de Reichstadt*, par M. DE MONTBEL (1832).

les traitant en camarades bien plus qu'en prince, il exerça bientôt sur eux l'influence qu'il savait prendre sur tous ceux qui l'entouraient. Sa vie tout entière se passait dans les études de théorie, dans les champs de manœuvre et à la caserne.

« J'admirais sa passion et son intelligence militaire, me disait le comte Hartmann. Dès le quatrième jour de son commandement de bataillon, il eut la voix enrouée : je ne m'en étonnai pas; cet effet est généralement produit sur tous ceux qui n'ont pas l'habitude de commander une ligne étendue, même sur les personnes les plus robustes. En conséquence, je ne crus pas devoir l'empêcher de continuer son service.

« A cette époque, il n'y avait pas encore d'indices visibles de la maladie, quoique actuellement il soit indubitable qu'il portait dès lors les germes du mal terrible auquel il a succombé. Cependant bientôt de légères attaques de toux assez fréquentes, la prolongation de son enrouement, sa faiblesse après les fatigues me semblèrent des preuves évidentes d'une constitution bien peu satisfaisante, et qui nécessitait une attentive surveillance, de continuels ménagements; mais le prince persistait à attribuer sa faiblesse au peu d'habitude qu'il avait de se livrer aux exercices du corps. Un mouvement actif pouvait seul guérir, disait-il, le mal qu'avait produit en lui la suite non interrompue d'une trop longue application aux études sédentaires. Avec une incroyable force de caractère, il cachait soigneusement, autant qu'il était possible, tous les symptômes d'indisposition phtisique, tant il craignait que la connaissance de sa situation réelle n'amenât la décision de son retour à une vie paisible et retirée.

« Cependant, des observations attentives et suivies me mirent à même de reconnaître en partie la vérité et de faire part de mes craintes au docteur Malfatti, médecin ordinaire du prince, et qui avait sur son esprit une grande influence, afin d'aviser ensemble aux moyens que nous devions employer pour porter un secours efficace et opportun à une santé qui se détériorait visiblement.

« Moi-même, dès mon arrivée à Vienne, j'ai désiré connaître le docteur Malfatti, qui jouit d'une grande réputation de talents, d'esprit et d'instruction générale. Ses conversations intéressantes ont répondu à l'idée qu'on m'avait déjà donnée de lui ; il m'a souvent entretenu du duc de Reichstadt ; voici ce qu'il m'a raconté de sa situation à cette époque (1) :

« Je fus appelé par le duc de Reichstadt avec le titre de son médecin ordinaire, dans le mois de mai 1830. Je succédais à trois hommes d'une

---

(1) DE MONTBEL, *Le duc de Reichstadt.*

haute réputation, le célèbre Franck, les docteurs Goëlis et Staudenheimer. M. de Herpex avait rempli, près du prince, les fonctions de chirurgien ordinaire. Ces médecins n'avaient pas laissé de journal de la santé du jeune duc. M. le comte de Dietrichstein eut la bonté d'y suppléer, en m'instruisant de beaucoup de détails qu'il était indispensable de connaître. Le prince mangeait très peu et sans appétit : son estomac semblait trop faible pour supporter la nourriture qu'aurait exigée sa croissance singulièrement rapide, et même effrayante : à l'âge de dix-sept ans, il avait atteint la taille de cinq pieds huit pouces. De légers maux de gorge le faisaient souffrir de temps en temps; il était sujet à une sorte de toux habituelle et à une journalière excrétion de mucosités. Le docteur Staudenheimer avait déjà manifesté de vives inquiétudes sur la prédisposition du prince à la phtisie de la trachée-artère : je pris connaissance des prescriptions qui avaient été décidées contre ces symptômes inquiétants.

« La connaissance personnelle que j'avais de l'existence d'une disposition morbifique héréditaire, dans la famille de Napoléon, dirigea mes premières recherches, et je m'assurai de l'existence d'une affection cutanée (*herpes farinaceum*). Je ne pus approuver l'usage des bains froids et de la natation que le chirurgien, M. de Herpex, avait aussi combattus, peut-être par suite seulement de la connaissance qu'il avait acquise de la faible organisation de la poitrine du prince. Dans le but de réagir sur le système cutané, j'employai, avec succès, les bains muriatiques et les eaux de Seltz coupées avec du lait.

« Le prince devait passer à l'état militaire dans l'automne suivant; c'est là où tendaient ses vœux, où se concentraient tous ses désirs : il avait déjà obtenu l'autorisation tant sollicitée. Je ne me recommandai pas à ses bonnes grâces, comme vous pouvez vous l'imaginer, lorsque je m'opposai formellement à ce changement de vie : j'en développai les raisons à ses augustes parents, dans un mémoire que je leur adressai le 15 juillet 1830. J'établissais que, dans l'état de croissance excessive, en disproportion avec le peu de développement des organes dans la disposition générale de faiblesse, particulièrement de la poitrine, toute maladie accessoire pourrait devenir extrêmement dangereuse, soit dans le présent, soit dans l'avenir, et que, par suite, il était indispensable de mettre le prince à l'abri de toutes les influences atmosphériques, de tous les efforts de voix auxquels il serait continuellement exposé dans le service militaire.

« Mon mémoire fut accueilli par l'Empereur; l'entrée au service militaire fut ajournée pour six mois. A la suite de soins assidus et de révulsions artificielles, les symptômes inquiétants se mitigèrent d'une manière visible : l'hiver se passa heureusement ; mais la croissance continuait encore.

« Au printemps de l'année 1831, le prince fit son entrée dans la carrière des armes. Dès ce moment, il rejeta tous mes conseils ; je ne fus plus que spectateur d'un zèle sans mesure, d'un emportement hors de limite pour ses nouveaux exercices ; il crut ne devoir écouter désormais que sa passion qui entraînait son faible corps à des privations et à des fatigues absolument au delà de ses forces. Il eût regardé comme une honte, comme une lâcheté de se plaindre sous les armes. D'ailleurs, j'avais toujours à ses yeux le tort grave d'avoir retardé sa carrière militaire ; il paraissait redouter que mes observations ne vinssent encore l'interrompre. Aussi, quoiqu'il me traitât avec une extrême bienveillance dans les relations sociales, comme médecin il ne me dit plus un seul mot de vérité. Il me fut impossible de le déterminer à reprendre l'usage des bains muriatiques et des eaux minérales qui lui avaient été si utiles l'année précédente. Le temps lui manquait, me disait-il.

« Plusieurs fois, je le surpris à la caserne dans un état d'extrême fatigue. Un jour, entre autres, je le trouvai couché sur un canapé, épuisé de forces, exténué, presque défaillant. Ne pouvant me nier l'état pénible où je le voyais réduit :

« — J'en veux, dit-il, à ce misérable corps
« qui ne peut pas suivre la volonté de mon
« âme.

« — Il est fâcheux, en effet, lui répondis-je,
« que Votre Altesse n'ait pas la faculté de
« changer de corps comme elle change de
« chevaux quand elle les a fatigués ; mais,
« je vous en conjure, Monseigneur, faites
« attention que vous avez une âme de fer
« dans un corps de cristal, et que l'abus
« de la volonté ne peut que vous devenir
« funeste. »

« Sa vie, en effet, était alors comme un
véritable procédé de combustion ; il dormait
à peine pendant quatre heures, quoique naturellement il eût besoin d'un long sommeil ;
il ne mangeait presque pas. Son existence
était entièrement concentrée dans le mouvement du manège et de tous les exercices
militaires, il ne connaissait plus le repos, sa
croissance en longueur ne s'arrêtait pas ; il
maigrissait graduellement, et son teint prenait
une couleur livide. A toutes mes questions il
répondait toujours : « Je me porte parfaitement
bien. »

« Dans le mois d'août il fut atteint d'une forte
fièvre catarrhale : tout ce que je pus obtenir, ce
fut de lui faire garder le lit et la chambre
pendant un jour.

« Nous conférâmes avec le général comte

Hartmann de la nécessité de mettre un terme à un régime aussi dangereux pour cette frêle existence,

« Vous vous rappelez l'époque funeste de l'invasion du choléra à Vienne, les malheurs qui signalèrent la première irruption de ce fléau, la généreuse conduite des habitants de Vienne, les sages précautions des administrateurs, les secours, les exemples que donnèrent l'Empereur et les membres de la famille impériale. Inaccessible à la crainte qu'inspira cette maladie à son apparition, le duc de Reichstadt ne voulait pas se séparer des soldats et s'éloigner de leur caserne; l'Empereur ne pouvait qu'apprécier ce sentiment, conforme à ses idées sur les devoirs d'un prince; mais, pour nous, il y avait aussi un devoir sacré et pressant, c'était de sauver ce jeune homme d'une position qui tendait évidemment à le détruire. Je fis, à cet égard, un exposé de tous les dangers imminents qu'il fallait conjurer par un prompt changement de régime et par un repos absolu. Dans une situation aussi critique, la moindre atteinte du mal régnant devait être mortelle. Le comte Hartmann se chargea de présenter ce rapport à l'Empereur, qui me fit transmettre l'ordre de venir le lui répéter textuellement en présence du duc de Reichstadt, à l'issue de la revue militaire qu'il devait passer le lendemain sur les glacis. Je me rendis exactement, à l'heure indiquée, sur ce champ de manœuvres, où l'Empereur, se mêlant aux troupes et au peuple, voulait ainsi rassurer, par son exemple, contre les terreurs de la contagion. Quand la revue fut terminée, je m'approchai de Sa Majesté, et je lui répétai mon rapport. L'Empereur, s'adressant alors au jeune prince, lui dit : « Vous venez d'entendre le docteur Malfatti ; « vous vous rendrez immédiatement à Schœn- « brünn..... » Le duc s'inclina respectueusement en signe d'obéissance; mais, en se relevant, il me lança un regard d'indignation. « C'est donc vous qui me mettez aux arrêts ! » me dit-il avec un accent de colère, et il s'éloigna rapidement.

« Les deux mois de repos absolu qu'il passa à Schœnbrünn furent comme un baume vivifiant pour ses organes délabrés ; ses forces se rétablirent ; son visage perdit cette teinte livide si effrayante, et recouvra une meilleure expression : il dormait alors pendant huit ou neuf heures de suite ; la nature semblait ainsi vouloir reprendre le repos qu'elle lui avait si longtemps refusé : les douleurs qui avaient déchiré sa poitrine s'amortirent et disparurent. Son indignation contre moi s'apaisa aussi insensiblement et céda à la bienveillance habituelle dont il m'avait honoré. Dès qu'il apprit que j'avais été pris d'un violent accès de goutte, il s'empressa de venir me voir dans ma maison de campagne d'Hietzing. Avec une expression et une grâce parfaites, il me pria d'oublier son ressentiment et l'injustice de ses procédés, il eut la bonté de me faire de fréquentes visites; ma conversation semblait l'intéresser. Alors, et pendant les fréquents entretiens que depuis j'eus avec lui aux différentes périodes de sa maladie, je m'attachai à l'étudier avec autant d'attention que de véritable intérêt. Il parlait sur tous les sujets, avec une rectitude d'esprit parfaite, une facilité remarquable et une grande justesse d'expression : ses connaissances sur l'histoire étaient profondes, particulièrement sur les événements de nos jours qu'il avait analysés et réfléchis. Mais, pour moi, son trait saillant et caractéristique, c'était cette disposition, cette aptitude à sonder le cœur de l'homme jusque dans ses derniers replis; cette intelligence avec laquelle il faisait jaillir la vérité par l'adresse des questions qu'il dressait comme des pièges. J'ai souvent été frappé de l'exactitude des jugements qu'il formait, relativement à des hommes dont les apparences ne semblaient pas de nature à pouvoir l'éclairer sur la réalité de leur caractère. Cette disposition, si opposée à l'enthousiasme qu'il montrait dans tant de circonstances, n'était pas de son âge; mais, en l'observant attentivement, j'ai remarqué une singulière analogie entre son organisation physique et son organisation morale : une sorte de dualisme très marqué. Son autopsie a démontré, plus tard, ce qu'alors j'avais signalé : en lui, la charpente osseuse croissant, par suite du rachitisme *per longum*, était soumise encore à une maladie de l'enfance ; tandis que les organes à l'état squirrheux et d'émaciation étaient déjà comme frappés de caducité, à l'exception toutefois des organes cérébraux qui, chez lui, avaient une régularité de formes et un développement remarquables. De même, sous le rapport de sa constitution morale, la vivacité de ses joies et de ses désirs, l'activité de ses volontés avaient quelquefois le caractère de l'enfance, tandis que sa réflexion profonde, que ses investigations de l'âme humaine faites avec la froide philosophie d'un être désabusé de toute illusion, avec une tendance de sévérité, en quelque sorte misanthrope, semblaient appartenir à l'esprit chagrin de la vieillesse.

« Nous parlions souvent de littérature, il aimait à me communiquer ses idées à ce sujet. Ses penchants, parfois mélancoliques et sombres, se manifestaient dans le choix de ses lectures et dans ses préférences littéraires. Un jour, pendant un de nos entretiens, il exhalait, avec la vivacité de son âge, son enthousiasme pour les conceptions poétiques de lord Byron.

« Il y a dans ce grand poète, disait-il, un pro-
« fond mystère, quelque chose de ténébreux
« qui répond aux dispositions de mon âme :
« ma pensée se plaît à s'identifier avec la
« sienne.

« — J'admire avec vous, Monseigneur, ce
« grand génie, lui répondis-je ; mais je le
« blâme de se dévouer au culte du doute et du
« désespoir, quand il devrait puiser aux sour-
« ces fécondes de l'espérance et des convic-
« tions. Le tort de Byron est de séparer
« l'homme du seul appui qui soutienne sa
« faiblesse, de l'écarter du but qui seul peut
« consoler et ennoblir son existence. Combien
« est supérieur au jouet misérable d'une aveu-
« gle destinée l'être humain, tel que le conçoit
« Lamartine, dans l'épître qu'il a adressée à
« lord Byron lui-même :

Borné dans sa nature, infini dans ses vœux,
L'homme est un dieu tombé qui se souvient des cieux.

« — Voilà une magnifique et noble pensée,
« dit le jeune homme ; elle me plaît autant
« qu'elle me frappe. Je suis fâché de ne pas
« connaître les poésies de Lamartine.

« — Je vais vous les envoyer, Monseigneur. »

« Le lendemain quand je revins près de lui,
dès qu'il m'aperçut, le prince me dit, avec
empressement : « Je vous remercie du plaisir

« que vous m'avez procuré. J'ai lu, j'ai relu,
« j'ai admiré la méditation de Lamartine;
« mais j'ai vu, avec satisfaction, qu'il partage
« mon goût pour le sombre poète.

> J'aime de *ses* concerts la sauvage harmonie,
> Comme j'aime le bruit de la foudre et des vents.

« Mais lisons encore ensemble cette médi-
« tation que j'ai trouvée si belle. » Le jeune
homme prit le livre..... sa voix s'émut et s'altéra
quand il prononça ces vers que semblait lui
adresser le poète :

> Courage, enfant déchu d'une race divine ;
> Tu portes sur ton front ta céleste origine.
> Tout homme, en te voyant, reconnaît dans tes yeux
> Un rayon éclipsé de la splendeur des cieux.

« — Je vois avec plaisir, Monseigneur,
« combien vous êtes sensible aux pensées si
« noblement exprimées de mon poète. C'est
« dans cet ordre d'idées élevées que doit se
« nourrir votre âme : repoussez tout ce qui
« pourrait la flétrir et vous écarter de la
« route honorable qui vous est tracée. Si quel-
« que jour la flatterie tentait de vous empoi-
« sonner de ses perfides conseils, rappelez
« dans votre souvenir les deux vers qui ter-
« minent la méditation :

> Dédaigne un faux encens qu'on t'offre de si bas ;
> La gloire ne peut être où la vertu n'est pas. »

« Le séjour du prince à Schœnbrünn lui fut évidemment avantageux, sous le rapport de la santé, dit le général Hartmann : il vivait dans l'intimité de la famille impériale, continuait à s'occuper de lectures militaires, montait à cheval chaque jour, pendant plusieurs heures, et assistait à toutes les grandes manœuvres, avec le commandant général. L'Empereur se proposait ainsi de ménager sa voix et ses moyens physiques, en même temps qu'il lui fournissait l'occasion de s'exercer dans l'art militaire, dans ses rapports avec les grands commandements. Une seule fois, à la grande revue où l'Empereur fit exercer les troupes sous ses yeux, il demanda à Sa Majesté et en obtint la permission de prendre le commandement de son bataillon.

« Peu après, il voulut suivre l'Empereur aux grandes chasses qui ont lieu dans cette saison. L'humidité, le froid et la fatigue renouvelèrent ses accidents et ses souffrances. Son état de faiblesse n'avait jamais entièrement disparu ; il se manifestait par une propension à un sommeil qui ressemblait à de l'engourdissement. des symptômes fâcheux se déclarèrent de nouveau. Ses mains devinrent jaunâtres, circonstance souvent observée dans le prince, dès ses premières années, qu'on avait attribuée successivement à des engelures, à l'insensibilité de la peau, à un défaut de force vitale, et qui avait résisté à tous les efforts de l'art.

« Cependant le duc de Reichstadt, chagriné d'être privé de ses habitudes militaires, cherchait à dissimuler ses maux : il avait la ferme volonté de n'être pas malade, et, quoiqu'il eût une véritable confiance dans les talents du docteur Malfatti et qu'il l'honorât de son affection, il s'efforçait d'échapper, par ses réponses, à ses observations attentives, et il refusait de se soumettre à des prescriptions qui lui auraient été salutaires. Aussi un jour le docteur lui disait, dans son mécontentement :

« — Comme prince bon et aimable, j'ai pour vous un profond attachement; mais je ne vous aime pas comme malade.

« — Et moi, répondit le prince, je vous aime beaucoup comme savant et homme d'esprit... mais vous savez que je déteste la médecine.

« Nous quittâmes Schœnbrünn le 16 novembre 1831. Le duc de Reichstadt pressa l'Empereur de lui laisser reprendre son service militaire. Sa Majesté n'y consentit pas ; il était évidemment dans une situation trop fâcheuse.

« Quelques ménagements auxquels on s'efforçât de l'assujettir, la fatigue sur ce corps déjà usé par la souffrance détermina bientôt une nouvelle maladie et vint mettre fin à son service militaire, quoique peu de temps après l'Empereur l'eût nommé colonel en second du régiment où il avait servi. Il fut atteint d'une fièvre rhumatique catarrhale et bilieuse, laquelle, par les soins éclairés du médecin, arriva à sa crise principale au septième jour; après quoi, elle passa du caractère de fièvre subcontinue à celui d'intermittente quotidienne.

« Une grande difficulté se présentait pour le traitement de ce mal, c'était l'état critique de la poitrine et des viscères, particulièrement du foie; cet état faisait redouter qu'agissant sur ces organes fortement affectés, la fièvre, accessoire dans l'origine, ne devînt secondaire de nature suppuratoire.

« Le docteur Malfatti avait décidé d'envoyer le prince aux bains d'Ischl, dès que la saison le permettrait. Il en espérait des effets heureux, si l'on pouvait atteindre l'époque favorable.

« Des remèdes administrés avec intelligence suspendaient le mal, arrêtaient la fièvre; mais alors, l'esprit actif du jeune prince le précipitait dans des entreprises imprudentes qui ravivaient la maladie et en aggravaient les symptômes. Le docteur Malfatti était au désespoir.

« — Il semble, disait-il, qu'il y ait, dans ce malheureux jeune homme, un principe actif qui le pousse à se suicider : tous les raisonnements, toutes les précautions échouent contre cette fatalité qui l'entraîne.

« L'équinoxe du printemps fut une époque funeste. Les pluies, que bravait le prince, lui occasionnèrent des refroidissements, de la fièvre, réveillèrent ses maux chroniques et provoquèrent des engorgements au foie et des excrétions de nature suspecte.

« Dans le mois d'avril, à ce pénible état se joignirent des symptômes d'accélération de pouls par intervalle, avec sentiment de froid. L'amaigrissement résultant des expectorations et de la suspension des facultés digestives frappèrent les docteurs Reiman et Wiehrer, que, pendant un violent accès de goutte, le docteur Malfatti avait désignés pour le suppléer dans ses visites au prince. Le régime, que l'accord de ces trois médecins prescrivit au malade, arrêta la fièvre qui avait pris le caractère d'accès.

« Une amélioration notable dans l'état du prince avait engagé ceux qui le soignaient à lui permettre de prendre l'air à cheval et en voiture ; mais c'était à la condition de l'exercice le plus modéré ; il se soumit pendant quelque temps. Un jour, s'étant obstiné à sortir par un temps froid et humide, saisi par l'action de l'air, il courut longtemps de toute la vitesse de son cheval. Le soir, il alla encore se promener au Prater, en voiture découverte. Ce site, dans une île du Danube, est extrêmement humide ; il y resta jusqu'après le coucher du soleil ; un accident renversa même sa voiture. Cette journée imprudente fut suivie d'un accès violent et d'une fluxion de poitrine qui détermina les plus graves accidents et notamment la perte de l'ouïe de l'oreille gauche.

« Par ordre de l'Empereur, et sur la demande du médecin ordinaire, eurent lieu à Vienne et à Schœnbrünn plusieurs consultations où furent appelés les docteurs Vivanot, Wiehrer et Turckeim. Dans une de ces réunions médicales, je prévins les médecins, au nom de l'Empereur, que, sans s'arrêter à aucune considération politique quelconque, ils devaient examiner s'il pourrait être avantageux au duc de Reichstadt de se rendre dans tout autre pays que les États d'Autriche et prononcer une décision à cet égard. Après avoir discuté sur la situation du malade et fixé le traitement à suivre contre la maladie, ils décidèrent qu'il pourrait être avantageux de conduire le duc de Reichstadt en Italie, et surtout à Naples.

« La possibilité d'un tel voyage causa au jeune homme une joie indicible :

« — Mais, dit-il, croyez-vous qu'il n'y aura aucun obstacle ?... L'Empereur est absent... Voyez le prince de Metternich; demandez-lui s'il est possible que j'entreprenne ce voyage.

« Je me hâtai d'aller porter cette demande au prince de Metternich, qui me répondit avec empressement :

« — Dites au duc de Reichstadt, qu'excepté la France, dont il ne dépend pas de moi de lui ouvrir l'entrée, il peut se rendre dans quelque pays qui lui convienne. L'Empereur met en première ligne le rétablissement de la santé de son petit-fils.

« A mon retour, le prince fut on ne peut plus satisfait de la réponse que je lui rapportais : il s'attacha avec transport à une espérance qui ne devait pas être réalisée.

« Des alternatives de soulagements et de souffrances plus vives se succédaient d'une manière affligeante. Le prince trouvait des consolations à ses maux dans les soins affectueux de la famille impériale, particulièrement de l'archiduc François et de l'archiduchesse Sophie qui avait pour lui la bienveillance d'une sœur. Cette princesse, d'un esprit si remarquable et si cultivé, était comme une providence bienfaisante pour les jours d'angoisse de l'infortuné jeune homme, dont l'état allait sans cesse empirant.

« D'après les usages des princes de la famille impériale, ils doivent recevoir le viatique en présence de la Cour rassemblée. On craignait d'annoncer au duc de Reichstadt que le moment était venu pour lui d'accomplir ce dernier devoir. Le prélat de la Cour, Michel Wagner, qui avait instruit son enfance, se sentait à peine la force de lui faire cette proposition. L'archiduchesse Sophie, qui avait déjà donné au jeune prince tant de preuves d'intérêt affectueux et compatissant, se chargea de voiler pour lui cette terrible vérité, en lui persuadant d'associer leurs prières, lui, pour sa guérison, elle, pour sa prochaine délivrance. Cette cérémonie fut faite au milieu du triste et profond recueillement d'une assemblée nombreuse qui assistait au sacrifice, sans que le prince pût s'en apercevoir. Quel spectacle que cette réunion de ces deux membres de la famille impériale, tous deux au pied des autels ! l'un pâle, défait, expirant déjà, recevait le sacrement de mort, à peine sur le seuil de la vie ; l'archiduchesse, dans tout l'éclat de la beauté, de la jeunesse, de la maternité, se préparait, par cet acte religieux, à consacrer la naissance de son second enfant !... Elle avait un caractère profondément touchant, cette pensée qui unissait ainsi dans une même prière la vie et la mort, le cercueil et le berceau.

« Apprenant la triste situation de son fils, l'archiduchesse Marie-Louise était partie de Parme pour venir le joindre : elle s'arrêta à Trieste, pour voir l'Empereur qui s'y trouvait dans ce moment; une grave maladie la força d'y rester quelque jours. Toutefois, dans la vive inquiétude occasionnée par les nouvelles qu'elle avait reçues, elle n'attendit pas son rétablissement et arriva, le soir du 24 juin, dans un état d'accablement et de souffrance difficile à décrire. Malgré son extrême émotion, elle voulut aller joindre immédiatement le prince qu'on avait déjà préparé à revoir sa mère. Il avait appris son arrivée avec une vive satisfaction ; il l'attendait avec impatience et avait même sollicité la permission d'aller à sa rencontre. Ses forces n'étaient déjà plus suffisantes, pour soutenir une semblable épreuve.

« L'archiduchesse me fit inviter, ainsi que le docteur Malfatti, à rester auprès du malade, de crainte que l'émotion qu'il pourrait éprouver ne réclamât nos secours. Il n'y a pas de couleur pour peindre ce lugubre embrassement : ce jeune homme, naguère si beau, actuellement sans voix, avec l'empreinte de la mort, se soulevant sur son lit de douleur, pour presser dans ses bras défaillants sa mère mourante, qui venait recevoir son dernier soupir. Tous deux restèrent comme anéantis dans leur vive émotion : nous eûmes de la peine à les calmer. Cependant l'archiduchesse avait fait violence à sa douleur, en retenant ses sanglots et ses larmes ; elle se retira, pendant quelques moments, pour donner un libre cours à ses pleurs. Mais bientôt elle revint auprès de lui : tous ses soins, tous ses instants lui furent dès lors voués sans réserve. Le retour désiré de sa mère parut, pendant quelques jours, suspendre les maux du duc de Reichstadt. Cette dernière consolation avait, en quelque sorte, ranimé un instant sa vie qui s'éteignait.

« Lorsqu'un personnage important est dans

14.

une situation aussi critique, le vulgaire dans les événements naturels croit toujours lire des présages : la chaleur extrême qui régnait à cette époque était interrompue par de fréquents orages. La foule renversa une des aigles impériales qui décorent et dominent le palais de Schœnbrünn, et l'on crut que le destin avait ainsi proclamé l'arrêt de mort dont il allait frapper le fils de Napoléon.

« Le prince s'affaiblissait visiblement et son état s'aggravait chaque jour. On le transportait parfois dans une enceinte particulière des jardins de Schœnbrünn, souvent on le plaçait sur le balcon saillant de son appartement, afin qu'il pût chercher cet air que n'aspirait plus qu'avec effort sa poitrine déchirée. Bientôt, il fut impossible de l'ôter de son lit. Il était dans cette fluctuation d'espoir et de découragement, symptôme caractéristique de sa maladie ; mais quand il nous parlait de sa mort prochaine, c'était avec la fermeté impassible d'un brave.

« Le 21 juillet, dans la matinée, ses souffrances devinrent si poignantes, il éprouva de telles angoisses, que, pour la première fois, il avoua à son médecin qu'il souffrait. Alors il manifesta un profond dégoût de la vie. « Quand « donc se terminera ma pénible existence ? » disait-il, au milieu des tourments d'une fièvre dévorante. Dans cet instant même Marie-Louise entrait : il eut la force de commander à son âme ; avec un calme apparent, il répondit à ses demandes craintives qu'il était bien ; il chercha même à la rassurer sur son sort. Pendant le reste du jour, quoique ses souffrances n'eussent pas diminué, il prit part à ce qu'on disait autour de lui et parla plusieurs fois, avec satisfaction, du voyage qu'il devait faire en automne.

« Le soir, le docteur Malfatti nous annonça qu'il y avait tout à redouter pour la nuit suivante. Le baron de Moll ne quitta pas la chambre du prince, mais à son insu ; car il ne pouvait supporter la pensée que quelqu'un restât de nuit auprès de lui. Pendant quelque temps, il parut s'assoupir ; vers trois heures et demie, il se leva tout à coup sur son séant, et s'écria : — « Je succombe !... je succombe !... » (*Ich gehe unter !...*) Le baron de Moll et son valet de chambre le prirent dans leurs bras, cherchant à le calmer. — « Ma mère !... ma mère !... » s'écria-t-il : ce furent ces dernières paroles... Espérant d'abord que c'était une faiblesse passagère, le baron de Moll hésitait encore à aller avertir l'archiduchesse ; cependant, quand il vit les traits du prince se fixer et prendre un caractère de mort, il le confia au valet de chambre et courut avertir la grande-maîtresse de Marie-Louise et l'archiduc François, à qui le prince avait demandé de l'assister dans ses derniers moments. Tous accoururent éperdus. Marie-Louise s'était cru la force de rester debout près de son fils expirant ; elle tomba à genoux à côté de son lit. Le duc de Reichstadt ne pouvait plus parler : ses yeux éteints, se fixant sur sa mère, cherchaient à lui exprimer les sentiments que sa bouche n'avait plus la faculté d'articuler... Alors, le prélat qui l'assistait lui montra le ciel ; il leva les yeux pour répondre à sa pensée... A cinq heures huit minutes, il s'éteignit sans convulsions, dans cette même chambre qu'avait occupée Napoléon triomphant; à cette même place où, pour la dernière fois, dictant la paix en conquérant, il s'endormait dans toutes les illusions de la victoire et des triomphes, se promettant un glorieux hymen et l'éternité de sa dynastie... C'était le 22 juillet, anniversaire de l'acte qui avait donné au duc de Reichstadt son dernier nom et son dernier titre ; anniversaire du jour où le jeune prince apprit, à Schœnbrünn, la mort de Napoléon !

« Marie-Louise, anéantie de douleur auprès des restes de son fils, tomba dans un état que sa récente maladie rendait dangereux L'annonce de cette mort, depuis si longtemps prévue, plongea la famille impériale dans l'affliction. L'archiduchesse Sophie, alors en couches, fut dans un état de saisissement qui donna des inquiétudes. La Cour était en larmes ; et la funeste nouvelle, arrivant rapidement à Vienne, y causa un deuil général. On s'abordait, on se racontait ce triste événement; on s'entretenait des qualités aimables, de l'extérieur noble, de la figure intéressante, de l'intelligence active du jeune prince. Les hommes les plus simples étaient frappés du contraste de cette existence qui s'éteignait sans souvenirs, avec la vie de Napoléon, si vaste, si pleine d'événements, si remarquable par la grandeur des revers, autant que par l'éclat des triomphes. Toute cette histoire se déroulait alors à tous les yeux, comme un vaste tableau. Ainsi, une fin silencieuse terminait ce terrible drame; ainsi, cette postérité, acquise par tant de sang, était flétrie et détruite dans son germe!... Un fleuve immense, dont les eaux furieuses avaient épouvanté le monde de ses ravages, venant se perdre dans l'Océan comme un faible ruisseau!

« En se rappelant que le génie de Napoléon avait jeté des feux dévorants, on s'était flatté que le duc de Reichstadt serait pour l'empire une lumière bienfaisante, qu'on regrettait de voir s'éteindre prématurément; on s'affligeait aussi pour le cœur paternel de l'Empereur, qui serait brisé quand il apprendrait la fin de ce jeune prince, pour qui toujours il avait manifesté une affection particulière, soit que le duc de Reichstadt l'intéressât par le charme de son esprit et par l'attachement profond qu'il lui montrait, soit qu'il voulût le dédommager ainsi de l'avoir sacrifié à ses devoirs de souverain, quand, pour sauver son peuple, il consentit à sa naissance, et quand, pour assurer la paix du monde, il brisa lui-même la couronne que Napoléon avait déposée sur le jeune front du fils de Marie-Louise. »

CHAPITRE DOUZIÈME

(1832)

Autopsie du duc de Reichstadt; le corps est transporté de nuit à Vienne; le corps, revêtu de l'uniforme autrichien, est exposé dans la chapelle de la Cour ; les funérailles. — Visite aux appartements du duc de Reichstadt ; la chambre occupée par Napoléon Ier ; le berceau du Roi de Rome déposé au Trésor impérial; l'église sépulcrale ; le tombeau du duc de Reichstadt. — Le duc de Reichstadt et sa grand'mère Letizia. — Lettre de Marie-Louise à Madame Mère pour lui annoncer la Mort du duc de Reichstadt ; réponse de Madame Mère. — Effet que produit en France et dans la famille Napoléon la mort du duc de Reichstadt.

Le duc de Reichstadt resta exposé à Schœnbrünn, sur son lit de mort, pendant la journée du dimanche. Le lundi 23 juillet, on procéda à l'autopsie cadavérique : l'état squirrheux et carcinomateux de ses poumons, l'absence presque absolue du sternum, et la faible construction de sa poitrine resserrée, indiquaient évidemment les causes irrémédiables de sa mort et démontraient qu'aucun secours n'aurait pu sauver son existence.

PROCÈS-VERBAL DE L'AUTOPSIE DU CADAVRE DE SON ALTESSE LE DUC DE REICHSTADT.

Dans la section du cadavre de Son Altesse le duc de Reichstadt, laquelle a eu lieu à Schœnbrünn, le 23 juillet 1832, les soussignés ont vu et constaté ce qui suit :

A. *Examen extérieur.*

Le corps entièrement émacié ; outre les taches bleues particulières aux cadavres, on a trouvé les traces des sangsues appliquées au cou, et, sur le sommet de la tête ainsi que sur la poitrine, celles des frictions, instituées avec la pommade émétique ; aux deux bras, des taches de vésicatoires. La caisse de la poitrine était en proportion du corps, étroite et longue ; le sternum aplati ; le cou long.

La longueur de son corps était de cinq pieds neuf pouces.

La peau rude à l'attouchement, et facile à détacher.

B. *Dans la cavité de la tête.*

La consistance du crâne était assez compacte ; cependant, le long des sutures, déjà entièrement fermées, il était transparent et adhérent sur plusieurs points à la dure-mère. En ôtant la partie supérieure du crâne, il est sorti une petite quantité d'humeur séreuse, à la suite d'une lésion de la dure-mère, occasionnée par la scie ; la dure-mère extraordinairement épaisse. Dans la direction du processus falciformis, elle était fortement attachée à la pie-mère par des filaments fibreux. Les vaisseaux sanguins du cerveau étaient remplis d'un sang foncé. Le cerveau, plus compact qu'il ne l'est généralement, et comme pressé par ses enveloppes. Dans le ventricule gauche du cerveau s'est trouvé près d'une demi-once de sérosité, et un drachme environ dans le ventricule droit ; à la base du crâne, après avoir ôté le cerveau, une once à peu près de sérosité. Le cervelet est aussi plus compact qu'à l'ordinaire; au reste, dans un état sain.

C. *Dans la cavité de la poitrine.*

Le sternum n'avait que la largeur d'un demi-pouce et il était extrêmement court. Le poumon droit était attaché, en même temps, à la plèvre, au mediastinum et au diaphragme. *Toute sa substance ne consistait que dans d'innombrables sacs de matières (vomiques), qui formaient une base squirrheuse, carcinomateuse, contenant une matière fluide, ichoreuse et de la plus mauvaise odeur.* A la partie supérieure du poumon gauche, il y avait un gros tubercule, près de passer en suppuration; le reste du poumon gauche était aussi normal que le cœur et le péricarde.

La glande thymus, bien plus grande qu'à l'ordinaire, cartilagineuse et endurcie. La substance, grumeleuse à l'attouchement, offrait, dans l'intérieur, le même aspect que celle du poumon détruit lorsqu'il avait été délivré de la matière. La membrane muqueuse de la trachée artère de tous côtés corrodée, probablement par le passage du liquide ichoreux qui sortait du poumon.

D. *Dans la cavité du bas-ventre.*

Le foie gros; sa substance cependant normale. La vessie du fiel petite, contenant peu de bile jaune; le pancréas sain; la rate extraordinairement grande et molle; l'estomac plus petit qu'à l'ordinaire, du reste normal; l'omentum et le mésentère sans graisse; les glandes mésentériques plus grandes et plus dures qu'à l'ordinaire. Rien d'anormal dans tout le canal intestinal. Les deux reins, particulièrement le gauche, plus grands que de coutume; du reste sains, ainsi que la vessie urinaire.

SEMLITSCH, chirurgien de la Cour; Joh. MALFATTI, archiatre du prince; François WIEHRER, docteur médecin; Jos. DE HIEBER, médecin de la Cour; Dr RINNA, médecin de la Cour; Dr ZANGERL, médecin du château impérial.

« Dans la nuit suivante, il fut transporté à Vienne, en litière, à la lueur des flambeaux. Le peuple se pressait sur son passage, en foule, mais avec ordre et dans un morne silence. On le déposa dans la chapelle de la Cour, dans cette antique partie du palais commencée par Ottocare, et terminée par le fils de Rodolphe de Habsbourg.

« Le 24, dès huit heures du matin, le peuple se pressait dans les cours du palais, pour contempler une dernière fois les traits immobiles de celui qu'on avait vu animé d'une vie si active. Je me rendis à la chapelle avec le comte de Paar, aide de camp et ami fidèle du maréchal prince de Schwarzenberg. Pour arriver jusqu'à cette scène funèbre, nous traversâmes les galeries somptueuses connues sous le nom de Salles des Miroirs et des Chevaliers, tout imprégnées encore des majestueux souvenirs de Joseph II et de Marie-Thérèse ; nous pénétrâmes dans les galeries de la chapelle.

« Le comte était profondément ému à la pensée de cette ère immense, dont nous apercevions le dernier terme. Investi de la confiance intime du maréchal de Schwarzenberg, il avait rempli plusieurs missions auprès de Napoléon ; il s'était entretenu avec lui ; il avait pris part aux sanglantes batailles qui avaient signalé le passage de ce terrible guerrier. Après avoir combattu à Marengo, après avoir résisté aux deux occupations de la capitale de l'Autriche, il avait servi, comme allié de Napoléon, contre la Russie, avait vu son dernier triomphe à Dresde et avait pris part aux dispositions qui déterminèrent sa chute à Leipzig. Suivant le maréchal jusque sous les murs de Paris, c'est lui qui fut chargé de signer cette capitulation mémorable, dernier résultat de tant de conquêtes !

« Depuis cette époque, que de grands changements dans cette vaste scène du monde !... Que de grands personnages ont disparu !...

« Si, du moins, celui en qui vient de s'éteindre cet héroïque nom était aussi tombé de la mort des soldats !... Proscrites par une révolution dont épouvantent les grands souvenirs, les cendres de Napoléon gisent, prisonnières des Anglais, sur le rocher de Sainte-Hélène... Et son fils !... ce fils dont la naissance fut conquise par tant de victoires... le voilà... sous nos yeux... éteint, avec toutes les espérances de sa postérité, avec toutes les illusions de sa dynastie !...

« J'assistai au baptême de ce prince, me dit le comte de Paar, et je me trouve à ses funérailles. Voyez-vous, à côté de son cercueil, ces insignes de l'Ordre de Saint-Etienne? Je suivais le prince de Schwarzenberg, quand, par ordre de l'Empereur, il attacha cette même décoration au berceau du Roi de Rome. »

« Le cœur pénétré de tristes réflexions, deux fois nous circulâmes autour des restes du fils de Napoléon. La chapelle était drapée de noir et ornée de linteaux aux armes du prince ; aux différents autels, des prêtres offraient le sacrifice. Au centre, sur trois degrés recouverts de velours noir, ornés d'armoiries et entourés de trois rangs de grands candélabres d'argent, s'élevait un double cercueil ouvert ; l'extérieur était revêtu de velours rouge, orné de broderies d'or et supporté sur quatre globes de vermeil ; des anses de même métal étaient aux extrémités du cercueil, dont les faces étaient ornées de couronnes d'or. A droite, sur un coussin de velours, étaient placés la couronne ducale et le collier de Saint-Etienne ; à gauche, le chapeau militaire, l'épée et la ceinture, marque distinctive du grade. A la tête du cercueil, une coupe et un vase d'argent renfermaient le cœur et les entrailles qui, suivant l'usage, devaient être déposés dans la cathédrale et dans l'église des Augustins. Des officiers de la garde allemande et hongroise, dans leurs somptueux uniformes rouges, étincelants d'or et de broderie, étaient placés aux quatre angles. Des huissiers du palais maintenaient l'ordre parmi la foule qui circulait en silence. Tous les yeux étaient tristement dirigés vers le prince. Sa stature semblait devenue colossale. Ses traits, flétris par une longue souffrance, conservaient toutefois un caractère de beauté, de noblesse et de résignation : ses lèvres amaigries s'étaient légèrement contractées, et sa figure, en qui la maladie avait produit l'effet de l'âge, nous parut avoir une frappante ressemblance avec les représentations de Napoléon sur son lit de mort. Il était en bottes et éperons, revêtu d'un pantalon bleu brodé d'argent et d'un habit blanc, avec ses décorations. C'était l'uniforme du régiment où il avait appris le métier des armes, et dont le prince Gustave Wasa fut nommé propriétaire, après la mort du président de guerre comte de Giulay. Ainsi, par un de ces jeux du destin, dont notre siècle est si prodigue, le fils détrôné de Napoléon servait dans le régiment de l'héritier détrôné du grand Gustave !...

« Absorbés par de sombres méditations, nous dîmes au prince un éternel et religieux adieu, et nous traversâmes, en sortant du palais, des troupes nombreuses que nous crûmes rassemblées pour ses funérailles : elles célébraient les obsèques d'un brave chevalier de Marie-Thérèse, le général comte Orelly. La mort avait respecté ses jours dans de nombreuses batailles et elle semblait avoir suspendu ses coups, pendant quatre-vingt-douze ans, pour frapper le vieux guerrier, en même temps qu'elle moissonnait le prince à l'aurore de son existence.

« Le soir à cinq heures, j'étais sur la place de Joseph ; une foule nombreuse se pressait dans les avenues : le peuple se mêlait aux troupes qui devaient escorter le convoi et traversait avec empressement les intervalles entre les pelotons des hussards de Saxe-Cobourg. Le magnifique piédestal de la statue équestre, que la piété de l'empereur régnant a élevée à la mémoire de Joseph II, avait offert au peuple un moyen de voir plus facilement le funèbre convoi. Sur les vastes degrés du monument, sur les élégantes bornes de granit poli qui l'environnent, la multitude formait un groupe admirable : cette pyramide animée était couronnée par de jeunes enfants, dont les têtes fraîches et naïves contrastaient avec la sévérité des figures de bronze qui décorent les bas-reliefs où ils s'étaient placés. Dominant cette scène imposante, la statue du fils de Marie-Thérèse étendait son bras colossal, comme pour protéger le peuple, et semblait présider à ces grandes funérailles.

« Un grand nombre de jeunes orphelins portant des torches ouvraient la marche ; le clergé sortait en procession de l'église des Augustins ; le régiment de Wasa bordait la haie et formait l'escorte. Le cortège se mit en mouvement. Fermé et recouvert d'une large croix de drap d'argent, le cercueil fut déposé dans une voiture de forme antique, recouverte de maroquin rouge et ornée d'une broderie de clous dorés. Conduits en main par des valets de pied aux livrées d'Autriche, six magnifiques chevaux blancs, richement caparaçonnés, traînaient ce char funèbre que précédait une autre grande voiture de parade, où se trouvaient les ecclésiastiques spécialement chargés des funérailles. Les officiers du prince, sa Maison, les équipages de la Cour suivaient le convoi. A la porte de l'église sépulcrale, les religieux gardiens du tombeau des empereurs reçurent le corps qui fut porté dans le chœur, où l'accompagnèrent le roi, la reine de Hongrie, la famille impériale et les dignitaires de la Cour. Après les absoutes, il fut descendu dans les souterrains. M. le comte de Czernin, remplissant les fonctions de grand-maître de la Cour, ayant constaté devant les assistants la présence des restes mortels du duc de Reichstadt, fit fermer le cercueil, pour la dernière fois, de deux clefs, dont l'une fut remise par le comte aux religieux, l'autre dut être déposée au Trésor impérial.

« Avant les funérailles, les officiers du prince avaient porté le vase qui contenait les entrailles dans les caveaux de l'antique basilique de Saint-Etienne, un des monuments les plus solennels du moyen âge. Le cœur, renfermé dans une coupe d'argent, fut déposé dans l'église des Augustins, près du tombeau de Léopold II, du vaillant et illustre maréchal Daun, non loin de ce beau mausolée de Marie-Christine, touchante et sublime conception du génie de Canova et peut-être le chef-d'œuvre de son immortel ciseau. »

« Peu de jours après la mort du prince, j'allai, avec le général Hartmann, visiter les lieux qu'il avait habités. Nous entrâmes dans le grand pavillon de gauche du château de Schœnbrünn. Trois vastes pièces, somptueusement décorées de dorures, de tentures de l'Inde, de laques de la Chine, formaient l'appartement qu'occupait le duc de Reichstadt, et se trouvent contiguës à ces salles d'apparat, si remarquables par des peintures qui représentent les fêtes et les cérémonies de la Cour, au temps de Marie-Thérèse et de Joseph II. Les portraits de l'empereur François de Lorraine, de Joseph, de Léopold, de l'empereur régnant, peint dans son enfance, auprès de sa mère, décorent la salle de réception, dans laquelle on remarque aussi une statue en marbre de la Prudence.

« La chambre du prince était ornée d'un ameublement de soie verte, simple, mais élégant. « Voilà, me dit le général Hartmann, le
« canapé sur lequel le duc de Reichstadt a si
« longtemps lutté contre la mort, soutenu par
« son courage, sa jeunesse et quelquefois l'es-
« pérance ! Voilà le balcon où, dans ses der-
« niers jours, il allait chercher l'air, qui sem-
« blait échapper à sa poitrine épuisée. Pendant
« longtemps, il n'a jamais voulu consentir à
« reposer ailleurs que sur un lit de camp; plus

« tard, la violence seule de son mal le contrai-
« gnit à accepter une couche plus commode et
« plus convenable à son état de souffrance. C'est
« là le lieu où sommeilla Napoléon; c'est dans
« ce lit que vient d'expirer son fils... Ayant
« passé une partie de ma vie sur les champs de
« bataille, j'ai eu sous mes yeux le spectacle
« habituel de la mort : jamais je n'ai vu mourir
« un soldat avec plus de courage que ce jeune
« prince, alors qu'abandonnant les illusions de
« l'espérance il me parlait, avec calme et sang-
« froid, des approches de son dernier mo-
« ment. »

« Nous avions auprès de nous un ancien serviteur de la famille impériale ; c'est lui qui nous
avait ouvert les portes de cet appartement abandonné. Son attitude exprimait une profonde
tristesse : « En voyant sortir d'ici les restes
« d'un prince qui nous traitait avec tant de
« bonté, j'ai ressenti, nous dit-il, la plus grande
« douleur que j'eusse éprouvée depuis le jour
« où Napoléon, vainqueur, entra à Schœn-
« brünn et m'ordonna de le conduire dans l'ap-
« partement même qu'occupait alors l'Empereur
« mon maître. C'est ici que je le guidai : c'est
« moi qui naguère fermai les portes de ce
« même appartement, où je demeurai seul
« quand sortit le convoi funèbre du duc de
« Reichstadt ! »

« Nous nous rendîmes ensuite dans un jar-

15.

din réservé et solitaire, caché dans les beaux ombrages de Schœnbrünn. Là, dans un pavillon retiré, dont le plafond est décoré d'une aigle aux ailes étendues, on transportait le duc de Reichstadt. Sa vue reposait sur un boulingrin de gazon, d'une fraîcheur remarquable, orné de touffes de fleurs, et au milieu des arbres qui l'environnaient, entouré d'une enceinte intérieure de sapins gigantesques. L'archiduchesse Sophie, qui chérissait cette retraite, l'avait laissée aux désirs du jeune malade.

« Le public de Vienne le cherchait avec inquiétude dans les jardins de Schœnbrünn, disait le comte Hartmann; mais, cédant à nos observations, on évitait de troubler sa solitude et cette dernière satisfaction de son existence. Autant qu'il était en son pouvoir, il cherchait à se dérober à tous les regards : « Je suis si fai-
« ble... me disait-il souvent; faites, je vous en
« conjure, qu'on ne puisse pas me voir dans
« ma misère!

« Ici, Marie-Louise seule passait ses journées à lui prodiguer d'inutiles soins : trop sûre du malheur inévitable qui devait bientôt l'atteindre, elle maîtrisait sa douleur devant son fils; mais souvent elle se rapprochait de moi, et nous nous éloignions quelques instants, afin qu'elle pût donner un libre cours à ses larmes.

« Depuis son départ, elle m'a adressé une

lettre, où elle me remercie, d'une manière touchante, de l'affection que j'avais pour son fils. Elle me parle de sa santé altérée : « Je « compte, dit-elle, chacun de mes jours qui « s'écoule ; c'est un intervalle de moins qui me « sépare d'un être si cher... Je souffre ! mais « comment songer à se plaindre quand on vient « d'être témoin de si cruelles souffrances, sup- « portées avec tant de calme, avec tant de rési- « gnation?... »

« Le logement du prince à Vienne était spacieux, mais simple. Auparavant, il avait été occupé, à différents intervalles, par le grand-chancelier d'État de l'empire germanique, par l'archiduc Rodolphe, et passagèrement par le roi de Saxe. La salle d'attente est ornée de tapisseries représentant des marches militaires de Charles VI, en Espagne, et la salle de réception de tentures des Gobelins représentant des sujets mythologiques, d'après les tableaux de Jules Romain. Présent de Louis XV, ces tapisseries sont encadrées de riches bordures parsemées de fleurs de lys, de LL entrelacées et d'écussons aux armes de France ; elles étaient couvertes, en partie, par les belles cartes encyprotypes de Brué, dédiées au comte d'Artois, et par la carte, non moins remarquable, de l'empire d'Autriche, de Mœller et Pilsach. Plusieurs instruments de météorologie, de John Hahnacksyck, étaient appendus aux embrasures des croisées. Les ameublements, d'une extrême simplicité, consistaient en bureaux, en tables à écrire et trois armoires de livres : l'une renfermait les œuvres des grands poètes et des historiens célèbres de l'Allemagne, ainsi que plusieurs beaux ouvrages de la littérature italienne ; les deux autres étaient entièrement consacrées aux auteurs modernes qui ont écrit sur l'histoire de nos jours, principalement de Napoléon : là je vis réunis les écrits de Bignon, d'Arnault, de Jouy, de Norvins, les divers journaux des sciences militaires, les travaux de Ségur, de Jomini, de Vaudoncourt.

« Vous voyez par vous-même, me dit le ca-
« pitaine Foresti, combien peu on cherchait à
« cacher à ce prince l'histoire de son père. Dès
« l'âge de 15 ans, il a reçu, par les soins du
« comte de Dietrichstein, toutes les publications
« qui ont paru sur cet inépuisable sujet. Il les a
« méditées, comparées, analysées et jugées habi-
« tuellement avec une saine critique. »

« Je pus m'en convaincre moi-même : ayant désiré consulter l'ouvrage de M. de Norvins pour la rédaction de cet écrit, je pris le dernier volume ; il était couvert de notes marginales, de rectifications et fortement souligné dans deux endroits remarquables. Dans l'un, il est question des premiers symptômes de la maladie de Napoléon pendant ses dernières campagnes ; l'autre est relatif aux adieux de Duroc expirant, à la demande qu'il adresse à Napoléon de ne pas abandonner sa fille. Aucune note n'indique quelle a été la pensée du prince. En 1830, la fille de Duroc avait cessé d'exister, et, sur la proposition de M. le dauphin, le roi Charles X fit passer sa pension, qui devait s'éteindre avec elle, à sa mère, à la veuve du grand-maréchal du palais...

« Dans la chambre du duc de Reichstadt, en face de son bureau et au-dessus de son lit, on voyait un beau portrait de Napoléon, en uniforme de sa garde. Cette tête, digne du talent de Gérard, est peinte dans un champ ovale, et se rapporte à la dernière époque de l'Empire : l'expression de sa physionomie a quelque chose de triste, de soucieux, de profondément sévère. Un grand corps de bibliothèque, surmonté du buste de l'empereur François, un pied d'ébène sur lequel reposaient différentes armes, la représentation en relief du château ducal de Sala, habité par Marie-Louise; tels étaient les objets les plus apparents de cette chambre.

« Sur le bureau étaient encore restés les derniers écrits, les derniers travaux graphiques, les livres de prédilection du duc de Reichstadt. J'examinai ces diverses indications de ses dernières pensées : là, parmi plusieurs ouvrages, je remarquai l'*Histoire du grand Condé*, la *Guerre des Anglais en Espagne et en Portu-*

gal, par Jones. « Voici ses lectures de choix,
« me dit M. de Foresti : les *Aphorismes* de Mon-
« tecuculli dont le regard perçant lui plaisait,
« les *Instructions* de Frédéric, les mouvements
« stratégiques de cette époque s'opérant avec des
« troupes moins nombreuses que de nos jours,
« lui paraissaient plus intéressants à étudier,
« parce qu'on peut en saisir plus facilement l'en-
« semble et la pensée. Aussi a-t-il beaucoup tra-
« vaillé sur la guerre de Sept Ans. »

« Je remarquai sur cette table les *Chants d'Ossian*, traduits en vers français par M. Baour de
Lormian : « C'est, me dit M. de Foresti, un li-
« vre de poésies que, sur sa fin, le prince avait
« pris en affection ; chaque jour il en apprenait
« quelques fragments. D'après son penchant peu
« poétique, j'ai soupçonné qu'il avait été dirigé,
« dans cette circonstance, par l'espèce de culte
« que rendait son père au génie du barde galli-
« que. Du reste, il n'a appris volontairement
« d'autres vers que des passages de la *Jérusa-
« lem délivrée*, son poème de prédilection. »

Dans le salon, on voyait une pendule fort
simple ; elle était ornée de deux aigles con-
templant le feu sacré, et d'un bas-relief qui
représente l'aigle de Jupiter, enivré de nectar,
s'endormant sur les genoux d'Hébé. Par un
singulier concours de circonstances, me dit-
on, cette pendule a cessé son mouvement le

22 juillet, à l'heure même où le prince a fini d'exister.

« Les fenêtres de l'appartement donnent sur la grande cour d'honneur du château, en face des corps-de-garde. « Voilà, me dit M. de Fo-
« resti, le plus grand obstacle à l'attention du
« prince dans son enfance : cet appareil militaire,
« ces canons, ces parades, cette musique, la
« seule qui lui plaisait, le détournaient à chaque
« instant des leçons auxquelles nous nous ef-
« forcions, quelquefois vainement, de le cap-
« tiver. »

« Une circonstance nous conduisit au Trésor impérial. Afin de préparer des moyens de secours publics, en cas d'invasion du choléra dans les États de Parme, Marie-Louise avait fait vendre la glace ornée de vermeil et la toilette d'or qu'à l'époque de son mariage lui avait offertes la ville de Paris; alors, elle envoya à son fils le magnifique berceau de vermeil, autre hommage de la capitale. Chef-d'œuvre des talents réunis de Prud'hon, Rognet, Thomire et Odiot, ce berceau a la forme d'un vaisseau entouré de figures allégoriques, et couvert de riches ornements. Au milieu de rayons de gloire brillent des NN, initiales d'un nom qui ne devait pas arriver jusqu'à la tombe. La Victoire, les ailes déployées, étendant ses bras comme pour protéger le sommeil de l'enfant, tient au-dessus de son front une double couronne de lauriers et d'étoiles. Mais la Victoire ne protégea pas le sommeil du Roi de Rome, et la déesse inconstante laissa tomber le diadème que lui avait confié celui qui pensait l'avoir fixée sans retour !

« Quand le duc de Reichstadt reçut ce monument de son existence passée, le prince de Metternich lui demanda quelle destination il voulait lui donner.

« Nul ne rentre dans son berceau quand il
« l'a quitté, dit le duc en souriant. Jusqu'ici
« c'est l'unique monument de mon histoire, je
« tiens à le conserver. »

« Il eut alors la noble pensée d'en faire don au Trésor impérial, précieux dépôt, où, à la riche magnificence des diamants et des pierreries de la Couronne, est jointe une multitude d'objets de la plus grande valeur, sous le rapport de la matière, de l'art, et surtout de l'importance historique ; où, parmi les chefs-d'œuvre du ciseau des Michel-Ange et des Cellini, j'ai remarqué, avec un vif intérêt, le talisman de cristal, constellé au signe du lion, auquel l'âme ambitieuse du grand Wellenstein pensait qu'était attachée sa destinée, comme Napoléon croyait à son étoile.

« Là, le berceau du Roi de Rome n'est pas comme un souvenir isolé : près du panneau vitré, où sont renfermés la couronne, l'épée, le sceptre et les vêtements impériaux de Charlemagne, tout éclatants d'or et de pierreries, étonnants, pour cette époque, par la richesse et la beauté du travail, on voit la couronne, le sceptre, le glaive, le manteau royal et les insignes qui servirent au couronnement de Napoléon comme roi d'Italie. Fabriqués à la hâte, ces derniers objets ne sont que de métal doré, orné de pierreries fausses, comme si, par un amer sarcasme, le destin eût voulu dès lors indiquer que le faux éclat de ces ornements de théâtre aurait assez de durée pour une royauté éphémère.

« Ainsi, une même enceinte réunit les insignes de ces deux monarques guerriers et législateurs, dont l'un fonda, l'autre détruisit le trône germanique ; dont les empires, si semblables par leur étendue, furent si différents par leur durée. Dix siècles ont passé entre ces deux grands hommes, et l'espace étroit qui sépare aujourd'hui leurs diadèmes est mesuré par le cimeterre de Tamerlan.

« Ma tombe et mon berceau seront bien « rapprochés l'un de l'autre ! » disait le prince dans ses derniers jours. Quelques pas, en effet, nous conduisaient à l'église sépulcrale. Un religieux nous ouvrit les portes d'airain des caveaux funèbres. Là sont rangés les cercueils de cuivre qui contiennent les cendres impériales, autour du vaste monument de François Ier et de Marie-Thérèse... Entourée de Vertus qui pleurent en considérant des couronnes, la figure de bronze de la grande impératrice semble dominer cette scène de tombeaux : là dorment à ses pieds les grandeurs humaines et les illustres infortunes...

« Le cercueil du duc de Reichstadt était encore resté dans le vestibule de cette lugubre enceinte : placé au centre, sur une estrade, il contrastait par l'éclat du velours, des ornements d'or et de la croix d'argent qui le recouvraient, avec l'aspect sombre et uniforme des tristes objets dont il était entouré. Le général Hartmann ne revit pas sans une profonde émotion ces restes silencieux d'une existence naguère si active. Il m'indiqua la place que l'Empereur avait désignée pour le prince, qui reposera parmi ses enfants, auprès des êtres qui lui furent les plus chers. Le cercueil n'était pas encore recouvert de son enveloppe de cuivre. Comme toutes les autres, elle doit être ornée d'une grande croix tréflée. Au-dessous, on grave l'inscription suivante :

ÆTERNÆ . MEMORIÆ .
JOS . CAR . FRANCISCI . DUCIS . REICHSTADIENSIS .
NAPOLEONIS . GALL . IMPERATORIS.
ET .
MAR . LUDOVICÆ . ARCH . AUSTR .
FILII .
NATI . PARISIIS . 20 . MART . 1811 .

IN . CUNABULIS .
REGIS . ROMÆ . NOMINE . SALUTATI .
ETATE . OMNIBUS . INGENII . CORPORISQUE .
DOTIBUS . FLORENTEM .
PROCERA . STATURA . VULTU . JUVENILITER . DECORO .
SINGULARI . SERMONIS . COMITATE .
MILITARIBUS . STUDIIS . ET . LABORIBUS .
MIRE . INTENTUM .
PHTHISIS . TENTAVIT .
TRISTISSIMA . MORS . RAPUIT .
IN . SUBURBANC . AUGUSTRUM . AD . PULCHRUM . FONTEM .
PROPE . VINDOBONAM .
22 . JULII . 1832 .

« A l'éternelle mémoire de Joseph-François-
« Charles, duc de Reichstadt, fils de Napoléon,
« Empereur des Français, et de Marie-Louise,
« archiduchesse d'Autriche, né à Paris le 20
« mars 1811. Salué dans son berceau du nom
« de Roi de Rome. A la fleur de son âge,
« doué de toutes les qualités de l'esprit et du
« corps, d'une imposante stature, de nobles
« et agréables traits, d'une grâce exquise
« de langage; remarquable par son instruc-
« tion et son aptitude militaire. Il fut attaqué
« d'une cruelle phthisie, et la mort la plus
« triste l'enleva, dans le château des em-
« pereurs, à Schœnbrünn, près de Vienne,
« le 22 juillet 1832. »

Peu de jours avant sa mort, le duc de

Reichstadt avait écrit à son aïeule, Madame Letizia, retirée à Rome, dans la société de quelques-uns de ses enfants, petits-enfants et de son frère, le cardinal Fesch... C'eût été un bonheur pour lui de leur faire visite, en passant à Rome, s'il avait pu réaliser le projet d'aller rétablir sa santé sous le beau ciel de Naples. Il n'avait vu ni les uns, ni les autres de ses parents paternels depuis leur départ de Blois, en 1814!

« Combien devait être touchante la correspondance de l'infortuné fils de Napoléon et de sa vénérée grand'mère! Leurs lettres sont-elles parvenues à leur destination mutuelle? Il est permis d'en douter. Ont-elles été interceptées, détruites ou conservées secrètement? C'est là un mystère impénétrable, et comme le dit l'historiographe de Madame Mère, le silence forcé qui a pu suivre leur envoi, serait plus lamentable que l'oubli. « La vie d'exil, en Autriche, la maladie et la mort de cet enfant, presque orphelin, allait bientôt affliger cruellement l'aïeule plus qu'octogénaire. Recluse à Rome depuis dix-sept ans, elle ignorait ce qui se passait à Vienne et à Schœnbrünn et n'en recevait que des nouvelles indirectes ou inexactes. Elle ne pouvait exprimer ses tristes pensées que par lettres, soit au prince, soit à sa mère redevenue l'archiduchesse Marie-Louise, ou bien à son grand-père, l'empereur d'Autriche ; et la plupart de ces lettres sont restées sans réponse. Il a été impossible d'en découvrir les traces, malgré les recherches les plus attentives (1).

« On n'avait même pas donné à Madame Mère la joie de lui apprendre les sentiments de vénération enthousiaste que l'ex-Roi de Rome professait pour la mémoire du grand Empereur (2).

Le lendemain de la mort de son fils, l'ex-Impératrice Marie-Louise adressait cette lettre à la grand'mère du Roi de Rome (3) :

A Madame Mère, à Rome.

Schœnbrünn, 23 juillet 1832.

Madame,

Dans l'espoir d'adoucir l'amertume de la douloureuse nouvelle que je suis malheureusement dans le cas de vous annoncer, je n'ai voulu céder à personne le soin pénible de vous en faire part.

Dimanche, 22, à cinq heures du matin, mon fils chéri, le duc de Reichstadt, a succombé à ses longues et cruelles souffrances.

J'ai eu la consolation d'être auprès de lui, dans ses derniers moments, et celle de pouvoir me convaincre que rien n'a été négligé pour le conserver à la vie. Mais les secours de l'art ont été impuissants contre une maladie de poitrine que les médecins, dès le principe, ont unanimement jugée d'une nature si dangereuse qu'elle devait,

---

(1) *Madame Mère*, par le baron Larrey, t. II, p. 399.
(2) *Marie-Louise*, par le baron de Saint-Amand.
(3) Extrait des *Mémoires du roi Joseph*, t. X, p. 382.

infailliblement, conduire au tombeau mon malheureux fils, à l'âge où il donnait les plus belles espérances. Dieu en a disposé! Il ne nous reste qu'à nous soumettre à sa volonté suprême et à confondre nos regrets et nos larmes.

Agréez, Madame, dans cette douloureuse circonstance, l'expression des sentiments d'attachement que vous a voués

Votre affectionnée fille,

MARIE-LOUISE.

Madame Mère fit répondre à sa belle-fille par la lettre suivante (1) :

Rome, le 6 août 1832.

Madame,

Malgré l'aveuglement politique qui m'a toujours privée de recevoir des nouvelles du cher enfant dont vous voulez bien m'annoncer la perte, je n'ai jamais cessé de lui conserver des entrailles de mère. Il était encore pour moi l'objet de quelque consolation, mais à mon grand âge, à mes infirmités habituelles et douloureuses, Dieu a voulu ajouter ce coup, nouveau gage de ses miséricordes, dans la ferme espérance qu'il aura amplement compensé, dans sa gloire, la gloire de ce monde.

Veuillez, Madame, recevoir le témoignage de ma reconnaissance pour avoir pris la peine, dans une si douloureuse circonstance, de soulager l'amertume de mon âme. Soyez sûre qu'elle durera le reste de ma vie.

Mon état m'empêchant de signer cette lettre, permettez que j'en charge mon frère (2).

La douleur de la grand'mère fut inconsolable, en opposition avec la douleur de la mère, « hélas trop tôt consolée ».

(1) *Madame Mère*, par le baron LARREY, t. II, p. 407.
(2) Le cardinal Fesch.

Ayant désigné son petit-fils pour son légataire universel, la bonne grand'mère disait que, tenant sa fortune de l'Empereur, elle devait, selon toute justice, la laisser au fils unique de Napoléon. Ce fils unique n'était plus et sa grand'mère, obligée de refaire son testament, reconnut bien, dans sa désolation, « qu'elle perdait le plus beau joyau de sa couronne ».

La mort du Roi de Rome fut une perte irréparable pour la famille Bonaparte. Le jeune prince était, dans l'ordre des choses, le chef de la famille, le représentant naturel de la dynastie impériale. La France l'avait proclamé, par l'organe des Chambres, le successeur de l'Empereur sous le nom de Napoléon II, et les membres de la famille, de même que leurs amis politiques, fidèles au serment qu'ils avaient prêté, n'avaient cessé un seul instant de le considérer comme tel ; leurs vœux étaient restés stériles, mais ils avaient l'avenir, et avec lui la puissance des souvenirs et la sympathie des masses. L'espoir ne fut pas chimérique, puisque, le 1er décembre 1852, la France proclamait empereur des Français un neveu de Napoléon.

La mort du fils de l'Empereur produisit en France l'impression la plus douloureuse. Tout le monde fut surpris à la nouvelle de cette fin prématurée et mystérieuse ; tout le monde regretta le jeune et infortuné prince dont la naissance avait été saluée avec tant de transports et d'amour par la nation entière ; tout le monde pleura enfin ce noble enfant, victime comme son père de la haine implacable des ennemis de la France.

FIN

TABLE DES NOMS CITÉS

A

Abrantès (Mme la duchesse d'), femme du général Junot, auteur des *Mémoires sur Napoléon, la Révolution, le Directoire, le Consulat, l'Empire et la Restauration*, 79, 112.

Alexandre Ier, empereur de Russie, 47, 95, 105.

Angleterre, prince régent. Napoléon lui écrit le 13 juillet 1815, qu'il se place sous la protection « du plus puissant, du plus constant et du plus généreux de ses ennemis », 125.

Annibal. De tous les grands capitaines que le duc de Reichstadt admirait le plus, c'était Annibal, 203.

Antommarchi, médecin de l'empereur Napoléon à Sainte-Hélène, 179, 187, 188.

Appiani (Andrea), peintre italien, a fait les portraits de presque toute la famille Bonaparte ; il est l'auteur des fresques du Palais-Royal de Milan qui sont autant de monuments à la gloire de Napoléon, 186.

Arnott, médecin anglais, à Sainte-Hélène, 187.

Augereau, maréchal de l'Empire, duc de Castiglione, 123.

Augusta, princesse de Bavière, femme du prince Eugène de Beauharnais, 7.

Avity, un des médecins de Napoléon, 25.

Avrillon (Mlle), première femme de chambre de l'impératrice Joséphine, auteur des *Mémoires sur la vie privée de Joséphine*, 9.

B

Bacler d'Albe, général, peintre et ingénieur géographe, directeur du cabinet topographique de Napoléon, 185, 186.

Baour-Lormian (Pierre-Marie-François-Louis), poète français; auteur des *Chants d'Ossian*. Le duc de Reichstadt avait pris cet ouvrage en affection, 266.

Barjaud de Montluçon, élève du lycée Napoléon, obtient le grand prix du concours de poésie à l'occasion de la naissance du Roi de Rome, 32.

Barras, membre du Directoire; un des témoins du mariage du général Bonaparte avec Joséphine, 5.

Barthélemy, l'auteur du *Fils de l'Homme;* son voyage à Vienne, en 1828; on lui refuse toute entrevue avec le duc de Reichstadt, 192, 193.

Baumgartens, professeur de physique du duc de Reichstadt, 169, 170.

Bausset (baron de), préfet du palais sous Napoléon, auteur des *Mémoires anecdotiques sur l'intérieur du palais et sur quelques événements de l'Empire depuis 1805 jusqu'au 1er mai 1815, pour servir à l'histoire de Napoléon*, 4 vol. in-8° avec dessins et fac-similé, publiés chez Baudouin en 1827, 49, 50, 97, 131, 151.

Beauharnais (général vicomte Alexandre de), membre et président de l'Assemblée constituante, général commandant de l'armée du Rhin; premier mari de Joséphine, guillotiné en 1794, 3.

Belliard (Augustin-Daniel, lieutenant général, comte), ambassadeur de France en Belgique, en 1831, 204.

Berthier (Alexandre), prince de Neuchâtel et de Wagram, connétable, 19.

Bertrand (général comte). Grand maréchal du palais; un des compagnons de captivité de Napoléon, un de ses exécuteurs testamentaires, 96, 106, 182, 186.

Bessières, maréchal, duc d'Istrie, 38.

Blücher, feld-maréchal prussien, 94, 122.

Boos, jardinier en chef de Schœnbrünn, apporte à Napoléon à Sainte-Hélène,

une boucle de cheveux du Roi de Rome, 129, 130.
BOUILLERIE (baron de la), trésorier général de la Couronne et du Domaine extraordinaire.
BOURDIER, un des médecins de Napoléon, 24.
BOURDOIS, un des médecins de Napoléon, 25.
BOURRIENNE, secrétaire de Napoléon, 186.
BYRON (lord). Enthousiasme du duc de Reichstadt pour les conceptions poétiques de lord Byron. « Il y a dans ce grand poète, disait-il, un profond mystère, quelque chose de ténébreux qui répond aux dispositions de mon âme ; ma pensée se plaît à s'identifier avec la sienne », 236.

C

CAFFARELLI, comte, général de division, aide de camp de Napoléon, 57.
CALMELET, ami de la famille Beauharnais ; un des témoins dans le mariage de Bonaparte avec Joséphine, 13.
CAMBACÉRÈS, prince, duc de Parme, archichancelier de l'Empire, 9, 11, 26, 57.
CAMBRONNE, général, accompagne Napoléon à l'île d'Elbe, 96, 106.
CAMERATA (Elisa-Napoleone), comtesse, fille d'Elisa Bacciochi, sœur de Napoléon. Sa visite à Vienne en 1830, ses lettres à son cousin le duc de Reichstadt, 104.
CAMPBELL, colonel anglais, chargé d'accompagner Napoléon à l'île d'Elbe, 96.
CAROLINE, princesse, femme de Murat, 21, 67.
CATHERINE, princesse de Wurtemberg, femme de Jérôme Napoléon, 11, 84.
CAULAINCOURT (Armand de), duc de Vicence, général de division, grand écuyer de l'Empereur, ministre des Relations extérieures, 9, 91.
CAWLEY (lord), ambassadeur d'Angleterre à Vienne, 214.
CHABROL (de), préfet de la Seine, 52, 53.
CHAMPAGNY, duc de Cadore, ministre secrétaire d'État, secrétaire du Conseil de régence, 57.
CHARLES, archiduc d'Autriche, duc de Teschen, feld-maréchal impérial d'Autriche. S'est fait un nom célèbre dans la littérature militaire par la publication de ses *Principes de stratégie expliqués par*

le *récit de ses campagnes de* 1796 *en Allemagne* (3 volumes), et son *Histoire de la Campagne de* 1799 *en Allemagne et en Suisse* (2 vol. Vienne, 1809). Le duc de Reichstadt qui avait pour ce prince un respect profond, aimait à étudier ses ouvrages et en a fait des analyses et des extraits nombreux, 210.

CHARLES, prince, frère de l'empereur d'Autriche, 36.

CLARKE, général, duc de Feltre, 9.

CLARY (Désirée), femme de Bernadotte, devenu roi de Suède, 4.

CAROLINE, princesse, sœur de Napoléon, femme de Murat, 11.

CÉSAR (Jules). Les talents solides en créations de César semblent au duc de Reichstadt de beaucoup préférables aux triomphes éblouissants d'Alexandre, 203.

COIGNET, ancien officier du premier Empire et dont les souvenirs ont été publiés par Lorédan Larchey sous le titre : *Les Cahiers du capitaine Coignet* (1776-1850), 1 vol. in-4° 1888, avec de superbes illustrations de Le Blant, 62.

COLLIN (Mathieu), littérateur,

fut un des gouverneurs du duc de Reichstadt, 143, 156, 158.

COLLIN (Henri), célèbre poète autrichien, frère du précédent, 146.

CONSTANT, valet de chambre de Napoléon, 185.

CORNEILLE. Le génie de Corneille frappait surtout le duc de Reichstadt, 165.

CORVISART, baron, premier médecin de l'empereur, 24, 48, 96.

D

DARU, comte, intendant général de la Grande-Armée, ministre de l'administration de la guerre, 57.

DELAVIGNE (Casimir), obtient le second prix dans le concours de poésie pour célébrer la naissance du Roi de Rome, 32.

DENON, membre de l'institut, 185, 186.

DIETRICHSTEIN (comte Maurice de), le 30 juin 1815, l'empereur d'Autriche lui confie la direction supérieure de l'éducation du duc de Reichstadt, auprès de qui il resta jusqu'en septembre 1831, 127, 145, 154, 168, 175, 201, 214, 215, 222, 228.

DROUOT, général, aide de

camp de Napoléon, gouverneur de l'île d'Elbe, 96, 106.
Dubois, baron, médecin-accoucheur de l'impératrice Marie-Louise, 20, 24, 26, 36.
Durand (M⁽ᵐᵉ⁾ la générale), première dame de l'impératrice Marie-Louise, 70.
Duroc, duc de Frioul, général de division, grand maréchal du Palais, 62, 63.

E

Eckard. V. Lucet.
Elisa, princesse, sœur de Napoléon, femme du prince Félix Bacciochi. Elle mourut le 7 août 1820, à Rome à la villa Vicentini, où elle s'était retirée dans une sorte d'exil. Elle expirait à 42 ans, entre les bras de sa sœur Caroline et de son mari, le prince Félix Bacciochi.
Esterhazy (comte Maurice), un des fidèles amis du duc de Reichstadt, 212.
Eugène (le prince), fils de Joséphine de Beauharnais, devenu le fils adoptif de Napoléon, 1, 3, 7, 9, 10, 11, 28, 180.
Eugène (le prince François-Eugène de Savoie-Carignan), l'un des plus grands généraux des temps modernes. Les *Mémoires militaires* du prince Eugène de Savoie étaient couverts de remarques, de notes marginales de la main du duc de Reichstadt, 209.

F

Feltre (duc de). V. Clarke.
Fesch (cardinal), frère utérin de la mère de Napoléon, grand aumônier de l'Empereur, sénateur et archevêque de Lyon, 9, 19, 276.
Fontaine (Pierre-François-Léonard), architecte des bâtiments de la Couronne, 43, 44.
Fontanes (marquis de), grand maître de l'Université; membre de la commission du Sénat chargée de recevoir les communications du gouvernement, 52.
Foresti (Jean-Baptiste), capitaine autrichien, gouverneur du duc de Reichstadt, depuis le mois de septembre 1815, jusqu'au mois de septembre 1831, c'est-à-dire pendant seize années. Ses fonctions principales auprès du prince ont été l'instruction dans

les éléments des mathématiques, l'exercice continuel dans les langues italienne et française, la première instruction dans les objets militaires et la répétition des leçons diverses que le prince recevait d'autres professeurs, 143, 145, 151, 155, 157, 158, 162, 167, 175, 264, 266.

Fouché, duc d'Otrante, ministre de la police générale, 9, 122.

François Ier, empereur d'Autriche, père de l'archiduchesse Marie-Louise, mariée à l'empereur Napoléon, 17, 93, 100, 110, 115, 144, 153, 157, 161, 175, 178, 197, 207.

François (archiduc), fils de l'empereur d'Autriche, 102, 247.

Franconi (Antoine), célèbre écuyer, né à Venise en 1738, mort à Paris en 1836. Sous son habile direction deux moutons mérinos avaient été dressés pour être attelés à la petite calèche du Roi de Rome, 67.

Frank, médecin de l'empereur d'Autriche, 100, 229.

Frédéric (le Grand), son réveil-matin pris à Postdam par Napoléon, est destiné à être remis au duc de Reichstadt, 184.

Frochot (comte), préfet de la Seine sous Napoléon, 29.

G

Gobereau (Émile), fils d'un valet de chambre du duc de Reichstadt; compagnon d'études du duc, 148.

Goelis (docteur), un des médecins du duc de Reichstadt, 228.

Guibert (Léonard), élève au lycée Napoléon, âgé de 15 ans; obtient un accessit dans le concours de poésie, pour célébrer la naissance du Roi de Rome, 23.

H

Hartmann, général, comte, fut le chef de la Maison militaire du duc de Reichstadt depuis le 1er juin 1831 jusqu'au mois de juillet 1832, 224, 226, 232, 238, 260, 262, 270.

Herpex (de), docteur, chirurgien ordinaire du duc de Reichstadt, 228.

Hortense (la reine), fille de Joséphine de Beauharnais, devient la femme de Louis Bonaparte, roi de Hollande, 3, 7, 11, 37, 124.

HUMBOLDT (Alexandre, baron de), célèbre naturaliste et voyageur, 129.

I

ILARI (Camilla), nourrice de Napoléon Ier, 187.
ISABEY (Jean-Baptiste), un des peintres de Napoléon, 67.

J

JÉRÔME, prince, frère de Napoléon, mari de la princesse Catherine de Wurtemberg, 11, 19, 67, 92.
JOMINI (Henri), baron, général russe, d'origine suisse, et longtemps attaché à la France. Auteur de nombreux ouvrages militaires : *Traité des grandes opérations de guerre; Histoire de la campagne de Saxe; Principes de stratégie;* etc., etc. La plupart des ouvrages de Jomini furent successivement discutés, comparés, soumis à une critique raisonnée du duc de Reichstadt, ils sont couverts de remarques, de notes marginales qu'y faisait le duc, 209.

JOSEPH, prince, frère aîné de Napoléon; roi d'Espagne, 10, 81, 82, 86, 92, 196, 197.
JOSÉPHINE, impératrice, 2, 3, 5, 8, 9, 11, 12, 13, 14, 28, 61, 124, 186.

K

KINSKI, général autrichien, chargé d'accompagner Marie-Louise jusqu'à Schœnbrünn, 97.
KÖHLER, général autrichien, chargé d'accompagner Napoléon jusqu'à l'île d'Elbe, 96.

L

LABRADOR (chevalier de), ministre plénipotentiaire d'Espagne, 132.
LA BRUYÈRE, était celui des auteurs français que le duc de Reichstadt préférait; il relisait et méditait avec soin ses *Caractères*, 167.
LACOSTE (Henri), député de la Gironde, en 1815, 122.
LA FAYETTE, vice-président de la Chambre, en 1815; l'un des négociateurs envoyés au camp des Alliés, 122, 123.
LAFFITTE (Jacques), banquier à Paris, mandataire

de l'empereur Napoléon.

Lamartine ; plaisir qu'éprouve le duc de Reichstadt à lire les poésies de Lamartine, 236, 237.

Lanjuinais ; président de la Chambre en 1815, 122, 123.

Lanti (l'abbé); aumônier de la Légation française, à Vienne, 104.

Larrey (le docteur, baron) ; fils du célèbre chirurgien en chef de la Grande-Armée, auteur de *Madame Mère* (Napoleonis Mater). 2 volumes in-8°, publiés en 1892, 188, 189.

Lauriston (Law de), comte ; général de division, aide de camp de Napoléon, 18.

Lawrence (sir Thomas) ; célèbre peintre anglais ; a fait un portrait remarquable du Roi de Rome, alors âgé de 10 ans. Ce portrait fait partie de la collection de M. le duc de Bassano, 141.

Lemarois, capitaine aide de camp du général Bonaparte ; fut un des témoins du mariage du général Bonaparte avec Joséphine, 13.

Letizia Ramolino, mère de Napoléon Ier, 11, 19, 21, 61, 78, 84, 88, 124, 188, 189, 190, 191, 192, 273, 274.

Le Tourneur, président du Directoire exécutif; un des témoins du mariage du général Bonaparte avec Joséphine, 5.

Ligne (maréchal Prince de), 101.

Louis XVIII, 94, 110, 182.

Louis-Philippe, roi des Français, 205.

Louis (le prince), frère de Napoléon, mari d'Hortense de Beauharnais, roi de Hollande, 9, 10, 11, 82.

Lowe (sir Hudson), gouverneur de Sainte-Hélène, 131.

Luçay (Mme de), dame du palais de l'Impératrice Marie-Louise, 24.

Lucet (Jean-Jacques) publia avec Eckard : *Hommages poétiques* à LL. MM. sur la *Naissance du Roi de Rome*. 2 vol. in-8°, contenant environ 300 pièces de vers, 31.

Lucien (prince de Canino), frère de Napoléon, 191, 192.

M

Macdonald, maréchal de l'Empire, duc de Tarente, 90, 91.

Madame Mère. Voir *Letizia*.

Maison (Nicolas-Joseph, marquis), maréchal de France, ambassadeur de France à Vienne, en 1831, 264.

Malet (général); condamné à mort en 1812, avec treize de ses complices, 53.

Malfatti (docteur); médecin ordinaire du duc de Reichstadt, 227, 233, 239, 240, 245, 247.

Manuel, membre de la Chambre des députés en 1815, 122.

Marchand (Mme), mère de Marchand, le premier valet de chambre de Napoléon; est attachée à la personne du Roi de Rome, 118, 129, 151.

Marchand, premier valet de chambre de Napoléon à Sainte-Hélène; un de ses exécuteurs testamentaires 183, 184.

Maret (duc de Bassano), 9, 15.

Marie-Louise, archiduchesse d'Autriche, Impératrice des Français, 17, 18, 19, 21, 25, 45, 46, 48, 55, 56, 57, 61, 67, 68, 76, 81, 86, 87, 88, 91, 94, 96, 97, 100, 101, 102, 108, 110, 114, 115, 119, 127, 132, 139, 148, 150, 151, 179, 181, 185, 186, 187, 188, 189, 190, 193, 222, 245, 246, 248, 250, 262, 267, 273, 274.

Marmont, maréchal d'Empire, duc de Raguse; donne des leçons d'histoire militaire au fils de Napoléon, 86, 123, 214, 215, 216, 217, 220.

Méhémet-Ali, pacha, puis vice-roi d'Égypte, 203.

Meneval (baron), secrétaire du portefeuille de Napoléon et ensuite secrétaire des commandements de l'Impératrice Marie-Louise, auteur des *Mémoires pour servir à l'histoire de Napoléon Ier*, depuis 1802 jusqu'à 1815, 12, 43, 57, 58, 59, 103, 113, 116, 117, 118, 186.

Menou, général, commandant l'armée de l'intérieur, 1.

Mesgrigny (baron de), écuyer de Napoléon, 23.

Metternich (prince de), ambassadeur d'Autriche, 108, 129, 176, 178, 216, 220, 242, 268.

Mitrowsky (Mme de), veuve d'un général autrichien; remplace Mme de Montesquiou auprès du duc de Reichstadt en 1815, 114.

Moll (capitaine, baron de), attaché à la Maison militaire du duc de Reichstadt depuis le mois de juin 1830 jusqu'au moment de la mort du prince en 1832, 225, 247.

MONCEY (maréchal), duc de Conegliano, colonel général de la Garde, 57.

MONTBEL (de), ancien ministre de Charles X; auteur de l'ouvrage : *Le duc de Reichstadt*. Notice sur la vie et la mort de ce prince, rédigée à Vienne sur des documents authentiques. 1 vol. in-8° de 500 pages, avec portrait et fac-similé, 1832.

MONTEBELLO (duchesse de), première dame d'honneur de l'Impératrice Marie-Louise, 24.

MONTECUCULLI (Raymond, comte de), célèbre capitaine italien. Ses *Aphorismes sur l'art de la guerre* sont couverts de remarques et de notes marginales du duc de Reichstadt, 209.

MONTESQUIOU (comtesse de), gouvernante du roi de Rome, 23, 24, 39, 48, 50, 51, 57, 60, 65, 67, 68, 73, 74, 78, 93, 94, 97, 100, 102, 104, 108, 109, 110, 111, 112, 113, 114, 116, 117, 118, 146.

MONTESQUIOU-FEZENSAC (Ambroise-Anatole-Auguste, comte de), fils de Mme de Montesquiou, gouvernante du Roi de Rome, colonel et aide de camp de Napoléon, 97, 113, 116.

MONTHOLON (général, comte de); un des compagnons de captivité de Napoléon à Sainte-Hélène;, un de ses exécuteurs testamentaires, 186.

MORTIER, maréchal de France, duc de Trévise, 85.

MURAT, mari de Caroline Bonaparte, roi de Naples, 9, 11, 21.

N

NAPOLÉON Ier, Empereur des Français, 11, 13, 17, 18, 19, 22, 27, 30, 31, 33, 38, 39, 41, 45, 47, 48, 50, 52, 55, 57, 60, 62, 63, 66, 69, 70, 71, 72, 74, 76, 79, 80, 82, 87, 88, 91, 92, 95, 96, 97, 99, 101, 102, 107, 108, 109, 111, 114, 115, 119, 125, 131, 132, 139, 154, 176, 177, 180, 181, 183, 187, 188, 189, 190, 193, 216, 218, 229, 248, 261.

NAPOLÉON (François-Charles-Joseph), Prince impérial, Roi de Rome, et duc de Reichstadt en 1816, lors de son exil à Vienne. Mort le 22 juillet 1832.

NARBONNE (comte de), général de division, chargé de missions diplomatiques, 47.

NEIPPERG (Albert-Adam,

TABLE DES NOMS CITÉS 287

comte de), chevalier d'honneur de Marie-Louise ; il devient son époux morganatique, 36, 101.

Ney, maréchal d'Empire, prince de la Moskowa, duc d'Elchingen, 90, 91.

Norvins (Jacques Marquet, baron de), historien français auquel on doit beaucoup d'ouvrages historiques, entre autres l'*Histoire de Napoléon* ; l'*Histoire de la Campagne de 1813*. Ces ouvrages, lus par le duc de Reichstadt, sont couverts de remarques, de notes marginales du duc, 209.

Noverraz, valet de chambre, attaché au service de Napoléon à Sainte-Hélène ; un de ses exécuteurs testamentaires ; chargé de remettre au duc de Reichstadt divers objets ayant appartenu à Napoléon, 183.

O

Obenaus (baron d'), conseiller de régence, un des gouverneurs du duc de Reichstadt, 158, 159, 160, 163.

Odiot (Jean-Baptiste-Claude), orfèvre de la Cour impériale, 29.

O'Meara (le docteur Barry), médecin de l'Empereur Napoléon à Sainte-Hélène, 26, 179.

P

Pina (l'abbé), chargé d'enseigner la langue italienne au duc de Reichstadt, 167.

Pino, général italien, 143.

Plutarque. Pour le duc de Reichstadt, Plutarque était un auteur de prédilection, il avait médité ses écrits et il aimait à parler des grands hommes de l'antiquité qu'il jugeait lui-même avec un discernement remarquable, 203.

Podevin, un des professeurs du duc de Reichstadt ; c'est avec lui particulièrement que le duc s'occupait de l'étude approfondie des classiques français, 165.

Polignac (Armand et Jules de), condamnés à mort avec Georges Cadoudal, en juin 1804, graciés par l'intervention de Joséphine, 6.

Prokesch d'Osten (chevalier, colonel), fidèle ami du duc de Reichstadt, 198, 199, 227.

PRUD'HON, peintre de l'Impératrice Marie-Louise, 29.

R

RAGUIDEAU, notaire du général Bonaparte, 4.
RÉAL, conseiller d'Etat ; chargé de la direction générale de la police, 53.
REGNAULT DE SAINT-JEAN-D'ANGÉLY, secrétaire d'État de la famille impériale, 12.
REICHSTADT (duc de). Voir *Napoléon*.
RENAUDIN (Mme de), tante de Joséphine de La Pagerie, 4.
RIVIÈRE (Charles, marquis de), agent politique du comte d'Artois, condamné à mort dans la conspiration de Georges Cadoudal, 6.
ROGNET ; un des sculpteurs du berceau du Roi de Rome, 29.
ROI DE ROME. Voir *Napoléon*.
ROTHSCHILD. La nouvelle de la mort de Napoléon est portée à Vienne par un courrier de MM. de Rothschild, 154.
ROUSTAN, mameluk de l'Empereur, 185.

S

SAINT-DENIS, valet de chambre de Napoléon à Sainte-Hélène, un de ses exécuteurs testamentaires chargé de remettre au duc de Reichstadt 400 volumes de la bibliothèque de Napoléon à Sainte-Hélène, 183.
SCARAMPI (de), officier au régiment autrichien de Lusignan, 114.
SCHINDLER, colonel autrichien, professeur à l'Académie du génie, examinateur du duc de Reichstadt, 161.
SCHOUWALOFF, général russe aide de camp de l'Empereur de Russie ; commissaire des souverains alliés chargé d'accompagner Napoléon à l'île d'Elbe, 96.
SCHWARTZENBERG (Charles-Philippe, prince de), feldmaréchal ; ambassadeur d'Autriche à Paris, 20, 30, 76, 86, 94, 254, 255.
SEGUIER (Antoine-Jean-Mathieu, baron) ; président de la Cour d'appel sous Napoléon, 52.
SÉGUR (Philippe-Paul, comte de), second des fils du comte de Ségur, le grand-maître des cérémonies ; auteur de *Napoléon et la*

Grande-Armée en 1812. Cet ouvrage est couvert de remarques, de notes marginales du duc de Reichstadt, 209.

SOBIESKI (Jean), roi de Pologne; son sabre est légué par Napoléon au duc de Reichstadt, 185.

SOUFFLOT (Mme), attachée à la personne du duc de Reichstadt, 146.

STANDEISKI (capitaine Joseph), attaché dès le 14 juin 1831 auprès du duc de Reichstadt, il le suivit dans le régiment d'infanterie prince Wasa. Depuis cette époque il resta attaché au duc et l'assista dans toutes ses fonctions militaires, 225.

STAUDENHEIMER (docteur); attaché au duc de Reichstadt, 228.

STURMER (baron de); ministre autrichien envoyé comme commissaire de son gouvernement à Sainte-Hélène, 128, 129, 131.

SUMMARUGA, conseiller aulique de la Cour d'Autriche; chargé de la surveillance spéciale des écoles publiques, 157.

T

TALLEYRAND-PÉRIGORD (Charles-Maurice de), prince de Bénévent, vice-Grand Électeur, ministre des Affaires étrangères, 9, 82, 89, 116, 123.

TALLIEN, fut un des témoins du mariage du général Bonaparte avec Joséphine, 13.

TASSE (Le). Le duc de Reichstadt avait un goût particulier pour la *Jérusalem* du Tasse, dont il savait par cœur des stances nombreuses, 167.

THOMIRE (Pierre-Philippe), sculpteur de la Manufacture de Sèvres, un des artistes ayant exécuté le berceau du Roi de Rome, 29.

TOSI (comte de), chargé en 1814, par l'Empereur d'Autriche, d'accompagner Marie-Louise jusqu'à Schœnbrünn.

TRUCHSESS-WALDBOURG, (comte), officier prussien chargé d'escorter Napoléon jusqu'à l'île d'Elbe, 96.

V

VAUDONCOURT (général, baron Guillaume de); auteur de nombreux ouvrages militaires; la plupart sont couverts de remarques, de notes marginales du duc de Reichstadt, 209.

VICENCE (duc de). Voir *Caulaincourt*.

VIGNALI (l'abbé), aumônier de l'Empereur Napoléon à Sainte-Hélène; chargé de remettre au fils de Napoléon les vases sacrés qui ont servi à la chapelle de Longwood, 182.

W

WAGNER, prélat de la Cour d'Autriche, chargé de l'instruction religieuse du duc de Reichstadt, 159, 243.

WEISS, colonel autrichien, professeur à l'Académie militaire, 157, 161.

WELLÉ, botaniste; adjoint à M. Boos, jardinier en chef de Schœnbrünn, 129, 131.

WUBNA (comte), grand chambellan de la Cour d'Autriche, chargé d'escorter Marie-Louise jusqu'à Schœnbrünn, 110, 115.

TABLE DES MATIÈRES

CHAPITRE PREMIER

Le général Bonaparte au théâtre Feydeau. — Journée du 13 vendémiaire. — Bonaparte est nommé commandant en chef de l'armée de l'intérieur. — Eugène de Beauharnais va demander au général Bonaparte l'autorisation de garder l'épée de son père. — Visite de Bonaparte à Joséphine, veuve du général de Beauharnais. — Bonaparte épouse Joséphine (8 mars 1796). — La Malmaison. — Joséphine est couronnée Impératrice et Reine (1804-1805). — Chagrins de l'Impératrice; paroles remarquables de l'Empereur sur la privation d'enfants; motifs politiques invoqués pour le divorce; le divorce est prononcé (16 décembre 1809). 1

CHAPITRE DEUXIÈME

Projet d'alliance matrimoniale. — Préférence de Napoléon pour une archiduchesse d'Autriche. — Message au Sénat. — Napoléon demande à l'Empereur d'Autriche la main de l'archiduchesse Marie-Louise; Napoléon écrit à Marie-Louise qu'il vient de demander sa main à l'Empereur François II et lui témoigne son désir de « l'honorer, de la servir ». — La Cour de Vienne souscrit au projet d'alliance. — Napoléon envoie son portrait à

Marie-Louise. — Marie-Louise quitte Vienne (14 mars 1810) pour venir en France; son arrivée à Compiègne. — Mariage civil à Saint-Cloud (1ᵉʳ avril); mariage religieux au Louvre (2 avril); magnificence des fêtes; empressement des poètes à célébrer le mariage; le bal chez le prince de Schwarzenberg; épouvantable catastrophe. — Grossesse de l'Impératrice; naissance du Roi de Rome (20 mars 1811); les artistes, les poètes célèbrent la naissance du Roi de Rome; les fêtes du baptême. — Voyages de l'Empereur et de l'Impératrice; de Boulogne et d'Anvers, l'Empereur écrit au maréchal Bessières et à Mᵐᵉ de Montesquiou de bien veiller à la sûreté du Roi de Rome. 16

CHAPITRE TROISIÈME

Situation de l'Empire français au commencement de l'année 1812. — Dispositions hostiles de la Russie. — Napoléon bon père et bon époux; instants qu'il consacre auprès du petit Roi de Rome. — Napoléon présente son fils à ses soldats. — Le palais du Roi de Rome en face du Champ-de-Mars. — Préparatifs de guerre avec la Russie. — Napoléon convoque tous ses alliés à Dresde. — Campagne de Russie. — Lettres de Napoléon à Mᵐᵉ de Montesquiou pour la remercier des nouvelles qu'elle envoie sur le Roi de Rome. — La veille de la bataille de la Moskowa (6 septembre 1812), l'Empereur reçoit le portrait du Roi de Rome; grande joie qu'en éprouve l'Empereur. — Lettre de remerciement à Mᵐᵉ de Montesquiou pour l'envoi de ce portrait. — La retraite de Russie; Napoléon quitte l'armée et arrive le 18 décembre aux Tuileries. — L'Empereur reçoit les corps constitués. — La conspiration de Malet lui a révélé le peu de solidité de sa dynastie. 41

CHAPITRE QUATRIÈME

Nouvelle coalition contre la France. — Préoccupé des dangers auxquels va s'exposer l'Empereur, le Sénat, dans la prévision de sa mort, voudrait que son fils fût

TABLE DES MATIÈRES

couronné Roi de Rome; il assigne un douaire à l'Impératrice Marie-Louise (19 février 1813). — L'Impératrice est nommée régente (30 mars). — Napoléon et son fils; le petit Roi de Rome et le jeu de la guerre de son père. — Le Roi de Rome est conduit chez l'Impératrice Joséphine; le Roi de Rome et le plumet du capitaine Coignet. — Départ de Napoléon pour l'armée (15 avril). — Victoire de Lutzen (2 mai). — Regrets de Napoléon d'avoir accordé une suspension d'armes après ses premières victoires. — De Hanau (7 juin), Napoléon écrit à la gouvernante du Roi de Rome pour la remercier de tous ses soins envers son fils. — Bataille de Leipzig (16 octobre); « La trahison, les désertions ont vaincu l'invincible ». — Napoléon envoie à Marie-Louise vingt drapeaux pris à Vachau, à Leipzig et à Hanau. — L'Empereur arrive à Saint-Cloud le 9 novembre. — La petite calèche du Roi de Rome traînée par des moutons mérinos. — Le petit Roi de Rome et les pétitions des malheureux; il demande pardon à *Maman Quiou*. — Graves complications; ouverture de la session du Corps législatif; opposition du Corps législatif aux sentiments exprimés par le Sénat; dissolution du Corps législatif. — L'Empereur d'Autriche renouvelle l'assurance de ses meilleures dispositions pour Marie-Louise et pour le Roi de Rome 55

CHAPITRE CINQUIÈME

Le premier jour de l'an de 1814; les étrennes à la grand'mère et au Roi de Rome. — La prière du Roi de Rome. — L'Empereur présente le Roi de Rome à la Garde nationale de Paris (23 janvier). — Invasion de la France par les armées alliées. — L'Impératrice Marie-Louise est investie de la régence (24 janvier). — Adieux de Napoléon à sa femme et à son fils (25 janvier); départ pour l'armée. — Premières batailles: Brienne, La Rothière (1ᵉʳ et 2 février). — Lettre de Napoléon à son frère Joseph (8 février); opinion de l'Empereur sur la situation; instructions pour sa famille; ordre de faire partir l'Impératrice et le Roi de Rome pour Rambouillet si l'on recevait la nouvelle d'une bataille perdue ou de la mort de l'Empereur. — Conséquences de la déroute des maréchaux Marmont et Mortier. — L'Empereur écrit de nouveau à son frère Joseph qu'il ne faut pas que dans aucun cas, l'Impératrice tombe entre les mains de l'ennemi. — L'Impératrice et le Roi de Rome quittent les Tuileries pour se rendre à Rambouillet (29 mars) ; le petit Roi de Rome ne veut pas quitter les Tuileries ; on le met en voiture malgré lui. — Capitulation de Paris (30 mars). — Marmont abandonne la cause de l'Empereur ; conséquences de sa trahison. — L'Impératrice et le Roi de Rome quittent Rambouillet et arrivent à Blois (2 avril). — Abdication de l'Empereur (11 avril). — Traité de Fontainebleau. — Entrevue de Marie-Louise avec son père, l'empereur d'Autriche ; le Roi de Rome lui est présenté ; l'empereur de Russie et le Roi de Prusse visitent Marie-Louise et le *petit Roi*. — Lettre de Napoléon à Marie-Louise (19 avril). — Napoléon quitte Fontainebleau (20 avril) pour aller à l'île d'Elbe. — Lettre à Marie-Louise pour lui annoncer son départ. — Marie-Louise quitte Rambouillet (25 avril) pour se rendre à Vienne ; le Roi de Rome ne reverra plus la France !   77

CHAPITRE SIXIÈME

Arrivée de Marie-Louise et du Roi de Rome à Vienne (21 mai) ; Schœnbrünn leur est affecté comme résidence. — Le Roi de Rome et le prince de Ligne. — Le baron de Meneval et Mme de Montesquiou près du Roi de Rome. — Le jour des Rois ; la fève est au roi de Rome. — Marie-Louise renonce aux droits que lui donne le traité de Fontainebleau. — Napoléon apprend qu'on veut le déporter à Sainte-Hélène ; il quitte l'île d'Elbe (26 février) ; « l'aigle volera de clocher en clocher jusqu'aux tours Notre-Dame » ; Napoléon arrive aux Tuileries le 20 mars ; il est mis hors la loi des nations ; Marie-Louise se met sous la protection des Alliés. — Le Roi de Rome est conduit à Vienne, sous prétexte qu'on veut l'enlever ; on sépare Mme de Montesquiou du Roi de Rome ; arrestation du fils de Mme de Montesquiou. — Lettre de Napoléon à son beau-père, l'empereur d'Autriche, l'informant de sa rentrée en France et le priant de hâter le retour à Paris de l'Impératrice Marie-Louise et du Roi de Rome. — Le baron de Meneval quitte le Roi de Rome. — L'Empereur proteste contre la conduite tenue par l'Autriche et les autres puissances à l'égard de l'Impératrice et du Roi de Rome. — Campagne de 1815; l'Empereur quitte Paris le 12 juin; batailles de Ligny et de Waterloo (16-18 juin). — Retour de l'Empereur à Paris (20 juin). — Opposition dans les chambres. — Abdication de l'Empereur (22 juin); il proclame son fils Empereur des Français sous le nom de Napoléon II. — Séjour de Napoléon à la Malmaison; départ pour Rochefort; il s'embarque sur *le Bellérophon* (15 juillet), qui le conduit en Angleterre; Napoléon, au mépris de tous les droits, est considéré comme prisonnier et déporté à Sainte-Hélène. . 99

CHAPITRE SEPTIÈME

Commencement de l'éducation du Roi de Rome; le comte Dietrichstein est nommé son gouverneur. — Mme Marchand, mère du premier valet de chambre de Napoléon à Sainte-Hélène, fait parvenir à l'Empereur une boucle de cheveux du Roi de Rome. — Le Roi de Rome devient *duc de Reichstadt* (22 juillet 1818), suppression du nom de Napoléon. — Intimité du duc de Reichstadt avec son grand-père. 126

CHAPITRE HUITIÈME

Récit du capitaine Foresti, sur l'éducation du duc de Reichstadt. Le duc de Reichstadt reçoit l'éducation des princes autrichiens. Il joue à Robinson Crusoé. Son caractère; sa résolution; chagrin du duc quand on lui apprit la mort de l'Empereur; études classiques et militaires; instruction religieuse; études mathématiques; fortifications; travaux graphiques; études littéraires; histoire et sciences. Le duc de Reichstadt suit les cours de l'Ecole polytechnique de Vienne; il étudie l'architecture civile; son peu de goût pour les arts et la musique; sa dextérité pour les exercices physiques; son goût prononcé pour l'état militaire; à sept ans, il était habillé en simple soldat ; il obtient le grade de sergent ; sa déférence pour la hiérarchie militaire ; il refuse de se trouver au milieu des dames. Leçons d'histoire et de politique données au duc de Reichstadt par le prince de Metternich ; respect du duc de Reichstadt pour la mémoire de son père 144

CHAPITRE NEUVIÈME

Napoléon, à Sainte-Hélène, ne cesse de penser à Marie-Louise et au Roi de Rome ; le portrait du Roi de Rome ; l'Empereur fait son testament ; ses dispositions en faveur de Marie-Louise et de son fils ; il recommande à son fils de ne jamais oublier qu'il est né prince français ; les derniers moments de Napoléon ; il meurt le 5 mai 1821. — Le docteur Antommarchi, se conformant aux instructions de Napoléon, se rend à Parme pour se présenter à Marie-Louise, mais il n'est pas reçu, sentiments indignés de la mère de Napoléon contre Marie-Louise. — Le buste du Roi de Rome rapporté de Sainte-Hélène. — Tentative de la famille de Napoléon auprès du duc de Reichstadt ; démarches de Lucien ; le poète Barthélemy et le *Fils de l'homme* ; la comtesse Napoleone Camerata ; lettre qu'elle adresse à son cousin le duc de Reichstadt. — La Révolution de juillet 1830 ; manifeste pour rappeler Napoléon II. — Lettre de Joseph Napoléon à sa mère sur les vœux de la France en faveur de Napoléon II 179

CHAPITRE DIXIÈME

Récit fait à M. de Monthel par le colonel Prokesch d'Osten, ami intime du duc de Reichstadt. — Ses premières relations avec le duc de Reichstadt ; entretien sur l'Orient, sur l'Égypte ; le duc demande quel souvenir on a conservé de son père ; opinion du duc sur les grands hommes de Plutarque ; son admiration pour Annibal ; il rappelle que le testament de son père lui dicte un devoir qni dirigera les actions de sa vie; dans les cercles et les bals de la Cour le duc de Reichstadt est entouré avec empressement; ses succès dans le monde, une inclination combattue; une amitié réelle. — Le duc de Reichstadt au bal donné par l'ambassadeur d'Angleterre. — Le maréchal Marmont à Vienne; sa rencontre avec le duc de Reichstadt; il lui donne des leçons de stratégie sur les campagnes de Napoléon. — La révolution à Parme; le duc de Reichstadt veut aller au secours de sa mère; chagrin qu'il éprouve du refus qu'on lui oppose. — Le duc de Reichstadt a terminé son éducation classique et militaire; il se sépare de ses gouverneurs 198

CHAPITRE ONZIÈME

Maison mortuaire du duc de Reichstadt; le général Hartmann et les capitaines de Moll et Standeiski. — Le duc de Reichstadt est nommé lieutenant-colonel (15 juin 1831); sa bonté envers ses camarades; sa vie à la caserne; les exercices et les fatigues provoquent les symptômes d'indisposition phtisique. — Le docteur Malfatti, médecin du duc de Reichstadt, décrit la maladie du duc; le duc est obligé d'interrompre son service militaire; remarque singulière de l'organisation physique et morale du duc de Reichstadt; Byron et Lamartine sont les poètes favoris du fils de Napoléon. — Le duc de Reichstadt en convalescence à Schœnbrünn; de nouveaux symptômes fâcheux surviennent à la suite d'une partie de chasse; chagrin du duc de Reichstadt en se voyant privé de ses habitudes militaires; aggravation de la maladie du duc; il reçoit le viatique; arrivée de Marie-Louise auprès de son fils. — Mort du duc de Reichstadt (22 juillet 1832.) 224

CHAPITRE DOUZIÈME

Autopsie du duc de Reichstadt; le corps est transporté de nuit à Vienne; le corps, revêtu de l'uniforme autrichien, est exposé dans la chapelle de la Cour; les funérailles. — Visite aux appartements du duc de Reichstadt; la chambre occupée par Napoléon Ier; le berceau du Roi de Rome déposé au Trésor impérial; l'église sépulcrale; le tombeau du duc de Reichstadt. — Le duc de Reichstadt et sa grand'mère Letizia. — Lettre de Marie-Louise à Madame mère pour lui annoncer la mort du duc de Reichstadt; réponse de Madame Mère. — Effet que produit en France et dans la famille Napoléon la mort du duc de Reichstadt 251

Paris. — Imprimerie PAUL DUPONT, 4, rue du Bouloi. (Cl.) 81.1.99.

★ **Garnier Frères, Libraires-Éditeurs** ★

6, Rue des Saints-Pères. — Paris.   N° 2

Envoi FRANCO *contre mandat ou timbres-poste joints à la demande.*

LE MÉMORIAL DE SAINTE-HÉLÈNE
Par le Comte de LAS CASES

2 volumes grand in-8° d'environ 240 livraisons en couleurs par L. BOMBLED, suivi de la biographie des vingt-six maréchaux du premier Empire par Désiré LACROIX. Chaque volume se vend séparément :
Broché. . . . . **12 fr.** — Relié toile, plaque, tr. dorées **16 fr.**

FRANÇAIS ET ALLEMANDS
HISTOIRE ANECDOTIQUE DE LA GUERRE 1870-71
Par DICK DE LONLAY

4 volumes format grand in-8° jésus. — Chaque volume contient de nombreux dessins, plans de batailles, et 120 grav. en couleurs, broché **12 fr.** — Relié, plaque spéciale, tranch. dor. **16 fr.**
Demi-chagrin, tranches dorées. . . . . **18 fr.**

LA GUERRE A MADAGASCAR
Histoire anecdotique de l'Expédition
Par H. GALLI

Deux volumes grand in-8°, contenant environ 240 gravures en couleurs, portraits, cartes et plans, par L. BOMBLED. Chaque volume se vend séparément :
Broché. . . **12 fr.** — Relié doré, plaque chromo, le vol. **16 fr.**

L'ARMÉE de la LOIRE
Relation anecdotique de la campagne de 1870-71
Par GRENEST

1 volume illustré de 120 gravures en couleur par L. BOMBLED
Broché. . . . . **12 fr.** — Relié avec plaque. . . . **16 fr.**

L'ARMÉE de l'EST
Relation anecdotique de la campagne 1870-71
Par GRENEST

1 volume illustré de 120 gravures en couleurs par L. BOMBLED
Broché. . . . . **12 fr.** — Relié avec plaque. . . **16 fr.**

Voir pages 17 *et* 18, *format in-8° carré.*

NOUVEAU DICTIONNAIRE NATIONAL

OU DICTIONNAIRE UNIVERSEL
DE LA LANGUE FRANÇAISE

Répertoire encyclopédique des Lettres, de l'Histoire, de la Géographie, des Sciences, des Arts et de l'Industrie.

PAR BESCHERELLE AÎNÉ

CONTENANT :

1° La NOMENCLATURE la plus riche et la plus étendue que l'on puisse trouver dans aucun dictionnaire.
2° L'ETYMOLOGIE de tous les mots de la langue, d'après les recherches les plus récentes ;
3° La PRONONCIATION de tous les mots qui offrent quelque difficulté ;
4° L'EXAMEN critique et raisonné des principaux dictionnaires ;
5° La SOLUTION de toutes les difficultés d'orthographe, de grammaire et de style ;
6° La BIOGRAPHIE des personnages les plus remarquables de tous les pays et de tous les temps ;
7° Les NOMS de tous les peuples anciens et modernes, de tous les souverains, des institutions, des sectes religieuses, politiques, philosophiques, les grands événements, sièges, batailles, etc.;
8° La GÉOGRAPHIE ancienne et moderne, physique et politique.

Ancien Dictionnaire de BESCHERELLE entièrement refondu.

Le *Nouveau Dictionnaire National de Bescherelle* se compose de 508 feuilles. Il forme quatre magnifiques volumes en caractères neufs et très lisibles, 4.064 pages ou 16.256 colonnes, matière de 400 volumes in-8, nombreuses vignettes, imprimé sur papier glacé et satiné. **100 fr.** Relié 1/2 chagrin. **120 fr.**

Souscription permanente, 184 livraisons à 50 cent. la livraison.

Paraît également en 18 fascicules, composés de 10 livraisons, à 5 fr.

GRAMMAIRE NATIONALE

Ou grammaire de Voltaire, de Racine, de Bossuet, de Fénelon, de J.-J. Rousseau, de Bernardin de Saint-Pierre, de Chateaubriand, de tous les écrivains les plus distingués de la France ; par MM. BESCHERELLE frères. 1 fort vol. in-8 jés. **10 fr.**

DICTIONNAIRE CLASSIQUE DE LA LANGUE FRANÇAISE

Comprenant les mots du Dictionnaire de l'Académie, tous ceux autorisés par l'emploi qu'en ont fait les bons écrivains ; leurs acceptions propres et figurées et l'indication de leur emploi dans les différents genres de styles ; les termes usités dans les sciences, ou tirés des langues étrangères ; la prononciation de tous les mots qui présentent quelque difficulté, géographie, d'histoire et de biographie, etc. Par M. BESCHERELLE aîné, *auteur du Dictionnaire National de la langue française*. 1 fort volume grand in-8 jésus illustré, 1.200 gravures dans le texte et 40 cartes et gravures d'ensemble.................. **18 fr.**

Souscription en environ 180 livraisons à 10 cent. (deux par semaine).

BESCHERELLE Aîné
NOUVEAU DICTIONNAIRE ENCYCLOPÉDIQUE ILLUSTRÉ

RÉDIGÉ D'APRÈS LE NOUVEAU DICTIONNAIRE DE BESCHERELLE ET CELUI DE L'ACADÉMIE

Langue française — Histoire — Biographie — Géographie — Sciences
Arts — Industrie

Par *E.* BERGEROL et *F.* TULOU

2.000 vignettes, dessins de CHAPUIS et de CATENACCI. 1 volume in-18, 1.026 pages cart. dos toile. **2 fr. 60.** — Relié toile pleine. **3 fr.**

GRAMMAIRES EN DEUX LANGUES

GRAMMAIRE DE LA LANGUE ANGLAISE. 1° Traité de la prononciation avec un *syllabaire*, exemples de lectures ; — 2° Cours de thèmes complet sur les règles, difficultés de la langue ; — 3° Idiotismes ; — 4° Dialogues familiers, par CLIFTON et MERVOYER. 1 vol. in-18... **2 fr.**

GRAMMAIRE PRATIQUE ET RAISONNÉE DE LA LANGUE ALLEMANDE, par Er. GRÉGOIRE. 1 vol. grand in-18...... **8 fr.**

NEW ETYMOLOGICAL FRENCH GRAMMAR, by A. CHASSANG. With introductory remarks for the use of English schools and colleges, by L. Paul BLOUNT. B. A. French Master, St-Paul's School, Examiner at Christ's Hospital. London. 1. vol. in-18. **5 fr.**

GRAMMAIRE ALLEMANDE pratique et raisonnée, par H.-A. BIRMANN. 1 vol. in-18....... **1 fr. 50**

RECUEIL DE LECTURES ALLEMANDES en prose et en vers, par H. BIRMANN et DREYFUS. 1 vol. in-18...... **1 fr. 50**

GRAMMAIRE ESPAGNOLE-FRANÇAISE DE SOBRINO. Très complète et très détaillée, contenant toutes les notions nécessaires pour apprendre à parler et à écrire correctement l'espagnol. Nouvelle édition, refondue par A. GALBAN. 1 vol. in-8, cartonné...... **4 fr.**

NOUVELLE GRAMMAIRE ESPAGNOLE-FRANÇAISE. Avec des thèmes, grand nombre d'exemples dans chaque leçon, par A. GALBAN. 1 vol. in-18...... **2 fr.**

LEÇONS D'ESPAGNOL à l'usage des établissements d'instruction, par ALLAUX.
1re partie, in-18, cartonné.... **2 fr.**
2e partie, in-18, cartonné... **2 fr.**

NOUVELLE GRAMMAIRE RUSSE à l'usage des Français, par N. SOKOLOFF. 1 vol. in-18. **3 fr. 50**

GRAMÁTICA DE LA LENGUA FRANCESA, para los españoles, por CHANTREAU, corrigée avec le plus grand soin par A. GALBAN. 1 vol. in-8...... **4 fr.**

GRAMMAIRE ITALIENNE en 25 leçons, d'après VERGANI, corrigée et complétée par C. FERRARI. 1 vol. in-18...... **2 fr.**

NUOVA GRAMMATICA FRANCESE-ITALIANA di LUDOVICO GOUDAR. Nuova edizione, corretta e arricchita da CACCIA. 1 vol. in-18. **2 fr.**

GRAMMAIRE ALLEMANDE à l'usage des Italiens, par ENENKEL. 1 vol. in-18...... **2 fr.**

METODO TEORICO E PRATICO por apprendere a leggere, scrivere e parlare la *Lingua tedesca*, da ARTURO ENENKEL. 1 vol. in-18, cartonné...... **2 fr.**

GRAMMAIRE PORTUGAISE, raisonnée et simplifiée, par M. Paulino DE SOUZA. 1 fort v. grand in-18. **6 fr.**

ABRÉGÉ DE LA GRAMMAIRE PORTUGAISE de M. P. DE SOUZA, avec un cours gradué de thèmes, par L.-S. DE FONSECA. 1 v. in-18. **3 fr.**

GRAMMAIRE DE LA LANGUE D'OIL, français des XIIe et XIIIe siècles, par A. BOURGUIGNON. 1 vol. in-18...... **3 fr.**

DICTIONNAIRE USUEL DE LA LANGUE FRANÇAISE

Comprenant : 1° Les mots admis par l'Académie, les mots nouveaux dont l'emploi est suffisamment autorisé, les archaïsmes utiles à connaître pour l'intelligence des auteurs classiques, la prononciation dans les cas douteux, les étymologies, la solution des difficultés grammaticales et un grand nombre d'exemples ; — 2° L'histoire, la mythologie et la géographie, par MM. BESCHERELLE aîné et A. BOURGUIGNON. 1 vol. grand in-18, 1271 pages. Relié toile. **6 fr.**

DICTIONNAIRE PORTATIF DES COMMUNES DE FRANCE

De l'Algérie, des colonies et des pays de protectorat, précédé de tableaux synoptiques, par GINDRE DE MANCY, nouvelle édition revue et mise à jour, par M. Désiré LACROIX. 1 fort vol. in-32, d'environ 200 pages........... **5 fr.**

DICTIONNAIRE USUEL DE TOUS LES VERBES FRANÇAIS

Tant réguliers qu'irréguliers, par MM. BESCHERELLE frères.
2 forts vol. in-8 à 3 col., **12 fr.** Relié **16 fr.**

DICTIONNAIRE DES SYNONYMES DE LA LANGUE FRANÇAISE, par A. BOURGUIGNON et H. BERGEROL. 1 v. in-32 relié. **5 fr.**

DICTIONNAIRE ÉTYMOLOGIQUE DE LA LANGUE FRANÇAISE, par MM. BERGEROL et TULOU. 1 vol. in-32, format Cazin relié...... **5 fr.**

NOUVEAU DICTIONNAIRE DES RIMES. Précédé d'un traité complet de la versification, par QUITARD. 1 vol. in-32 fr. **2** ; relié.. **2 fr. 50**

DICTIONNAIRE DES TERMES

DE MARINE, par POUSSART, officier de marine, Grav., Cartes. 1 vol. in-32 relié........ **3 fr. 50**

PETIT DICTIONNAIRE D'HISTOIRE, DE GÉOGRAPHIE ET DE MYTHOLOGIE, par QUITARD, faisant suite au *Petit Dictionnaire national* de M. BESCHERELLE. 1 vol. in-32 broché. **1 fr. 50**; relié **2 fr.**

NUOVO VOCABOLARIO UNIVERSALE della lingua italiana, storico, scientifico, etc., compilato da B. MELZI. 1 vol. in-18 jésus, relié..... **6 fr.**

NUOVO VOCABULARIO UNIVERSAL DA LENGUA PORTUGUEZA, par LEVINDO CASTRO DE LA FAYETTE. Format Cazin, édition de luxe, 1 vol. grand in-32, petit caractère, 1.200 pages. **6 fr.**

PETIT DICTIONNAIRE NATIONAL. Nouvelle édition entièrement refondue, d'après le nouveau Dictionnaire National et la 7ᵉ édition du Dictionnaire de l'Académie, par BESCHERELLE ainé. 1 vol. in-32 élégamment relié, toile souple. **2 fr.**

DICTIONNAIRES EN DEUX LANGUES

Avec la prononciation figurée, très complets et exécutés avec le plus grand soin, contenant chacun la matière d'un fort vol. in-8, à l'usage des voyageurs, des lycées, des collèges, de la jeunesse des deux sexes, et de toutes les personnes qui étudient les langues étrangères.

Nouveau dictionnaire anglais-français et français-anglais, par CLIFTON. 1 volume relié, revu par M. FENARD.............. **5 fr.**

Nouveau dictionnaire allemand-français et français-allemand, par K. ROTTECK, revu par M. KISTER. 1 vol. relié............. **5 fr.**

Nouveau dictionnaire italien-français et français-italien, par C. FERRARI. 1 vol. relié....... **5 fr.**

Nouveau dictionnaire français-espagnol et espagnol-français, par VICENTE SALVA. 1 vol. relié.. **6 fr.**

Nouveau dictionnaire portugais-français et français-portugais, par SOUZA PINTO. 1 fort vol. relié. **6 fr.**

Nouveau dictionnaire français-russe et russe-français, par SOKOLOFF. 2 vol. reliés......... **10 fr.**

Nouveau dictionnaire latin-français, par de SUCKAU. 1 vol. relié. **5 fr.**

Nouveau dictionnaire français-latin, par BENOIST. 1 vol. relié **5 fr.**

Nouveau dictionnaire grec-français, rédigé sur un plan nouveau, par A. CHASSANG. 1 vol. relié.... **6 fr.**

Nouveau dictionnaire grec moderne-français et français-grec moderne, par Émile LEGRAND. 2 vol. reliés................ **12 fr.**

Diccionario español-inglés é inglés-español portátil, por D. F. COLONA BUSTAMANTE. 2 vol. reliés.... **6 fr.**

Nouveau dictionnaire español-alemán y alemán-español, por ARTURO ENENKEL. 1 vol. relié....... **6 fr.**

Diccionario español-italiano é italiano-español, por D. J. CACCIA. 1 vol. relié...................... **5 fr.**

New dictionary of the english and italian languages, by ALPP. DE BIRMINGHAM. 1 vol. rel....... **6 fr.**

Dictionnaire italien-allemand et allemand-italien, composé d'après un nouveau plan, par ARTURO ENENKEL. 1 vol. relié........... **6 fr.**

Dictionnaire anglais-portugais et portugais-anglais, par CASTRO DE LAFAYETTE. 1 volume...... **6 fr.**

Dictionnaire portugais-allemand et allemand-portugais, par ENENKEL. 1 vol. in-32 relié........ **8 fr.**

GUIDES POLYGLOTTES

Manuels de la conversation et du style épistolaire, à l'usage des voyageurs et des écoles. Grand in-32, format dit Cazin, reliure élégante. . . . . . **2 fr.**

Français-anglais, par M. CLIFTON.
Français-italien, par M. VITALI.
Français-allemand, par M. EBELING.
Français-espagnol, par BUSTAMANTE.
Español-francés, par BUSTAMANTE.
English-french, par CLIFTON.
Hollands-fransch, van A. DUFRICHE.
Español-inglés, por BUSTAMANTE y CLIFTON.
English-italian, par CLIFTON.

Español-aleman, por BUSTAMANTE y EBELING.
Deutsch-english, von EBELING.
Español-italiano, por BUSTAMANTE.
Italiano-tedesco, da GIOVANNI VITALI.
Portuguez-francez, por M. CAROLINO DUARTE.
English-portuguese, par CLIFTON et DUARTE.
Español-portugués, por BUSTAMANTE y DUARTE.

Par exception. Relié souple, **3 fr.**

Français-roumain, par M. HAZAN.
Grec moderne-français, par M. B. LEGRAND.
Russe-français, par le comte DE MONTEVERDE.
Anglais-russe, par le même.
Russe-allemand, par le même.
Russe-italien, par le même.
Guides en six langues : français-anglais-allemand-italien-espagnol-portugais............ 5 fr.
Español-francés con la pronunciacion figurada de todas las palabras francesas, par CORONA BUSTAMANTE 3 fr.
Français-espagnol, avec la *prononciation figurée des mots espagnols*............ 3 fr.
Français-anglais avec la *prononciation figurée des mots anglais*.
Français-italien avec la *prononciation figurée des mots italiens*.
Allemand-français, avec la prononciation figurée des mots français.
Polyglot guides manual of conversation. English and French with the figured pronunciation of the French, by M. CLIFTON.
Français-allemand, avec la prononciation figurée des mots allemands, par M. BIRMANN.
Guide en quatre langues français-anglais-allemand-italien.

GRANDS DICTIONNAIRES EN DEUX LANGUES

NOUVEAU DICTIONNAIRE latin français, par MM. H. GOELZER et BENOIST. 1 volume grand in-8° à 3 colonnes............ 10 fr.
DICTIONNAIRE anglais-français et français-anglais. Composé sur un nouveau plan d'après les ouvrages spéciaux les plus récents, par CLIFTON et ADRIEN GRIMAUX. 2 vol. in-8, 2,200 pages à 3 colonnes, 20 fr.
— Reliés, 2 volumes en un, 25 fr., en 2 volumes............ 28 fr.
GRAND DICTIONNAIRE français-allemand et allemand-français, par H. A. BIRMANN. 2 forts vol. grand in-18, 25 fr. Reliés........ 33 fr.
GRAND DICTIONNAIRE espagnol-français et français-espagnol. Avec la prononciation dans les deux langues, rédigé par D. VINCENTE SALVA et d'après les meilleurs dictionnaires anciens et modernes, par MM. NORIEGA ET GUIM. 1 fort vol. gr. in-8, 1.600 pages à 2 colonnes, 18 fr.; relié..... 23 fr.
GRAND DICTIONNAIRE italien-français et français-italien. Rédigé d'après les ouvrages et les travaux les plus récents, avec la prononciation dans les deux langues, par MM. CACCIA et FERRARI. 2 forts vol. grand in-8 à 3 colonnes, réunis en 1 vol. 20 fr.; reliés.... 25 fr.
DICTIONARY spanish-english et inglès-espanol. Le plus complet de ceux publiés jusqu'à ce jour, rédigé d'après les meilleurs dictionnaires anglais et espagnols : *de l'Académie espagnole, Salva, Seouse, Clifton, Woucesten, Webster,* etc., par LOPEZ et BENSLEY. 1 vol. gr. in-8 rel. **20 fr.**
NOUVEAU DICTIONNAIRE grec-français, par M. CHASSANG. 1 vol. gr. in-8 relié............ **20 fr.**

CODES ET LOIS USUELLES

Classés par ordre alphabétique, contenant la législation jusqu'à ce jour collationnée sur les textes officiels, présentant en notes sous chaque article des Codes, ses différentes modifications, la corrélation des articles entre eux, la concordance avec le droit romain, l'ancienne législation française et les lois nouvelles, précédée des *Lois Constitutionnelles* et accompagnée d'une table chronologique et d'une table des matières.

Par MM. AUGUSTIN ROGER et ALEXANDRE SOREL
Président du Tribunal Civil de Compiègne, Chevalier de la Légion d'honneur
25° édition imprimée en caractères neufs, entièrement refondue et considérablement augmentée.
1 vol. gr. in-8 d'environ 1,500 pages. — Broché, **20 fr.** Relié demi-chagrin, **25 fr.**
LE MÊME OUVRAGE édition portative, format grand in-32 jésus, en deux parties. — Cette édition, entièrement refondue, est imprimée en caractères neufs comme l'édition grand in-8°.

1ʳᵉ PARTIE. Les *Codes*, broché. 4 fr. »
Relié, 1/2 chagrin........ 5 fr. 25

2ᵉ PARTIE. Les *Lois usuelles*, b. 4 fr.
Relié, 1/2 chagrin........ 5 fr. 25

RÉPÉTITIONS ÉCRITES SUR LE CODE CIVIL

Contenant l'exposé des principes généraux, leurs motifs et la solution des questions théoriques, par MOURLON, docteur en droit, avocat à la cour d'appel.
2ᵉ Edition, revue et mise au courant, par CH. DEMANGEAT, conseiller à la cour de cassation, professeur honoraire à la faculté de droit de Paris. 3 vol. in-8. 37 fr. 50
Chaque examen, formant 1 vol., se vend séparément............ 12 fr. 50

DICTIONNAIRE DE DROIT COMMERCIAL, INDUSTRIEL ET MARITIME

Par J. RUBEN DE COUDER, docteur en droit, président du tribunal civil de la Seine, 3ᵉ édition dans laquelle a été entièrement refondu et remis au courant l'ancien ouvrage de MM. GOUGET et MERGER. 6 forts vol. in-8, 60 fr. Bien reliés. 72 fr.

ŒUVRES COMPLÈTES DE BUFFON. Avec la nomenclature Linéenne et la classification de Cuvier; édition nouvelle : annotée par M. FLOURENS, membre de l'Académie française, nouvelle édition. 12 volumes, grand in-8, illustré de 150 planches, 400 sujets coloriés, dessins originaux de MM. TRAVIÈS et GOBIN. 150 fr.

ŒUVRES DE CUVIER. Suivies de celles du comte DE LACÉPÈDE, complément aux Œuvres complètes de BUFFON, annotées par M. FLOURENS. 4 forts vol. gr. in-8, 150 sujets coloriés. 50 fr

CHEFS-D'ŒUVRE DE LA LITTÉRATURE FRANÇAISE

Format in-8 cavalier, papier vélin satiné du Marais. Imprimés avec luxe, ornés de gravures sur acier; dessins par les meilleurs artistes. — 60 volumes sont en vente à 7 fr. 50. — On tire, de chaque volume de la collection, *150 exemplaires numérotés* sur papier de Hollande avec fig. sur Chine avant la lettre; le volume, 15 fr.

ŒUVRES COMPLÈTES DE MOLIÈRE
2ᵉ édition, très soigneusement revue sur les textes originaux, avec un nouveau travail de critique et d'érudition, aperçus d'histoire littéraire, examen de chaque pièce, commentaires, vocabulaire par L. MOLAND. 12 vol.

ŒUVRES COMPLÈTES DE J. RACINE
Avec une Vie de l'auteur et un examen de chacun de ses ouvrages, par M. SAINT-MARC-GIRARDIN, de l'Académie française. 8 vol.

ESSAIS DE MICHEL DE MONTAIGNE
Nouvelle édition, avec les notes de tous les commentateurs, complétée par M. J.-V.-L. CLERC, étude sur Montaigne par PRÉVOST-PARADOL. 4 vol. avec portrait.

ŒUVRES COMPLÈTES DE LA BRUYÈRE
Publiées d'après les éditions données par l'auteur, notice sur La Bruyère, variantes, notes et un lexique, par A. CHASSANG, lauréat de l'Académie française, inspecteur général de l'instruction publique. 2 vol.

ŒUVRES COMPLÈTES DE LA ROCHEFOUCAULD
Nouvelle édition, avec des notices sur la vie de La Rochefoucauld et sur ses divers ouvrages, variantes, notes, table analytique, un lexique, par A. CHASSANG. 2 vol.

ŒUVRES COMPLÈTES DE BOILEAU
Avec des commentaires et un travail de M. GIDEL. Gravures de STAAL. 4 vol.

ANDRÉ CHÉNIER
Œuvres poétiques. Nouvelle édition, vignettes de STAAL. 2 vol.

ŒUVRES COMPLÈTES DE MONTESQUIEU
Textes revus, collationnés et annotés, par ÉDOUARD LABOULAYE, membre de l'Institut. 7 vol.

ŒUVRES DE PASCAL
LETTRES ÉCRITES A UN PROVINCIAL
Nouvelle édition, introduction, notice, variantes des éditions originales, commentaire, bibliographie, par L. DEROME. Portraits des personnages importants de Port-Royal, gravés sur acier. 2 vol.

ŒUVRES CHOISIES DE PIERRE DE RONSARD
Avec notice, notes et commentaires, par SAINTE-BEUVE; nouvelle édition, revue et augmentée, par MOLAND. 1 vol. avec portrait.

ŒUVRES DE CLÉMENT MAROT
Annotées, revues sur les éditions originales; Vie de Clément Marot, par CHARLES D'HÉRICAULT. 1 volume avec portrait.

ŒUVRES DE JEAN-BAPTISTE ROUSSEAU
Avec un nouveau travail de ANT. DE LATOUR, 1 vol. orné du portrait de l'auteur.

CHEFS-D'ŒUVRE LITTÉRAIRES DE BUFFON
Introduction par M. FLOURENS, de l'Académie française. 2 vol. avec portrait.

L'IMITATION DE JÉSUS-CHRIST
Traduction nouvelle avec des réflexions, par M. DE LAMENNAIS. 1 vol.

ŒUVRES CHOISIES DE MASSILLON
Accompagnées de notes, notice par M. GODEFROY. 2 vol. avec portrait.

ŒUVRES COMPLÈTES DE VOLTAIRE

Nouvelle édition avec Notices, Préfaces, Variantes, Table analytique
LES NOTES DE TOUS LES COMMENTATEURS ET DES NOTES NOUVELLES
Conforme pour le texte à l'édition de Beuchot
Enrichie des découvertes les plus récentes et mise au courant des travaux qui ont paru jusqu'à nos jours.

Cette nouvelle édition des *Œuvres complètes de Voltaire*, publiée sous la direction de M. LOUIS MOLAND, a supplanté celle de Beuchot : c'est un travail remarquable et digne de l'érudition de notre temps. 52 vol. in-8, y compris 2 vol. de table, le vol.................. **7 fr.**

SUITE DE 90 GRAVURES MODERNES
Dessins de STAAL, PHILIPPOTEAUX, etc.

Ces quatre-vingt-dix gravures modernes, qui viennent s'ajouter aux gravures de l'édition de Kehl, sont des œuvres excellentes pour lesquelles aucun soin n'a été épargné et qui représentent dignement l'art actuel à côté de l'art ancien................................. **30 fr.**

Il a été tiré 150 épreuves sur papier de Chine, **60 fr.**

Suite de 109 gravures d'après les dessins de MOREAU jeune.
Nouvelle édition tirée sur les planches originales.

Les gravures exécutées d'après les dessins de MOREAU jeune, pour la célèbre édition des ŒUVRES DE VOLTAIRE imprimée à Kehl à la fin du siècle dernier, jouissent d'une réputation qui en faisait désirer vivement la réimpression par les amateurs. Tirée sur les planches originales. Le travail de cette édition a été confié à un de nos meilleurs imprimeurs en taille-douce................................. **30 fr.**

Il a été tiré 150 épreuves sur papier de Chine et 150 sur papier Wathman................................. **60 fr.**

ŒUVRES COMPLÈTES DE DENIS DIDEROT

COMPRENANT :

Tout ce qui a été publié à diverses époques et tous les manuscrits inédits conservés à la Bibliothèque de l'Ermitage. Revues avec soin sur les éditions originales. Notices, Notes, Table analytique.

Par J. ASSÉZAT

Cette édition, véritablement complète des ŒEuvres de Diderot, forme 20 volumes in-8 cavalier, imprimés par M. Claye sur beau papier du Marais, à **7 fr.** le volume.

CORRESPONDANCE LITTÉRAIRE, PHILOSOPHIQUE ET CRITIQUE
Par GRIMM, DIDEROT, RAYNAL & MEISTER

Nouvelle édition collationnée sur les textes originaux, comprenant outre ce qui a été publié à diverses époques et les fragments supprimés en 1813 par la censure, les parties inédites conservés à la Bibliothèque ducale de Gotha et à l'Arsenal de Paris.

Notice, Notes, Table générale, par Maurice TOURNEUX
16 vol. in-8 cavalier; le caractère et le papier sont semblables à ceux des *Œuvres complètes* de Diderot, le volume.................. **7 fr.**

Il a été tiré 100 exemplaires numérotés sur papier de Hollande, Le volume................................. **15 fr.**

ŒUVRES COMPLÈTES DE BÉRANGER

9 vol. in-8, format caval., magnifiquement imprimés, papier vélin satiné, contenant :

Les Œuvres anciennes, illustrées de 53 gravures sur acier, d'après Charlet, Johannot, Raffet, etc.. **28 fr.**

Les Œuvres posthumes. Dernières chansons (1834 à 1851), illustrées de 14 gravures sur acier, de A. de Lemud. 1 vol................... **12 fr.**

Ma Biographie, illustrée de 8 gravures. 1 vol..................... **12 fr.**

Musique des chansons, airs notés anciens et modernes. Edition revue par F. Bérat, ill. de 80 gravures d'après Grandville et Raffet. 1 vol... **10 fr.**

MÊME OUVRAGE, sans gravures... **6 fr.**

Correspondance de Béranger. Un magnifique portrait gravé sur acier, 4 forts vol. 1.200 lettres et le catalogue analytique de 150 autres............ **24 fr.**

CHANSONS DE BÉRANGER anciennes et posthumes. Nouvelle édition populaire, illustrée de 161 dessins inédits de Bayard, Darjou, Godefroy Durand, Pauquet, etc., gravés par les meilleurs artistes, vignettes par M. Giacomelli. 1 vol. gr. in-8. **10 fr.**

COLLECTION DE GRAVURES, POUR LES ŒUVRES DE BÉRANGER. Pour les anciennes chansons, 53 gravures......... **18 fr.**
Pour les œuvres posthumes, 23 gravures................. **12 fr.**

MUSIQUE DES CHANSONS DE BÉRANGER, airs notés anciens et modernes. Nouvelle édition revue par Frédéric Bérat, augmentée de la musique des chansons posthumes d'airs composés par Béranger, Halévy, Gounod, Laurent de Rillé, 120 gravures d'après Grandville et Raffet. 1 vol. gr. in-8...... **10 fr.**

ALBUM BÉRANGER, par **GRANDVILLE**. 80 dessins, 1 v. in-8 cav. **10 fr.** Ces gravures ne font pas double emploi avec les aciers.

CHANTS ET CHANSONS POPULAIRES DE LA FRANCE. Nouvelle édition, *avec musique*, illustrée de 339 belles gravures sur acier, d'après Daubigny, M. Giraud, Meissonier, Staal, Steinheil, Trimolhet, gravés par les meilleurs artistes. Notice par A. de Lamartine, 3 vol. gr. in-8.................. **48 fr.**

CHANTS ET CHANSONS POPULAIRES DES PROVINCES DE FRANCE. Notice par Champfleury. Accompagnement de piano par J.-B. Weckerlin. Illustrés par Bida, Courbet, Jacque, etc. 1 vol. gr. in-8............. **12 fr.**

CHANSONS NATIONALES ET POPULAIRES DE LA FRANCE, Notes historiques et littéraires par Dumersan et Noel Ségur, vignettes dans le texte, et gravures sur acier, 2 vol. gr. in-8............................. **20 fr.**

L'ANCIENNE CHANSON POPULAIRE EN FRANCE aux seizième et dix-septième siècles, par J.-B. Weckerlin, bibliothécaire au Conservatoire de musique 30 anciens airs notés, gravures en chromotypographie. 1 vol. in-18.... **5 fr.**
Il a été tiré 50 exemplaires numérotés sur papier de Hollande........ **10 fr.**

LE BÉRANGER DES ÉCOLES, accompagné d'une étude et de notes, par E. Legouvé, de l'Académie française, 1 vol. in-18................ **1 fr. 50**

BIBLIOTHÈQUE D'UN DÉSŒUVRÉ

Série d'ouvrages in-32, format elzévirien.

ŒUVRES COMPLÈTES DE BÉRANGER, avec les 10 chansons publiées en 1847. 1 vol...... **3.50**

ŒUVRES POSTHUMES DE BÉRANGER. Dernières chansons et

Ma Biographie, appendice, notes inédites de Béranger. 1 vol.. **3.50**

PIERRE DUPONT. Muse populaire, chants et poésies. 1 vol. **3 fr.**

Ouvrages grand in-8° jésus, magnifiquement illustrés

GALERIES DE PORTRAITS
GRAVURES SUR ACIER
20 fr. le volume. — 1/2 reliure soignée, tranches dorées, 26 fr.

Galerie de Portraits historiques
Tirée des *Causeries du lundi*, par Sainte-Beuve, de l'Académie française. Portraits gravés sur acier. 1 vol.

Galerie des grands Écrivains français
Par le même, semblable au précédent pour l'exécution et les illustrations. 1 vol.

Nouvelle Galerie des grands Écrivains français
Tirée des *Portraits littéraires* et des *Causeries du Lundi*, par le même. 1 vol.

Galerie de Femmes célèbres
Tirée des *Causeries du Lundi*, des *Portraits littéraires*, des *Portraits de Femmes*, par le même. 1 vol.

Nouvelle Galerie de Femmes célèbres
Par le même, semblable pour l'exécution à ceux ci-dessus. 1 vol.

Ces 5 volumes se complètent l'un par l'autre. Ils contiennent la fleur des *Causeries du Lundi*, des *Portraits littéraires* et des *Portraits de Femmes*.

Poésies d'André Chénier
Avec notice et notes par M. L. Moland, grav. sur acier, dessins de Staal. 1 vol.

Lettres choisies de Madame de Sévigné
Avec une magnifique galerie de portraits sur acier. 1 volume.

Histoire de France
Depuis la fondation de la monarchie, par Mennechet, ill. 20 grav. sur acier, gravées par F. Delannoy, Outhwaite, etc. 1 vol.

La France guerrière
Récits historiques d'après les chroniques et les mémoires de chaque siècle, par Ch. d'Héricault et L. Moland, gravures sur acier. 1 vol.

Dante Alighieri
La Divine Comédie, traduite en français par le chevalier Artaud de Montor, préface de M. Louis Moland. Illustrée, dessins de Yan'Dargent. 1 vol.

Galerie illustrée d'histoire naturelle
Tirée de Buffon, édition annotée par Flourens, 33, gravures sur acier, coloriées, dessins nouveaux de Ed. Travies et H. Gobin. 1 vol.

Nouvelle Galerie d'Histoire naturelle
Tirée des œuvres complètes de Buffon et de Lacépède, vie de Buffon par Flourens, illustrée dans le texte, coloriées et hors texte, 30 planches sur acier de MM. Travies et Henri Gobin. 1 fort volume.

La Femme jugée par les grands Écrivains des deux sexes
La Femme devant *Dieu*, devant la *Nature*, devant la *Loi*, devant la *Société*. Riche et précieuse mosaïque de toutes les opinions émises sur la Femme depuis les siècles les plus reculés jusqu'à nos jours, par D.-J. Larchey, introduction de Bescherelle aîné, 20 superbes gravures sur acier, dessins de Staal. 1 volume.

Les Femmes d'après les Auteurs français
Par E. Muller. Illustré des portraits des femmes les plus illustres, gravés au burin, dessins de Staal, 1 vol.

Lettres choisies de Voltaire
Notice et notes explicatives par M. L. Moland, ornées de portraits historiques. Dessins de Philippoteau et Staal, gravés sur acier. 1 vol.

Galeries historiques de Versailles
(Edition unique)

Ce grand et important ouvrage a été entrepris au frais de la liste civile du roi Louis-Philippe, et rédigé d'après ses instructions. Il renferme la description de 1,200 tableaux; des notices historiques sur 676 écussons armoriés, 10 volumes in-8°, accompagnés d'un atlas de 100 gravures in-folio. . . . . **100 fr.**
ALBUM (formant un tout complet) de 400 gr., avec notice. Relié, doré. 66

CHEFS-D'ŒUVRE DU ROMAN FRANÇAIS

12 beaux vol. in-8 cavalier, illustr. de charmantes grav. sur acier, dessins de STALL.
Chaque volume sans tomaison se vend séparément 7 fr. 50.

Œuvres de M⸃ᵐᵉ de La Fayette. 1 vol.		Œuvres de Mᵐᵉ Elie de Beaumont, de Mᵐᵉ de Genlis, de Fiévée, de Mᵐᵉ Duras ... 1 vol.
Œuvres de Mᵐᵉˢ de Fontaines et de Tencin................ 1 vol.		
La vie de Marianne, suivie du Paysan parvenu, par MARIVAUX 2 vol.		Œuvres de Mᵐᵉ de Souza... 1 vol.
Œuvres de Mᵐᵉ Ricooboni. 1 vol.		Corinne ou l'Italie, par Mᵐᵉ DE STAEL............ 1 vol.

ŒUVRES DE WALTER SCOTT

Traduction de M. DEFAUCONPRET, édition de luxe revue et corrigée avec le plus grand soin, illustrée de 59 magnifiques vignettes et portraits sur acier d'après RAFFET. 30 volumes in-8 cavalier, papier glacé et satiné............ **150 fr.**
Chaque volume.. **5 fr.**

TOMES.
1. Waverley.
2. Guy Mannering.
3. L'antiquaire.
4. Rob-Roy.
5. Le nain noir.
6. { Les puritains d'Ecosse. / La prison d'Edimbourg.
7. { La fiancée de Lammermoor. / L'officier de fortune.
8. Ivanhoë.
9. Le Monastère.

TOMES.
10. L'abbé.
11. Kenilworth.
12. Le Pirate.
13. Les aventures de Nigel.
14. Peveril du Pic.
15. Quentin Durward.
16. Eaux de St-Ronan.
17. Redgauntlet.
18. Connétable de Chester.
19. Richard en Palestine.
20. Woodstock.

TOMES.
21. Chronique de la Canongate.
22. La jolie fille de Perth.
23. Charles le Téméraire.
24. Robert de Paris.
25. { Le Château périlleux / La Démonologie.
26.
27. } Histoire d'Écosse.
28.
29. } Romans poétiques.
30.

LE MÊME OUVRAGE. 30 volumes in-8 carré, avec gravures sur acier. Chaque volume contient au moins un roman complet................ **3 fr. 50**

ŒUVRES DE J. FENIMORE COOPER

Traduction de M. DEFAUCONPRET, avec 90 vignettes, d'après les dessins de MM. Alfred et Tony JOHANNOT. 30 volumes in-8............ **150 fr.**
On vend séparément chaque volume................. **5 fr.**

TOMES.
1. Précaution.
2. L'Espion.
3. Le Pilote.
4. Lionel Lincoln.
5. Les Mohicans.
6. Les Pionniers.
7. La Prairie.
8. Le Corsaire rouge.
9. Les Puritains.
10. L'Ecumeur de mer.

TOMES.
11. Le Bravo.
12. L'Heidenmauer.
13. Le Bourreau de Berne.
14. Les Monikins.
15. Le Paquebot.
16. Eve Effingham.
17. Le lac Ontario.
18. Mercédès de Castille.
19. Le tueur de daims.
20. Les deux Amiraux.

TOMES.
21. Le Feu-Follet.
22. A Bord et à Terre.
23. Lucie Hardinge.
24. Wyandotté.
25. Satanstoë.
26. Le Porte-Chaîne.
27. Ravensnest.
28. Les Liens de mer.
29. Le Cratère.
30. Les Mœurs du jour.

LE MÊME OUVRAGE, 30 volumes in-8 carré avec gravures sur acier. Chaque volume contient au moins un roman complet................ **3 fr. 50**

HISTOIRE DES DEUX RESTAURATIONS

Jusqu'à l'avènement de Louis-Philippe (janvier 1813 à octobre 1830); par ACHILLE DE VAULABELLE. Nouvelle édition illustrée de vignettes et portraits sur acier, gravés par les premiers artistes, dessins de PHILIPPOTAUX. 10 vol. in-8. **60 fr.**

ŒUVRES COMPLÈTES D'AUGUSTE THIERRY

5 volumes in-8 cavalier, papier vélin glacé, le volume...... **6 fr.**

Histoire de la Conquête de l'Angleterre............ 2 vol.	Récits des temps mérovingiens................ 1 vol.
Lettres sur l'Histoire de France.— Dix ans d'Etudes historiques. 1 v.	Essai sur l'Histoire du Tiers-Etat................ 1 vol.

GÉOGRAPHIE GÉNÉRALE, PHYSIQUE, POLITIQUE & ÉCONOMIQUE

Par Louis GRÉGOIRE, docteur ès lettres, professeur d'histoire et de géographie, avec 109 cartes, 500 gravures, 16 types de races avec costumes, en chromo, 20 gravures sur acier. 1 fort volume grand in-8 de 1,200 pages........ **30 fr.**
Relié demi-chagrin, tranches dorées, 36 fr. — Avec plaques spéciales... **40 fr.**

DICTIONNAIRE ENCYCLOPÉDIQUE
D'HISTOIRE, DE BIOGRAPHIE, DE MYTHOLOGIE & DE GÉOGRAPHIE

1° HISTOIRE : l'Histoire des peuples, la Chronologie des dynasties, l'Archéologie, l'Etude des institutions. — 2° BIOGRAPHIE : la Biographie des hommes célèbres, avec notices biographiques. — 3° MYTHOLOGIE : Biographie des dieux et des personnages fabuleux, fêtes et mystères. — 4° GÉOGRAPHIE : la Géographie physique, politique, industrielle et commerciale, la Géographie ancienne et moderne, comparée, par le MÊME.
Nouvelle édition mise au courant des modifications amenées par les événements politiques. 1 fort volume grand in-8 à 2 colonnes de 2,132 pages, la matière d'environ 60 vol. in-8. — Broché, 20 fr. — Relié............ **25 fr.**

DICTIONNAIRE ENCYCLOPÉDIQUE DES LETTRES ET DES ARTS
AVEC DES GRAVURES INTERCALÉES DANS LE TEXTE
Par le Même
1 volume grand in-8 illustré, 15 fr. — Relié......,................. **20 fr.**

DICTIONNAIRE ENCYCLOPÉDIQUE DES SCIENCES
AVEC DES GRAVURES INTERCALÉES DANS LE TEXTE
Par M. Victor DESPLATS
Docteur en médecine, Professeur agrégé à la Faculté de médecine de Paris, Professeur des sciences physiques et naturelles au lycée Condorcet et au collège Chaptal.
1 volume grand in-8 illustré, 15 fr. — Relié...................... **20 fr.**

Nouveau **DICTIONNAIRE de Géographie** ancienne et moderne, par le même. 1 vol. grand in-32, relié................. **5 fr.**

DICTIONNAIRE classique d'Histoire, de Géographie, de Biographie et de Mythologie, rédigé d'après le *Dictionnaire encyclopédique d'Histoire et de Géographie*, par L. GRÉGOIRE. 1 fort volume de 1.260 pages, grand in-18, relié. **8 fr.**

ŒUVRES COMPLÈTES DE CHATEAUBRIAND

Nouvelle édition, précédée d'une Étude littéraire sur Chateaubriand, par SAINTE-BEUVE, de l'Académie française, 12 très forts volumes in-8, sur papier cavalier velin, ornés d'un beau portrait de Chateaubriand et de 42 gravures par STAAL, le volume.. **6 fr.**
Les notes manuscrites de Chateaubriand, recueillies par SAINTE-BEUVE, sur les marges d'un exemplaire de la 1re édition de l'*Essai sur les Révolutions*, donnent à notre édition de cet ouvrage une valeur exceptionnelle.

LES MÉMOIRES D'OUTRE-TOMBE

6 volumes in-8 cavalier, grav. sur acier, le volume 6 fr. — Relié......... **9 fr.**
ON VEND SÉPARÉMENT AVEC TITRE SPÉCIAL

Le Génie du Christianisme 1 vol.	Voyage en Amérique, en Italie, en Suisse........ 1 vol.
Les Martyrs................ 1 vol.	
L'Itinéraire de Paris à Jérusalem................... 1 vol.	Le Paradis perdu, littérature anglaise.............. 1 vol.
Atala. René. Le dernier Abencerage. Les Natchez Poésies................... 1 vol.	Histoire de France......... 1 vol.
	Études historiques........ 1 vol.

Chaque vol. avec 3, 4 ou 5 grav. 6 fr. — Relié demi-chagrin, tranches dorées. **9 fr**

ŒUVRES COMPLÈTES DE SHAKSPEARE

Traduction de M. GUIZOT, nouvelle édition complète, revue, avec une étude sur Shakspeare, des notices sur chaque pièce et des notes.
vol. in-8 cavalier, sans gravures, le vol. 5 fr. — Avec gravures le vol. **6 fr**

COLLECTION DES COMPACTES
Grand in-8 jésus à 2 colonnes
Gravures sur acier, à 12 fr. 50 le volume
Reliés demi-chagrin, tranches dorées 18 fr.

ŒUVRES COMPLÈTES DE MOLIÈRE. Gravures sur acier, dessins de G. STAAL, notes philologiques et littéraires, par LEMAISTRE. 1 vol.

ŒUVRES DE P. ET TH. CORNEILLE. Vie de P. Corneille, par FONTENELLE. Grav. sur acier, 1 vol. 12 grav.

ŒUVRES DE J. RACINE. Avec Essai sur la vie et les ouvrages de J. Racine, par LOUIS RACINE ; 13 vignettes d'après STAAL 1 vol

ŒUVRES COMPLÈTES DE BOILEAU. Notice par M. SAINTE-BEUVE. Notes de tous les commentateurs ; grav. sur acier. 1 vol.

ŒUVRES COMPLÈTES DE BEAUMARCHAIS. Notice par M. LOUIS MOLAND, enrichie à l'aide des travaux les plus récents, gravures, dessins de STAAL. 1 vol.

ŒUVRES COMPLÈTES DE CASIMIR DELAVIGNE. — Théâtres. — Messéniennes. — Œuvres posthumes. Illustrées. 1 vol.

MORALISTES FRANÇAIS. — PASCAL, LAROCHEFOUCAULD, LA BRUYÈRE, VAUVENARGUES, avec portraits. 1 vol.

PLUTARQUE. VIE DES HOMMES ILLUSTRES, traduit par RICARD. 14 grav. 1 vol.

ŒUVRES COMPLÈTES D'ALFRED DE MUSSET. 28 gravures, dessins de M. BIDA, notice biographique par son frère. 10 vol. in-8 cavalier................. 80 fr.
Édition en 1 vol. gr. in-8, ornée de 29 gravures................ 20 fr.

LE PLUTARQUE FRANÇAIS. Vie des hommes et des femmes illu...es de la France. Édition revue sous la direction de M. T. HADOT. 180 biographies, autant de portraits sur acier, dessins de INGRES, MEISSONIER, etc. 6 vol. gr. in-8.............. 96 fr.

EUGÈNE SUE. — Le Juif-Errant. Édition illustrée par GAVARNI, 4 vol. gr. in-8................... 40 fr.

ŒUVRES CHOISIES DE GAVARNI. — La Vie de jeune homme. — Les débardeurs, notices par BALZAC, TH. GAUTHIER. 1 vol. gr. in-8, 80 grav......... 10 fr.

TABLEAU DE PARIS, par TEXIER. Illustré, 1500 grav., dessins de BLANCHARD, CHAM, GAVARNI, etc. 2 vol. in-folio........... 20 fr.
Relié en toile, tr. dor., fers spéciaux. 2 vol., 30 fr.; rel. en 1 vol. 25 fr.

ŒUVRES DE GRANVILLE
9 vol. grand in-8 jés., brochés, 90 fr. — Reliure 1/2 chag. tranches dorées 6 fr. par vol.

FABLES DE LA FONTAINE. Illustrées de 240 gravures. Un sujet pour chaque fable. 1 vol. gr. in-8, 18 fr.

LES FLEURS ANIMÉES. Texte par Alphonse KARR, TAXILE DELORD et le comte FŒLIX. Planches très soigneusement retouchées pour la gravure et le coloris. 2 volumes gr. in-8, 50 gravures coloriées............ 25 fr.

LES PETITES MISÈRES DE LA VIE HUMAINE. Illustrées, texte par OLD-NICK, portrait de GRANDVILLE.
1 fort vol. gr. in-8 jésus... 15 fr.

LES MÉTAMORPHOSES DU JOUR. 70 gravures coloriées. Texte par MM. ALBÉRIC SECOND, TAXILE DELORD, LOUIS HUART, MONSELET. Notice sur Grandville, par Charles BLANC. 1 magnifique vol. gr. in-8. 18 fr.

CENT PROVERBES. Illustrés, gravures coloriées, texte par TROIS TÊTES DANS UN BONNET. Edition, revue et augmentée pour le texte, par QUITARD. 1 volume grand in-8........ 15 fr.

HISTOIRE DE FRANCE. Depuis les temps les plus reculés jusqu'à la révolution de 1789, par ANQUETIL, suivie de l'*Histoire de la Révolution*, du *Directoire*, du *Consulat*, de *l'Empire* et de la *Restauration*, par GALLOIS, vignettes sur acier. 10 volumes in-8 cavalier à.............. 7 fr. 50

HISTOIRE DE FRANCE (1830 à 1875). ÉPOQUE CONTEMPORAINE. Par GRÉGOIRE, professeur d'histoire. 4 volumes in-8 cavalier, gravures sur acier, le vol. 7 fr. 50

HISTOIRE DE LA GUERRE Franco-Allemande (1870-1871). Par M. AMÉDÉE LE FAURE, illustrée, portraits hist., combats, batailles. Cartes avec les positions stratégiques, 2 magnifiques volumes gr. in-8 15 fr.

Relié, doré 2 volumes en un. 20 fr.

Atlas de la guerre (1870-1871). Cartes des batailles et sièges, par LE MÊME. 1 v. in-4°, 50 cart.. 5 fr.

HISTOIRE DE LA GUERRE D'ORIENT, par M. A. Le Faure, cartes, plans, d'après l'état-major russe et autrichien, portraits grav., etc. 2 vol. in-8 colombier............ 15 fr.
— Relié, doré, 2 vol. en un.. 20 fr.

LE VOYAGE EN TUNISIE, de M. A. Le Faure, préface de Jézierski, carte. 1 vol. gr. in-8. 70 pages. 1 fr.

HISTOIRE DE LA RÉVOLUTION FRANÇAISE, par Louis Blanc. 12 vol. in-8................ 60 fr.

ENCYCLOPÉDIE THÉORIQUE-PRATIQUE DES CONNAISSANCES UTILES. Composée de traités sur les connaissances les plus indispensables avec 1,500 gravures dans le texte. 2 vol. gr. in-8. 25 fr.

UN MILLION DE FAITS. Aide-mémoire universel des sciences, des arts et des lettres, par J. Aicard, L. Lalanne, Lud. Lalanne, etc. 1 fort vol. in-18 1,720 col., avec grav. 9 fr.

BIOGRAPHIE PORTATIVE UNIVERSELLE. 29.000 noms, suivie d'une table chronologique et alphabétique, par Lalanne, A. Delloye, etc. 1 vol. de 2,000 col...... 8 fr.

MYTHOLOGIE DE LA GRÈCE ANTIQUE. Par Paul Decharme, professeur de littérature grecque a la Faculté des lettres de Nancy, ancien membre de l'Ecole française d'Athènes, 180 gravures et 4 chromolithographies, d'après l'antique. 1 vol. grand in-8 raisin.......... 16 fr.

GÉOGRAPHIE UNIVERSELLE. Par Malte-Brun. 6e édit. 6 vol. grand in-8, orné de grav. et cartes. 60 fr.

ATLAS DE LA GÉOGRAPHIE UNIVERSELLE. Ou description de toutes les parties du monde sur un plan nouveau, par Malte-Brun. 1 vol. gr. in-folio, de 72 cartes, dont 14 doubles, coloriées, 1 vol. in-fol. 20 fr.

LORD MACAULAY. Histoire d'Angleterre sous le règne de Jacques II. Traduit de l'anglais par le comte de Peyronnet, 3 volumes in-8................ 15 fr.
— Histoire du règne de Guillaume III. Pour faire suite à l'Histoire du règne de Jacques II, traduit par Pichot. 4 volumes in-8. 20 fr.

HISTOIRE DES GIRONDINS, par A. de Lamartine. Illustrée, 300 gravures avec des portraits. 3 volumes grand in-8 jésus......... 24 fr.

OUVRAGES RELIGIEUX

ŒUVRES COMPLÈTES DE BOSSUET

Classées pour la première fois selon l'ordre logique et analogique, publiées par l'abbé Migne, éditeur de la *Bibliothèque du clergé*. 11 volumes grand in-8............ 60 fr.

Discours sur l'Histoire universelle. Edition revue d'après les meilleurs textes, illustrée. Gravures en taille-douce. 1 vol. gr. in-8. 18 fr.

Oraisons funèbres et panégyriques. Edition illustrée. 12 gravures sur acier, d'après Rembrandt, Mignard, Ribéra, Poussin, Carrache, etc. 1 vol. grand in-8.... 18 fr.

Méditations sur l'Évangile. Revues sur les éditions les plus correctes. 12 gravures de Raphaël, Rubens, Poussin, Rembrandt. 1 volume gr. in-8............ 18 fr.

Élévations à Dieu sur tous les mystères de la religion chrétienne. 1 vol. grand in-8, 10 magnifiques gravures de Le Guide, Poussin, Vanderwerf, Maratte, etc. 18 fr.

Œuvres oratoires complètes, oraisons funèbres, panégyriques, sermons. Edition suivant le texte de l'édition de Versailles, amélioré à l'aide des travaux les plus récents. 4 volumes in-8, 30 fr. — Bien relié. 38 fr.

Les Vies des Saints. Pour tous les jours de l'année, nouvellement écrites par une réunion d'ecclésiastiques et d'écrivains catholiques, classées pour chaque jour de l'année par ordre de dates, d'après les Martyrologes et Godescard ; illustrées 1800 gravures. 4 beaux volumes grand in-8. 40 fr.

Reliure chagrin, tranches dorées, 4 t. en 2 volumes...... 52 fr.

Les Vies des Saints ont obtenu l'approbation des archevêques et des évêques

Les Saints Évangiles. Traduction de Lemaistre de Sacy, selon saint Marc, saint Mathieu, saint Luc et saint Jean, encadrements en couleur, gravures sur acier, frontispice or. 1 volume grand in-8.... 20 fr.

Manuel ecclésiastique Ou répertoire offrant alphabétiquement 640 p. blanches, autant de titres avec divisions et sous-divisions sur le dogme, etc. Ouvrage à l'aide duquel il est impossible de perdre une seule pensée, soit qu'elle survienne à l'église, etc. 1 volume in-4 relié... 6 fr

L'Imitation de Jésus-Christ. Traduction, avec des réflexions à la fin de chaque chapitre, par M. l'abbé F. DE LAMENNAIS. Nouv. édit., avec encadrements couleur, 10 gravures sur acier, avec frontispice or. 1 vol. grand in-8 jésus . . . . . 20 fr.

L'Imitation de Jésus-Christ. Traduite par l'abbé DASSANCE, avec encadrements variés, frontispice or et couleur et 10 gravures sur acier. 1 volume grand in-8 . . . . 20 fr.

Les Femmes de la Bible. Principaux fragments d'une histoire du peuple de Dieu, par Mgr DARBOY, archevêque de Paris, avec une collection de portraits des Femmes célèbres de l'Ancien et du Nouveau Testament, dessin de G. STAAL. 2 vol. grand in-8. Chaque volume, formant un tout complet, se vend séparément. . . . . 20 fr.

Les Saintes Femmes. Texte par le MÊME. Collection de portraits, gravés sur acier, des femmes remarquables de l'histoire de l'Eglise. 1 volume grand in-8 jésus . . . . 20 fr.

LA SAINTE BIBLE. Traduite en français, par LEMAISTRE DE SACY, accompagnée du texte latin de la Vulgate, 80 gravures sur acier de RAPHAEL, LE TITIEN, LE GUIDE, PAUL VÉRONÈSE, SALVATOR ROSA, POUSSIN, etc., 6 volumes grand in-8, carte de la Terre-Sainte et du plan de Jérusalem. . . . . 100 fr.

La Sainte Bible. Traduite en français par LEMAISTRE DE SACY, avec magnifiques gravures d'après RAPHAEL, LE TITIEN, LE GUIDE, PAUL VÉRONÈSE, POUSSIN, 1 fort volume, grand in-8, carte de la Terre Sainte et plan de Jérusalem. . . . . . 25 fr.
Relié, tranche dorée . . . . 32 fr.

Biblia sacra. (Approuvée), *Vulgatæ editionis* SIXTI V, PONTIFICIS MAXIMI *jussu recognita et* CLEMENTIS VIII *auctoritate edita.* — 1 beau volume in-18, caractères très lisibles. 6 fr.

La Bible des enfants. Par l'abbé A. SACHET. — Ouvrage illustré de nombreuses gravures. 1 volume in-18 jésus. Cartonné . . . . . . 1 fr.
Relié toile . . . . 1 fr. 50

Reliure, tranche dorée, 6 fr. par volume.

NOUVEAU MANUEL DE DROIT ECCLÉSIASTIQUE
Par ÉMILE OLLIVIER. 1 volume in-18 de 700 pages, 7 fr. 50.

COLLECTIONS D'OUVRAGES ILLUSTRÉS POUR LES ENFANTS

86 jolis volumes grand in-18 à 2 fr. 50 ; reliés dorés, 3 fr. 50

ANDERSEN. La Vierge des Glaciers, etc. 1 vol.
— Histoire de Valdemar Daæ. — Petite-Poucette, etc. 4 vol.
— Le camarade de voyage. — Sous le saule. Les Aventures, etc. 1 vol.
— Le Coffre volant, les Galoches du bonheur, etc. 1 vol.
— L'Homme de neige, le Jardin du Paradis, les deux Coqs, 1 vol.

BAYARD (Histoire du bon chevalier sans peur et sans reproches), par LE LOYAL SERVITEUR, 2 vol.

BELLOC (LOUISE SW.), 7 vol.
— La Tirelire aux histoires. 2 vol.
— Histoires et contes. 1 vol.
— Contes familiers. 1 vol.
— Grave et gai. Rose et Gris. 1 v.
— Lectures enfantines. 1 vol.
— Contes pour le 1er âge. 1 vol.

BERNARDIN DE SAINT-PIERRE. Paul et Virginie. Chaumière indienne. 1 vol.

BERQUIN. Ami des enfants. 1 vol.
— Sandford et Merton. 1 vol.
— Le petit Grandisson. 1 vol.
— Théâtre choisi. 1 vol.

BOCHET. Le premier livre des enfants. Alphabet illustré. 1 vol.

BOISGONTIER. Choix de nouvelles, DE GENLIS, BERQUIN. 1 vol.

BOUILLY. (Œuvres de J.-N.). 7 v.
— Contes à ma fille. 1 vol.
— Conseils à ma fille. 1 vol.
— Les Encouragements de la jeunesse. 1 vol.
— Contes populaires. 1 vol.
— Contes aux enfants de France. 1 vol.
— Causeries et nouvelles causeries. 1 vol.
— Contes à mes petites amies. 1 v.

BUFFON (Le petit) illustré. Histoire et description des animaux. 1 fort v.

CAMPE Histoire de la découverte de l'Amérique. 1 vol.

COZZENS (S. W.) Voyage dans l'Arizona, traduction. 1 vol.
— Voyage au Nouveau Mexique. Traduction de W. BATTIER. 1 vol.

DEMESSE (Henri). Zizi, histoire d'un moineau de Paris. 1 vol.

DESBORDES-VALMORE. Contes et scènes, vie de famille. 2 vol.
— Les poésies de l'enfance 1 vol.

DU GUESCLIN (La Vie de). D'après la chanson et la chronique. Texte rajeuni par MOLAND. 2 vol.
FÉNELON. Aventures de Télémaque. 1 vol.
FLORIAN. Fables. 1 vol.
— Don Quichotte de la jeunesse. 1 vol.
FOÉ (de). Aventures de Robinson Crusoé. 1 vol.
FOURNIER. Animaux historiques. 1 vol.
GENLIS. Veillées du Château. 2 v.
GRIMM. Contes. 1 vol. illustré.
HÉRICAULT et L. MOLAND. La France guerrière. 4 vol.
— Vercingétorix à Duguesclin. 1 vol.
— Jeanne d'Arc à Henri IV. 1 vol.
— Louis XIV à la République. 1 v.
— Rivoli à Solférino. 1 vol.
HÉRODOTE. Récits historiques, extraits par M. L. HUMBERT, 1 vol.
HERVEY. Petites histoires. 1 vol.
JACQUET (l'abbé). L'Année chrétienne, la vie d'un saint pour chaque jour, approuvée de NN. SS. les Archevêques et Evêques. 2 vol.
LA FONTAINE. Fables. 1 vol.
LAMBERT. Lectures de l'enfance. 1 vol.
LE PRINCE DE BEAUMONT. Le Magasin des enfants 2 vol.
LOIZEAU DU BIZOT. Cent petits contes pour les enfants. 1 vol.

MAISTRE (de). Œuvres complètes Voyage autour de ma chambre. Cité d'Aoste. La Jeune Sibérienne, etc. 1 v.
MANZONI. Les Fiancés: Histoire milanaise. 2 vol.
MONTGOLFIER. Mélodies du Printemps. 1 vol.
MONTIGNY (Mlle de). Grand'Mère chérie. 1 vol.
— Mille et une Nuits des Familles (Les). 2 vol.
— Les Mille et une Nuits de la jeunesse. 1 vol.
NODIER. Neuvaine de la Chandeleur, genie Bonhomme. 1 vol.
PELLICO (Silvio). Mes prisons, suivi des Devoirs des hommes. 1 v.
PERRAULT, Mme D'AULNOY. Contes des fées. 1 vol.
PLUTARQUE. Vie des Grecs célèbres, par M. L. HUMBERT. 1 vol.
SACHOT. Inventeurs et Inventions. 1 vol.
SCHMID. Contes. 4 vol. se vendant séparement.
SÉVIGNÉ. Lettres choisies. 1 vol.
SWIFT. Voyages de Gulliver. 1 v.
THÉATRE DE L'ENFANCE ET DE LA JEUNESSE. 1 vol
CONTES ET HISTORIETTES. Par UN PAPA. 1 volume illustré, gros caractères.
VAULABELLE. Ligny, Waterloo. 1 vol.
WISEMAN. Fabiola. Trad. 1 vol.
WYSS. Robinson Suisse. 2 vol.

COLLECTION DE
43 BEAUX VOLUMES ILLUSTRÉS
GRAND IN-8 RAISIN, 7 FR. 50

Demi-reliure en maroquin, plats toile, doré sur tranche, le volume, 11 fr.
Toile dorée, fers spéciaux. 10 fr.

Cette charmante collection se distingue non seulement par l'excellent choix des auteurs et l'élégance du style, mais encore par un grand nombre de gravures dans le texte et hors texte, exécutées par les premiers artistes. Jamais livres édités à ce prix n'ont offert autant de belles illustrations.

ANDERSEN. Contes Danois. Traduit du danois par M. L. MOLAND et E. GRÉGOIRE. 1 vol.
— Nouveaux Contes Danois, traduits par les mêmes. 1 vol.
— Les Souliers rouges et autres contes, trad. par les mêmes. 1 vol.
BAYARD. La très joyeuse, plaisante et récréative histoire du Gentil (seigneur de), composée par Le Loyal Serviteur. Introduct. par L. MOLAND. 1 vol.

BELLOC. Le fond du sac de la grand'mère, contes et histoires. 1 vol.
— La tirelire aux histoires. Lectures choisies. 1 vol.
J.-R. BELLOT. Journal d'un voyage aux mers polaires à la recherche de SIR JOHN FRANKLIN. 1 vol.
Bernardin DE SAINT-PIERRE. Paul et Virginie suivi de la Chaumière indienne. 1 vol.
BERQUIN. L'ami des enfants. 1 v.

BERQUIN. Sandford et Merton. — Le Petit Grandisson. — Le Retour de Croisière. — Les Sœurs de lait. — L'honnête Fermier. 1 v.
BERTHOUD (Œuvres de S. Henry). La Cassette des sept amis. 1 vol.
Les Hôtes du logis. 1 vol.
Soirées du docteur Sam. 1 vol.
Le Monde des Insectes. 1 vol.
L'homme depuis cinq mille ans. 1 vol.
Contes du docteur Sam. 1 vol.
BUFFON des familles. Histoire et description des animaux, extraite des *Œuvres de Buffon* et de *Lacépède*. 1 v.
CAMPE. Découverte de l'Amérique. 1 vol.
COZZENS (S.-W). La contrée merveilleuse, voyage dans l'Arizona et le Nouveau Mexique, trad. de W. Battier. 1 vol.
DESNOYERS. Aventures de Robert Robert et de son fidèle compagnon Toussaint Lavenette. 1 vol.
DU GUESCLIN (Histoire). Introduction par L. Moland. 1 vol.
FABRE. Histoire de la Bûche. Récits sur la vie des plantes. 1 vol.
FÉNELON. Aventures de Télémaque. 1 vol.
FLORIAN. Don Quichotte de la jeunesse. 1 vol.
— Fables. 1 vol.
FOE. Aventures de Robinson Crusoé 1 vol.
GALLAND. Les Mille et une Nuits des familles. Contes arabes. 1 vol.

GENLIS. Les veillées du château. 1 vol.
JACQUET (l'abbé). Vie des Saints les plus populaires et les plus intéressants, avec l'approbation de plusieurs archevêques et évêques. 1 v.
LE PRINCE DE BEAUMONT. Le Magasin des enfants. 1 vol.
LEVAILLANT. Voyages dans l'intérieur de l'Afrique. 1 vol.
LONLAY (Dick. de). Au Tonkin, récits anecdotiques. 1 vol.
MAISTRE (de). Œuvres complètes du comte Xavier. Voyage autour de ma chambre, le Lépreux de la cité d'Aoste, les Prisonniers du Caucase, la Jeune Sibérienne, préface par Sainte-Beuve. 1 vol.
NODIER. Le Génie Bonhomme. — Séraphine. — François-les-bas-bleus. — La Neuvaine de la Chandeleur. — Trilby. — Trésors des Fèves. 1 vol.
PELLICO. Mes prisons, suivi des *Devoirs des hommes*. 1 vol.
PERRAULT, D'AULNOY, LE PRINCE DE BEAUMONT et HAMILTON. Contes des fées. 1 v.
SCHMID. Contes. Traduction de l'abbé Macker, la seule approuvée par l'auteur. 2 beaux vol. Chaque volume complet se vend séparément.
SWIFT. Voyages de Gulliver. 1 vol.
WISEMAN. Fabiola ou l'Église des Catacombes. 4 vol.
WYSS. Robinson suisse, avec la suite. Notice de Nodier. 1 vol.

ALBUMS POUR LES ENFANTS

In-4°, impr. en *chromo*, cartonné, dos toile, couv. chromo .... 6 fr.
Relié toile, tranche dorée, plaque spéciale .... 8 fr.

JEANNE D'ARC, texte par M. Moland, dessin chromo, de Lix.
JE SERAI SOLDAT, alphabet militaire. Nombreuses gravures en chromo, représentant tous les costumes de l'armée.
DON QUICHOTTE. Gravure chromo, vignettes 1 vol.
VOYAGES DE GULLIVER à Lilliput et à Brobdingnac. Ouvrage illustré de chromotypographie.
LES HÉROS DU SIÈCLE. — Récits militaires anecdotiques, par Dick de Lonlay, dessins de Bombled. 1 vol.
NOUVEAU VOYAGE EN FRANCE par un Papa, gravures couleurs. 1 vol.
JE SAURAI LIRE, illustré par Lix, grav. chromo. 1 vol.

JE SAIS LIRE. — Contes et historiettes, gravures chromo, par Lix. 1 v.
PETIT VOYAGE EN FRANCE. Gravures chromo. 1 volume.
CONTES DE MADAME D'AULNOY. Chromo. 1 vol.
CHOIX DE FABLES DE LA FONTAINE. — Illustrations, gravure chromo, par David. 1 volume.
CONTES DE PERRAULT. — Gravures chromolithographie de Lix. Illustrations par Staal. 1 volume.
ANIMAUX SAUVAGES ET DOMESTIQUES. — 1 volume.
ROBINSON CRUSOÉ. — Gravures chromolithographie. 1 volume.

CHANSONS ET RONDES ENFANTINES

Album illustré, format in-8 colombier, notices et accompagnement de piano par J.-B. WECKERLIN. Chromotypographies, par Henri PILLE. Dessins de J. BLASS, Trimole, gravés par Lefman, élégamment relié étoffe, tr. dorée...... **10 fr.**

CHANSONS ET RONDES ENFANTINES DES PROVINCES DE LA FRANCE, par J.-B. WECKERLIN. Album illustré, format in-8° colombier, avec notices et accompagnement de piano. Chromotypographies par LIX, relié étoffe riche.. **10 fr.**

NOUVELLES CHANSONS ET RONDES ENFANTINES, musique de WECKERLIN, dessins de SANDOZ, POIRSON, etc. Album in-8 colombier, illustrations. Elégamment relié étoffe, tr. dorées..... **10 fr.**

ŒUVRES DE TOPFER. — Premiers voyages en zigzag, ou excursions d'un pensionnat en vacances dans les cantons suisses, etc. 35 grands dessins par CALAME. 1 vol. grand in-8. **12 fr.** Relié. **18 fr.**

— Nouveaux voyages en zigzag à la Grande-Chartreuse, au Mont-Blanc, etc. 43 grav. tirées à part et 320 sujets dans le texte, par MM. CALAME, GIRARDET, DAUBIGNY. 1 vol. in-8, **12 fr.** — Relié...... **18 fr.**

— Les nouvelles génevoises, 40 gravures hors texte, gravées par BEST, LELOIR, HOTELIN. 1 vol. in-8. Relié................ **16 fr.**

— Albums Topfer, formant chacun un grand volume in-8 jésus oblong, à........................ **7 fr. 50**
Relié toile, plaque spéciale, dorés sur tranche, le volume.. **10 fr. 50**

MONSIEUR JABOT....... 1 vol.	MONSIEUR PENCIL...... 1 vol.
MONSIEUR VIEUX-BOIS. 1 vol.	LE DOCTEUR FESTUS... 1 vol.
MONSIEUR CRÉPIN...... 1 vol.	ALBERT................. 1 vol.

HISTOIRE DE M. CRYPTOGAME............. 1 vol.

ALBUMS DES PETITS ENFANTS

Richement illustrés et imprimés en couleur. Grand in-8 cart. 3 fr.; relié doré, **5 fr.**

JEUX DE L'ENFANCE par un PAPA, dessins de LE NATUR. 1 vol.
ALPHABET DES ANIMAUX. Dessins de TRAVIÈS et GOBIN. 1 vol.
ALPHABET DES OISEAUX. Dessins de TRAVIÈS et GOBIN. 1 vol.

VOYAGE DU MANDARIN KA-LI-KO ET DE SON SECRÉTAIRE PA-TCHOU-LI, par Eugène LE MOUËL. 1 album in-4° oblong, 32 gravures chromo, relié plaque spéciale.

COLLECTION ENFANTINE

Albums in-4° imprimés en plusieurs couleurs, chaque album........... **0.50**

1ᵉʳ LIVRE DES PETITS ENFANTS.
2ᵉ LIVRE DES PETITS ENFANTS.
3ᵉ LIVRE DES PETITS ENFANTS.
L'ANGE GARDIEN.
LE BON FRÈRE.

LE CHAT DE LA GRAND'MÈRE.
JACQUES LE PETIT SAVOYARD.
LE CHAPEAU NOIR.
LE POLE NORD.
LES AVENTURES D'HILAIRE.
MURILLO ET CERVANTÈS.
LE DERNIER CONTE DE PERRAULT.

BIBLIOTHÈQUE PATRIOTIQUE ET INSTRUCTIVE

27 volumes in-8 carré, broché, 3 fr. 50. — Relié toile, tranches dorées, 5 fr.

FRANÇAIS ET ALLEMANDS. — Histoire anecdotique de la guerre de 1870-71, par DICK DE LONLAY.

1ᵉʳ volume. — Niederbronn, Wissembourg, Frœschwiller, Chalons, Reims, Buzancy, Bazeilles, Sedan. 79 dessins de l'auteur. 1 volume.

2ᵉ volume. — Sarrebruck, Spickeren, La Retraite sur Metz, Pont-à-Mousson, Borny. Dessins de l'auteur, cartes et plans de batailles. 1 vol.

3ᵉ volume. — Gravelotte, Rezonville, Vionville, Mars-la-Tour, Saint-Marcel, Flavigny. Dessins de l'auteur, cartes et plans de batailles. 1 vol.

4ᵉ volume. — Les lignes d'Amanvillers, Saint-Privat, Sainte-Marie-aux-Chênes, les Fermes de Moscou et de Leipzick, Saint-Hubert, le Point-du-Jour. Dessins de l'auteur, cartes et plans de batailles. 1 volume.

5ᵉ volume. — L'investissement de Metz, la Journée des Dupes, Servigny, Noisseville, Flanville, Nouilly, Coincy. Dessins de l'auteur, cartes et plans de batailles, 1 volume.

6ᵉ volume. — Le blocus de Metz, Peltre, Mercy-le-Haut, Ladouchamps, la Capitulation. Dessins de l'auteur, cartes et plans de batailles. 1 vol.

L'ARMÉE DE LA LOIRE, récits anecdotiques de la guerre de 1870-71, par GRENET.
1ᵉʳ volume. — Toury, Orléans, Coulmiers, Beaune-la-Rolande, Villepion, Loigny. 1 volume.
2ᵉ volume. — Beaugency, Vendôme, Le Mans, Sillé-le-Guillaume, Alençon.
L'ARMÉE DE L'EST, récits anecdotiques de la guerre de 1870-71, par GRENET.
1ᵉʳ volume. — La Bourgonce, Dijon, Nuits.
2ᵉ volume. — Villersexel, Héricourt, la Cluze.
PLUTARQUE. — Les Romains illustres, par Louis HUMBERT, professeur au lycée Condorcet. 1 vol.
JOURNAL D'UN AUMONIER MILITAIRE pendant la guerre franco-allemande par M. l'abbé DE MESSAS. 1 volume.
L'ALLEMAGNE EN 1813 par GALLI, gravures d'après les dessins de DICK DE LONLAY. 1 volume.
GALERIE DES ENFANTS CÉLÈBRES, par Louis TULOU. — Du Guesclin, Jeanne d'Arc, Turenne, Duguay-Trouin, Watteau, Mozart, Béranger, Lamartine, etc., illustré de 16 dessins hors texte, par DAVID. 1 volume.
NOUVELLE GALERIE DES ENFANTS CÉLÈBRES. — V. Hugo, Vaucanson, Michel-Ange, Bayard, Newton, Mᵐᵉ Desbordes-Valmore, Rossini, etc. 1 volume in-8 carré, par F. TULOU, illustré par Jules DAVID.
LES GÉNÉRAUX DE VINGT ANS, Hoche, Marceau, Joubert, Desaix, par François TULOU. 1 volume illustré de 20 gravures, dessins de DICK DE LONLAY.
LES MARINS FRANÇAIS depuis les Gaulois jusqu'à nos jours, par DICK DE LONLAY. Combats, batailles. Biographie, souvenirs anecdotiques. 1 volume illustré, 110 dessins par l'auteur.

ORIGINAUX ET BEAUX ESPRITS, par SAINTE-BEUVE. — Aggrippa d'Aubigné, Voiture, Chapelle, Santeuil, de Chaulieu, Nodier. 1 volume.
LETTRES DE MADAME DE SÉVIGNÉ. — Notice par SAINTE-BEUVE, accompagnées de notes. Illustrées de vignettes et portraits. 1 vol.
DERNIERS RÉCITS, par Mᵐᵉ BELLOC. — Mathurin, Une Nuit terrible, Orléans en 1829, Malemort, Le Père Kelern, la Grève, Rosette et Joson. 1 volume.
BÊTES ET PLANTES, par SANTINI, officier d'Académie. 1 volume.
LA CASE DE L'ONCLE TOM, par Mistress BERTHER STOVE, traduit par MICHIELS, illustré par DAVID. 1 vol.
A TRAVERS LA BULGARIE. — Souvenirs de guerre et de voyage, par DICK DE LONLAY. Illustré de 20 dessins par l'auteur. 1 volume.
LES LEÇONS D'UNE JEUNE MÈRE. — Contes et récits, par Mᵐᵉ BELLOC. 1 volume.
LA RUSSIE INCONNUE. — Trois parties : 1ʳᵉ, En pleine forêt ; 2ᵉ et 3ᵉ, La chasse et la pêche.
L'ARMÉE RUSSE EN CAMPAGNE. — Schipka, Lovtcha, Plevna, par DICK DE LONLAY. 1 vol. illustré de 28 dessins par l'auteur.
LES FRANÇAIS DU XVIIIᵉ SIÈCLE, par GIDEL. 1 volume illustré.
LES FRANÇAIS EN ALLEMAGNE. — Campagne de 1806, par GALLI, 1 vol. illustré de nombreux dessins par DICK DE LONLAY.
EN ASIE CENTRALE A LA VAPEUR. — De Paris à Samarkand en 43 jours. Impressions de voyage, par Napoléon NEY, préface par Pierre VÉRON, illustré de dessins de DICK DE LONLAY, 1 volume.

BIBLIOTHÈQUE CHOISIE

Collection des meilleurs auteurs français et étrangers, anciens et modernes grand in-18 (dit anglais). Cette collection est divisée par séries.
La première contient des volumes à 3 fr. 50. La deuxième à 3 fr. le volume.

PREMIÈRE SÉRIE, volumes grand in-18 jésus à 3 fr. 50

ABRANTÈS (Mémoires de Mᵐᵉ d'). Souvenirs historiques sur Napoléon, la Révolution, le Directoire, le Consulat, l'Empire et la Restauration. 10 vol. in-18.
Même ouvrage, 10 vol. in-8. Le volume .... 6 fr.

— Histoire des Salons de Paris, tableaux et portraits du grand monde sous Louis XVI, le Directoire, le Consulat et l'Empire, la Restauration et le règne de Louis-Philippe, par le même. 4 volumes in-18.
Même ouvrage. 4 vol. in-8 cavalier. Le volume .... 6 fr.

BELLOT. Voyage aux mers polaires, portrait et carte. 1 volume.
BERANGER (Œuvres complètes), avec gravures. 4 volumes.
— Chansons anciennes. 2 volumes.
— Œuvres posthumes. Dernières chansons (1834 à 1851, 1 volume.
— Ma Biographie. Ouvrages posthumes de Béranger. 1 volume.
BOURGOIN. Les maîtres de la critique, 1 volume.
CHARPENTIER. La Littérature française au dix-neuvième siècle. 1 volume.
DARBOY (Mgr) Les Femmes de la Bible. 1 fort volume. Gravures.
DUFAUX. Ce que les maîtres et domestiques doivent savoir. 1 v.
DUPONT (Pierre). Chansons et Poésies. 4e édition. 1 volume.
ELGET. Guide pratique des ménages, 2,000 recettes. 1 volume.
FAVRE. Conférences littér. 1 vol.
FLOURENS (Œuvres de). 10 vol.
— De l'unité de composition du Débat entre Cuvier et Saint-Hilaire. 1 volume.
Examens du livre de M. Darwin sur l'origine des espèces. 1 vol.
Ontologie naturelle, 3e édition. 1 v.
Psychologie comparée. 1 volume.
De la Phrénologie. 1 volume.
De la longévité humaine. 1 volume.
De l'instinct des animaux. 1 volume.
Histoire des travaux et des idées de Buffon. 1 volume.
Des manuscrits de Buffon. 1 vol.
FRANÇOIS DE SALES (Saint) Nouveaux choix de Lettres. 1 v.
GERUZEZ. Essai de littérature française. 2 volumes.
JAMES. Toilette d'une Romaine. 1 volume.
JOUVENCEL. Les Déluges. 1 vol.
LAMARTINE. Histoire de la Révolution de 1848. 4e édition. 2 vol.
LAMENNAIS. L'Imitation de J.-C., gravures sur acier. 1 volume.
MAROT (Œuvres choisies de). Etude sur la vie de ce poète, notes, par VOIZARD, docteur ès lettres. 1 vol.
MARTIN. Education des mères de famille. Ouvrage couronné par l'Académie française. 1 volume.
Mémoires militaires du baron Serrurier, colonel d'artillerie légère. 1 vol. in-18............ 3 50

Mémoires de Constant, premier valet de chambre de l'Empereur, sur la vie privée de Napoléon Ier, sa famille et sa cour. 4 volumes in-18. Le volume................ 3 50
Même ouvrage. 4 volumes in-8 cavalier. Le volume.......... 6 fr.
MENNECHET (Œuvres). 8 volumes.
Matinées littéraires. Cours de littérature moderne. 4 volumes.
Nouveau Cours de littérature grecque, revu et complété par M. CHARPENTIER. 1 volume.
Nouveau Cours de littérature romaine, revu par le même.
Histoire de France depuis la fondation de la monarchie. 2 vol. Ouvrage couronné par l'Académie française.
NECKER DE SAUSSURE. Education progressive. 2 volumes.
OLLIVIER de l'Académie française.
Michel-Ange. 1 volume...... 3 50
1789-1889. 1 volume........ 3 50
Lamartine. 1 volume........ 3 50
Principes et conduite. 1 volume grand in-18............... 3 50
L'Eglise et l'Etat au concile du Vatican. 2 volumes........ 8 fr.
PARDIEU (M.). Excursion en Orient, l'Egypte. 1 volume.
ROUSSEAU (J.-J.). Lettre à d'Alembert sur les spectacles, texte revu d'après les anciennes éditions, introduction, notes par M. FONTAINE, à la Faculté des Lettres. 1 volume.
SAINTE-BEUVE (Œuvres de) 20 v.
Causeries du lundi. 15 volumes.
  Chaque volume se vend séparément.
Portraits littéraires et derniers portraits, suivis des *Portraits de Femmes*. Nouvelle édition. 4 volumes.
Table générale et analytique des *Causeries du lundi*, des *Portraits littéraires* et des *Portraits de Femmes*. 1 volume.
— Extrait des Causeries du lundi, par ROBERT et PICHON. 1 volume.
Discours prononcé au Collège de France, cours de poésie latine. 1 volume, ... 0 75
SAINTE BIBLE, traduite par LEMAISTRE DE SACY. 2 forts volumes.

DEUXIÈME SÉRIE, vol. in-18 à 3 fr. — Relié veau, genre antique. 5 fr.

ARIOSTE. Roland furieux. Trad. par HIPPEAU. 2 vol.
ARISTOTE. La politique. Traduc. de THUROT, revue par BASTIEN. 1 vol.
— Poétique et Rhétorique. Trad.

nouvelle, par Ch. RUELLE. 1 vol.
AURIAC. Théâtre de la foire. 1 vol.
BACHAUMONT Mémoires secrets revus, avec notes. 1 vol.
BARTHELEMY Némésis. 1 vol.

BEAUMARCHAIS. Mémoires. 1 v.
— Théâtre. 1 vol.
BEECHER-STOWE. La Case de l'oncle Tom. Trad. par MICHIELS. 1 v.
BÉRANGER des familles, vignettes sur acier. 1 vol.
BERNARDIN DE SAINT-PIERRE. Paul et Virginie; LA CHAUMIERE INDIENNE, vign. 1 vol.
BERTHOUD. Les petites Chroniques de la Science. 10 vol.
— Légendes et traditions surnaturelles des Flandres. 1 vol.
— Les femmes des Pays-Bas et des Flandres. 1 vol.
BOILEAU (Œuvres de), notice de SAINTE-BEUVE, notes de GIDEL. 1 vol.
BOSSUET (Œuvres de). 11 vol.
— Discours sur l'histoire universelle. 1 vol.
— Élévations à Dieu, sur les mystères de la Religion. 1 vol.
— Méditations sur l'Évangile. 1 v.
— Oraisons funèbres, panégyriques. 1 vol.
— Sermons (Édition complète), 4 vol.
— Sermons choisis. Nouv. édit. 1 vol.
— Traité de la connaissance de Dieu et de soi-même. 1 vol.
— Traité de la Concupiscence. Maximes et réflexions sur la comédie. La logique. Libre arbitre. 1 vol.
BOURDALOUE. Chefs-d'œuvre oratoires. 1 vol.
BRILLAT-SAVARIN. Physiologie du goût, *Gastronomie* par BERCHOUX. 1 vol.
BYRON (Œuvres complètes de lord). Trad. de AMÉDÉE PICHOT. 18e édition. 4 vol.
CAMOENS. Les Lusiades. Traduction nouvelle avec une étude sur la vie et les œuvres de Camoëns, par Ed. HIPPEAU. 1 vol.
CANTU. Abrégé de l'histoire universelle. Traduit par L. XAVIER DE RICARD, portrait de l'auteur. 2 vol.
CERVANTES. Don Quichotte. Trad par DELAUNAY. 2 vol.
CHASLES (Philarète). 4 vol.
— Études sur l'Allemagne. 1 vol.
— Voyages, Philosophie, et Beaux-Arts. 1 vol.
— Portraits contemporains. 1 vol.
— Encore sur les contemporains. 1 vol.
CHATEAUBRIAND. (10 vol.)
— Génie du Christianisme, suivi de la *Défense du Génie du Christianisme*. Avec notes. 2 vol.
— Les Martyrs ou le Triomphe de la Religion chrétienne. 1 vol.
— Itinéraire de Paris à Jérusalem. 1 vol.
— Atala, — René. — Le dernier Abencerrage. — Natchez. 1 vol.
— Voyages en Amérique, en Italie et au Mont-Blanc. 1 vol.
— Paradis perdu. Littér. anglaise. 1 v.
— Études historiques. 1 vol.
— Histoire de France. — Les Quatre Stuarts. 1 vol.
— Mélanges historiques et politiques. Vie de Rancé. 1 vol.
CHÉNIER (ANDRÉ). Œuvres poétiques. Nouvelle édition. 2 vol.
— Œuvres en prose. 1 vol.
COLIN D'HARLEVILLE. Théâtre. Introduction par L. MOLAND. 1 vol.
CORNEILLE. Édition collationnée sur la dernière publiée du vivant de l'auteur, notes. 2 vol.
— Théâtre. 1 vol.
COURIER. Œuvres. Essai sur sa vie et ses écrits par ARMAND CARREL. 1 v.
COUSIN. Instruction publique en France. 2 vol.
— Enseignement de la médecine. 1 vol.
— Jacqueline Pascal. 1 vol.
CRÉQUY (La marquise de). Souvenirs (1718-1803) 5 vol., 10 portraits.
CYRANO DE BERGERAC. Histoire de la Lune et du Soleil. 1 vol.
DANTE. La divine Comédie. Trad. par ARTAUD DE MONTOR. 1 vol.
DASSOUCY. Aventures burlesques, avec préface et notes, 1 vol.
DELILLE (Œuvres), avec notes, 2 vol.
DEMOUSTIER Lettres à Émilie sur la mythologie, notice, 1 vol.
DÉSAUGIERS. (Théâtre choisi). Introduction par MOLAND. 1 vol.
DESCARTES. Œuvres choisies. Discours de la méthode. Méditations métaphysiques. 1 vol.
DESTOUCHES. Théâtre. Notes de MOLAND. 1 vol.
DIODORE DE SICILE. Traduction avec notes. 4 vol.
DONVILLE. Mille et un calembours et bons mots, *histoire du Calembour*. 1 vol.
DUPONT. Muse Juvénile, vers et prose. 1 vol.
DU PUGET. Romans de famille, trad. du suédois, sur textes originaux.
— Les Voisins, par Mlle BREMER. 4e édit. 1 vol.

— Le foyer domestique, par M!!e BREMER, ou *Chagrins et joies de la famille*, 2e édit. 1 vol.

Les filles du Président, par M!!e BREMER, 3e édit. 1 vol.

La Famille H., par BREMER. 1 vol.

— Un journal, par M!!e BREMER. 1 v.

— Guerre et Paix. Le voyage de la Saint-Jean, par BREMER. 1 vol.

— Abrégé des voyages de Bremer dans l'ancien et le Nouveau-Monde. 1 vol.

— La vie de la famille dans le Nouveau-Monde. Lettres écrites pendant un séjour dans l'Amérique du Nord et à Cuba. 3 vol.

— Les Cousins, par Mme la baronne de KNORRING, 2e édit. 1 vol.

— Une femme capricieuse, par Mme CARLEN. 2 vol.

— L'Argent et le Travail, tableau de genre, par l'ONCLE ADAM. 1 vol.

— La Veuve et ses Enfants, par Mme SCHWARTZ.

— Histoire de Gustave II Adolphe, par A. FRYXELL. 1 vol.

— Fleurs scandinaves, poésies. 1 v.

— La Suède depuis son origine jusqu'à nos jours. 1 vol.

— Chroniques du temps d'Erick de Poméranie, par BERNHARD. 1 v.

DUQUIS. Origines de tous les Cultes. 1 vol.

ESCHYLE. Théâtre. Trad. revue par HUMBERT. 1 vol.

FENELON. Œuvres choisies. — De l'existence de Dieu. — Lettres sur la religion, etc. 1 vol.

— Dialogue sur l'Éloquence. — De l'éducation des Filles. Fables. Dialogues des morts. 1 vol.

— Aventures de Télémaque, notes géographiques, littéraires. Grav. 1 v.

FLEURY. Discours sur l'histoire ecclésiastique. Mœurs des Israélites, etc. 2 vol.

FLORIAN. Fables, suivies de son Théâtre, notice par SAINTE-BEUVE. Illustrées par Grandville. 1 vol.

— Don Quichotte de la Jeunesse, vignettes, dessins de Staal. 1 vol.

FONTENELLE. Éloges, introduction et notes par P. BOUILLIER. 1 vol.

FURETIÈRE. Le Roman bourgeois. Ouvrage comique. Notice et notes, par F. TULOU. 1 vol.

GILBERT (Œuvres de). Notice historique, par Ch. NODIER. 1 vol.

GŒTHE. Faust et le second Faust, choix de poésies de Gœthe, Schiller, etc. trad. par GÉRARD DE NERVAL. 1 v.

— Werther suivi de Herman et Dorothée. 1 vol.

GOLDSMITH. Le Vicaire de Wakefield. Texte et traduction. 1 vol.

GRESSET. Œuvres choisies. 1 v.

HAMILTON. Mémoires de Gramont. Préface par SAINTE-BEUVE. 1 v.

HÉRICAULT. Maximilien et le Mexique. L'empire Mexicain. 1 v.

HÉRODOTE. Histoire. Trad. de LARCHER, notes, commentaires, index, par L. HUMBERT. 2 vol.

HOMÈRE. Iliade. Trad. DACIER. Nouvelle édition, revue. 1 vol.

— Odyssée. Trad. par le même, revue, petits poèmes attribués à Homère. 1 v.

JACOB (P.-L.). Recueil de Farces, soties et moralités du XVe siècle. Maître Pathelin. Moralité de l'Aveugle, etc. 1 volume.

LA BRUYERE. Les caractères de Théophraste. Notice de S.-BEUVE. 1 volume.

LAFAYETTE. Romans, nouvelles. — Zaïde. — Princesse de Clèves. — Princesse de Montpensier. 1 vol.

LA FONTAINE. — Fables. 1 vol.

LAMENNAIS. 9 vol.

— Essai sur l'indifférence en matière de religion. 4 vol. le 1er vol. se vend séparément.

— Paroles d'un Croyant. — *Le Livre du peuple*. 1 vol.

— Affaires de Rome. 1 vol.

— Les Évangiles, trad., notes et réflexions. 1 vol.

— De l'Art et du Beau, tiré de l'*Esquisse d'une Philosophie*. 1 vol.

— De la Société première et de ses lois. 1 vol.

LA ROCHEFOUCAULD. Réflexions, sentences et maximes morales. *Œuvres choisies de Vauvenargues*, notes de Voltaire. 1 vol.

LAVATER et GALL. Physiognomonie et Phrénologie, par A. YSABEAU, 150 figures. 1 vol.

LONLAY (Dick de). En Bulgarie. Sistova, Tirnova, Souvenirs de guerre, 67 dessins. 1 vol. in-18.

MACHIAVEL. Le Prince. Traduction GUIBAUDET, maximes extraites des Œuvres de MACHIAVEL. Notes. 1 vol.

MAHOMET. Le Koran. 1 vol.
MAISTRE (J. de). Les Soirées de St-Pétersbourg. 2 vol.
MAISTRE (Xavier de). Œuvres complètes, nouv. édit. *Voyage autour de ma chambre. La jeune Sibérienne.* Préface par Sainte-Beuve. 1 vol. illustré.
MALEBRANCHE. De la recherche de la vérité, notes et études de François Boutillier. 2 vol.
MALHERBE. Œuvres poétiques, vie de Malherbe, par Racan. 1 vol.
MANZONI. Les Fiancés. Histoire milanaise. 2 vol. illustrés.
MARCELLUS. Souvenirs de l'Orient. 3e édit. 1 vol.
MARIVAUX. Théâtre choisi. Introduction par Moland. 1 vol.
MARMIER. Lettres sur la Russie. 2e édit. 1 vol.
— Les Voyageurs nouveaux. 3 vol.
— Lettres sur l'Adriatique, Montenegro. 2 vol.
MAROT. Œuvres complètes. 2 vol.
MARTEL. Recueil de proverbes français. 1 vol.
MARTIN. Le Langage des Fleurs, gravures coloriées. 1 vol.
MASSILLON. Petit Carême. Sermons divers. 1 vol.
MASSILLON, FLÉCHIER, MASCARON. Oraisons. 1 vol.
MAURY. Essai sur l'éloquence de la Chaire. 1 vol.
MÉNIPPÉE (La Satire). Par Pichon Rapin, Passerat, Gillot, Florent, Chrétien. 1 vol.
MERLIN COCCAIE. Histoire macaronique, prototype de Rabelais, plus l'horrible bataille advenue entre les mouches et les fourmis. 1 vol.
MICHEL. Tunis. L'Orient Africain. Arabes, Maures, Intérieurs, Sérails, Harems. 1 vol.
MILLE ET UNE NUITS. Contes arabes. Trad. par Galland. 3 vol.
MILLE ET UN JOURS. Contes arabes. 1 vol.
MILLEVOYE. Œuvres. Notice par M. Sainte-Beuve. 1 vol.
MOLIÈRE. (Œuvres complètes), avec des remarques nouvelles, par Lemaistre; vie de Molière, par Voltaire. 3 vol.
MONTAIGNE (Essais de), notes de tous les commentateurs. 2 vol.
MONTESQUIEU. L'esprit des lois, notes de Voltaire, de La Harpe. 1 vol.
— Lettres Persanes, suivies de Arsace et Isménie et du *Temple de Gnide.* 1 vol.
— Considérations sur les causes de la grandeur des Romains et de leur décadence. 1 vol.
MOREAU. Œuvres, *le Myosotis.* 1 v.
PARNY. Œuvres, élégies et poésies, Préface de M. Sainte-Beuve. 1 vol.
PASCAL. Pensées sur la Religion. Edition conforme au véritable texte de l'auteur, additions de Port-Royal. 1 vol.
— Lettres écrites à un Provincial. Essai sur les *Provinciales.* 1 vol.
PELLICO. Mes Prisons, suivies des Devoirs des hommes, 6 grav. 1 vol.
PÉTRARQUE. Œuvres amoureuses. Sonnets, triomphes, traduits en français, texte en regard. 1 vol.
PICARD. Théâtre. Note, notices, par L. Moland. 2 vol.
PINDARE et les lyriques grecs, traduction par M. C. Poyard. 1 vol.
PLATON. L'Etat ou la République. Trad. de Bastien. 1 vol.
PLATON, Apologie de Socrate. — Criton-Phédon-Gorgias. 1 vol.
PLUTARQUE. Les vies des Hommes illustres. Traduites par Ricard. Vie de Plutarque, etc. 4 vol.
POÈTES moralistes de la Grèce, Hésiode, Théognis, etc. 1 vol.
RACINE. Théâtre complet, remarques littéraires, notes class. par Lemaistre. 1 vol.
REGNARD. Théâtre. Notes et notices. 1 vol.
REGNIER. Œuvres complètes. 1 v.
ROMANS GRECS. Les Pastorales de Longus. — Les Ethiopiennes d'Héliodore. Etude sur le roman grec, par A. Chassang. 1 vol.
RONSARD, Œuvres choisies. Notices, notes, par Sainte-Beuve. Edition revue par Moland. 1 vol.
RUNEBERG. Le roi Fialar. Le Porte-Enseigne Stole. — La Nuit de Noël. Traduit par Valmore. 1 vol.
SAINT-EVREMONT, Œuvres choisies. Vie et ouvrages de l'auteur par A.-Ch. Gidel. 1 vol.
SEDAINE. Théâtre, introduction par L. Moland. 1 vol.
SÉVIGNÉ. Lettres choisies. Notes explicatives sur les faits et personnages du temps et observations littéraires, par Sainte-Beuve, 1 vol.
SOPHOCLE. Tragédies. Traduction par L. Humbert. 1 vol.
SOREL. La vraie Histoire comique de Francion. 1 vol.

STAEL. Corinne ou l'Italie, observations par Mme NECKER DE SAUSSURE et SAINTE-BEUVE. 1 vol.
— De l'Allemagne, Edit. revue. 1 vol.
— Delphine. Nouv. édit. revue 1 vol.
STERNE. Tristram Shandy. Voyage sentimental. 2 vol.
TABARIN (Œuvres de). *Aventures du Capitaine Rodomont, la Farce des Bossus*, pieces tabariniques. 1 vol.
TASSE. Jérusalem délivrée. Trad. de LE PRINCE LEBRUN. 1 vol.
THÉATRE DE LA RÉVOLUTION.
— Charles IX. — Les victimes cloîtrées. — Madame Angot. — Madame Angot dans le sérail, introduction, notes par M. MOLAND. 1 vol.
THIERRY (Œuvres d'Augustin). Edit. définitive revue par l'auteur. 9 v.
— Histoire de la Conquête de l'Angleterre. 4 vol.
— Lettres sur l'Histoire de France. 1 vol.
— Dix ans d'études historiques. 1 v.
— Récits des temps mérovingiens. 2 vol.
— Essai sur l'Histoire du Tiers-État. 1 vol.
THIERS. Histoire de la Révolution de 1870. 1 vol.

THUCYDIDE. Histoire. Traduction LOISEAU. 1 vol.
VADÉ. Œuvres. La Pipe cassée. — Chansons. — Bouquets poissards. etc. Notice par J. LEMER. 1 v.
VAUQUELIN DE LA FRESNAYE. (Œuvres poétiques de). Texte conforme à l'édition de 1605. 1 vol.
VILLENEUVE-BARGEMONT. Le livre des affligés. 2 vol.
VILLON. Poésies complètes, Notes par L. MOLAND. 1 vol.
VOISENON. Contes et Poésies fugitives. Notice sur sa vie. 1 vol.
VOLNEY. Les Ruines. — La loi naturelle. — L'histoire de Samuel. Édition revue 1 vol.
VOLTAIRE. 11 vol.
— Le Siècle de Louis XIV. Edition revue. 1 vol.
— Siècle de Louis XV, histoire du Parlement. 1 vol.
— Histoire de Charles XII. Edition revue. 1 vol.
— Lettres choisies. Notice et notes sur les faits et sur les personnages du temps, par L. MOLAND. 2 vol.
WAREE. Curiosités judiciaires, historiques, anecdotiques. 1 vol.
YSABEAU (Docteur). Le Médecin du Foyer. *Guide médical des Familles*. 1 vol.

NOUVELLE BIBLIOTHÈQUE LATINE-FRANÇAISE

REIMPRESSION DES CLASSIQUES LATINS

75 volumes, format grand in-18 à **3** *fr.*

TRADUCTIONS REVUES ET REFONDUES AVEC LE PLUS GRAND SOIN

Le succès de cette collection est aujourd'hui avéré. Belle impression, joli papier, correction soignée, revision intelligente et sérieuse, rien n'a été négligé pour recommander ces éditions aux amis de la bonne littérature. La modicité du prix, jointe aux avantages d'une bonne exécution, fait rechercher nos *classiques* avec prédilection.

6 volumes à 4 fr. 50

CLAUDIEN. Œuvres complètes, traduites en français, par M. HÉGUIN DE GUERLE. 1 vol.
SAINT JÉROME. Lettres choisies, texte latin revu. Trad. nouvelle et introduction par CHARPENTIER. 1 vol.
OVIDE. Les Métamorphoses. Trad. française de GROS, refondue par M. CABARET-DUPATY. Notice par M. CHARPENTIER. Edition complète en 1 volume.
TÉRENCE (Comédies). Traduction nouvelle par BERTOLAUD, docteur ès lettres de Paris. 1 fort volume.

72 volumes à 3 fr. — Chaque volume se vend séparément.

AULU-GELLE (Œuvres complètes), édition revue par CHARPENTIER et BLANCHET. 2 vol.

CATULLE, TIBULLE et PROPERCE. Œuvres traduites par HÉGUIN DE GUERLE, VALATOUR et GENOUILLE. 1 vol.

CÉSAR. Commentaires sur la Guerre des Gaules et sur la Guerre civile, trad. par M. ARTAUD. Édition revue par LEMAISTRE, notice par M. CHARPENTIER. 2 vol.

CICÉRON. (Œuvres complètes), avec la traduction française améliorée et refaite en grande partie par CHARPENTIER, LEMAISTRE, GÉRARD-DELCASSO, CABARET-DUPATY, etc. 20 vol.

TOME I. — Etude sur Cicéron : Vie de Cicéron par Plutarque; Tableau synchronique de la vie et ouvrages de Cicéron.

II. — Traité sur l'art oratoire : Rhétorique; l'Invention.

III. — L'Orateur.

IV. — Brutus; l'Orateur; des Orateurs parfaits; les Topiques; les Partitions oratoires.

V. — Discours; Introduction aux Verrines; Discours pour SEXTIUS ROSCIUS D'AMÉRIE; Discours pour PUBLIUS QUINTUS; discours pour Q. ROSCIUS, le Comédien; Discours contre Q. CÆCILIUS; Première action contre VERRÈS; Seconde action contre VERRÈS, livre premier.

VI. — Seconde action contre VERRÈS, livre deuxième; Seconde action contre VERRÈS, livre troisième; Seconde action contre VERRÈS, livre quatrième.

VII. — Seconde action contre VERRÈS, livre cinquième; Discours pour A. CÆCINA; Discours pour M. FONTEIUS; Discours en faveur de la loi MANILIA; Discours pour A. CLIENTIUS AVITUS; Premier discours sur la loi agraire; Deuxième discours sur la loi agraire; Troisième discours sur la loi agraire; Discours pour C. RABIRIUS.

VIII. — 1er discours contre L. CATILINA; 2e discours contre L. CATILINA; 3e discours contre L. CATILINA; 4e discours contre L. CATILINA; Discours pour L. LICINIUS MURENA; Discours pour P. SYLLA; Discours pour le poète A. LICINIUS ARCHIAS; Discours pour L. FLACCUS; Discours de CICÉRON au Sénat, après son retour; Discours de CICÉRON au peuple.

IX. — Discours de CICÉRON pour sa maison; Discours pour P. SEXTIUS; Discours contre P. VATINIUS; Discours sur la réponse des aruspices; Discours sur les provinces consulaires; Discours pour L. CORNELIUS BALBUS; Discours pour MARCUS CÆLIUS RUFUS.

X. — Discours contre L. CLAPURNIUS PISON; Discours pour CN. PLANCIUS; Discours pour C. RABIRIUS POSTHUMUS; Discours pour T. A. MILON; Discours pour MARCUS MARCELLUS; Discours pour QINTUS LIGARIUS; Discours pour le roi DÉJORATUS; Première philippique de M. T. CICÉRON contre M. ANTOINE.

XI. — Deuxième, troisième à quatorzième philippique.

XII. — Lettres: Lettres I à CLXXXII An de Rome 685 à décembre 701.

XIII. — Lettres CLXXXIII à CCCLXXIII avril 702 à la fin d'avril 704.

XIV. — Lettres CCCLXXIV à DCLVII, 2 mai 704 à 708.

XV. — Lettres DCLXVII à DCCCLII, 708 à 710; Dates incertaines des lettres DCCCLIII à DCCCLIX, Lettres à BRUTUS.

XVI. — Ouvrages philosophiques; Académiques; des vrais biens et des vrais maux; Les Paradoxes.

XVII. — Tusculanes; De l'amitié; De la demande du consulat.

XVIII. — Des Devoirs; Dialogue de la vieillesse; De la nature des Dieux.

XIX. — De la Divination; Du Destin; De la République; Des Lois.

XX. — Fragments; Fragments des Discours de M. CICÉRON; Fragments des Lettres; Fragments du Timée, du Protagoras, de l'Économique; Fragments des ouvrages philosophiques; Fragments des poèmes. Ouvrages apocryphes: Discours sur l'amnistie; Discours au peuple; Invective de SALLUSTE contre CICÉRON; Invective de CICÉRON contre SALLUSTE. Lettre à OCTAVE; La Consolation.

CORNELIUS NEPOS Traduct. par M. AMÉDÉE POMMIER. **EUTROPE.** Abrégé de l'histoire romaine, traduit par DUBOIS. 1 vol.

HORACE (Œuvres complètes). Traduction revue par LEMAISTRE. Etude sur Horace par RIGAULT. 1 vol.

JORNANDES. De la succession du royaume, origine et actes des Goths. Traduction de SAVAGNER. 1 vol.

JUSTIN (Œuvres complètes). Abrégé de l'Histoire universelle de Trogue Pompée. Trad. par PIERROT. Revue par PESSONNEAUX. 1 vol.

JUVÉNAL ET PERSE (Œuvres complètes), suivie des fragments de *Turnus* et de *Sulpicia*, traduction de DUSSAULX, LEMAISTRE. 1 vol.

LUCAIN. **La Pharsale**. Trad. de MARMONTEL, revue par DURAND. 1 v.

LUCRÈCE (**Œuvres complètes**), traduction de LAGRANGE, revue par BLANCHET. 1 vol.

MARTIAL (**Œuvres complètes**), traduction de MM. V. VERGER, DUBOIS et J. MANGEART. Précédée des *Mémoires de Martial*, par JULES JANIN. 2 vol.

PETITS POÈTES. ARBORIUS, GALPURNIUS, EUCHARIA, GRATIUS, FALISCUS, LUPERCUS, SERVASTUS, NEMESIANUS, PENTADIUS, SABINUS, VALERIUS CATO, VESTRITIUS SPURINA et le *Pervigilium Veneris*, traduction de CABARET-DUPATY. 1 vol.

PHÈDRE (Fables) suivies des Œuvres d'**Avianus**, de **Denis Caton**, de **Publius Syrus**. Edition revue par M. E. PESSONNEAUX. 1 vol.

PLAUTE. Son théâtre. Traduction nouvelle de M. NAUDET, membre de l'Institut. 4 vol.

PLINE L'ANCIEN. L'Histoire des animaux, traduct. de GUÉROULT. 1 v.

PLINE LE JEUNE (Lettres). Trad. par M. CABARET-DUPATY. 1 vol.

PLINE LE NATURALISTE (Morceaux extraits). Traduction de GUÉROULT. 1 vol.

QUINTE-CURCE (**Œuvres complètes**). Edition revue par M. B. PESSONNEAUX. 1 vol.

QUINTILIEN (**Œuvres complètes**). Traduction de OUISILLE. Revue par CHARPENTIER. 3 vol.

SALLUSTE (**Œuvres complètes**). Traduction DU ROZOIR. Revue par M. CHARPENTIER. 1 vol.

SÉNÈQUE LE PHILOSOPHE (**Œuvres complètes**), édition revue par CHARPENTIER et LEMAISTRE. 4 v.

— (Tragédies). Edition revue par CABARET-DUPATY. 1 vol.

SUÉTONE (Œuvres). Trad. refondue par CABARET-DUPATY. 1 vol.

TACITE (**Œuvres complètes**), traduction de DUREAU DE LA MALLE, revue par M. CHARPENTIER. 2 vol.

TITE-LIVE (**Œuvres complètes**), traduites. Edition revue par E. PESSONNEAUX et BLANCHET. Etude sur Tite-Live, par M. CHARPENTIER. 6 v.

VALÈRE MAXIME (**Œuvres complètes**), traduction de FRÉMION. Edition revue par M. CHARPENTIER. 2 v.

VELLEIUS PATERCULUS, traduction refondue avec le plus grand soin par M. GRÉARD. — **FLORUS** (Œuvres). Notice sur Florus, par M. VILLEMAIN. 1 vol.

VIRGILE. Œuvres complètes, traduites en français. Nouvelle édition, refondue par M. Félix LEMAISTRE, précédée d'une Etude sur Virgile par M. SAINTE-BEUVE. 2 vol.

Nouveau Dictionnaire complet des COMMUNES DE LA FRANCE

Algérie, Tunisie, Tonkin, et toutes les Colonies françaises

La nomenclature de toutes les communes, les châteaux, les bureaux de poste, les stations de chemins de fer, etc., par M. GINDRE DU MANCY. Nouvelle édition. 1 fort vol. gr. in-8 à 2 col., **15 fr.**; relié 1/2 chagr. **18 fr.** — Relié toile.... **17 fr.**

BIBLIOTHÈQUE D'UTILITÉ PRATIQUE

Format in-18, avec planches, vignettes explicatives, gravures.

NOUVEAU GUIDE DES AFFAIRES. Le droit usuel ou l'avocat de soi-même, par DURAND DE NANCY, 18ᵉ éd., augmentée, 1 fort vol. gr. in-18, 502 pages **4 fr. 50**. — Relié **5 fr.**

TRAITÉ PRATIQUE D'ARPENTAGE, nivellement, levée de plans, par A. POUSSART, professeur de mathématiques, 1 vol. in-18 br., nombreuses figures....... **3 fr.**

Guide pratique des Gardes champêtres et des Gardes particuliers, par M. MARCEL GRÉGOIRE, sous-préfet. 1 vol in-18............. **2 fr.**

GUIDE DES PROPRIÉTAIRES, LOCATAIRES OU FERMIERS, comprenant : 1° La solution de toutes les difficultés pouvant surgir dans leurs rapports entre eux, avec les concierges ou administrations publiques (*Expropriation, Servitudes, Voirie, Contributions directes, Enregistrement des baux*); 2° Des modèles de tous les actes sous seing privé relatifs aux locations, par A. DEGLOS, docteur en droit. 1 vol. br. 4 fr. 50, relié.................. 5 fr.

MANUEL PRATIQUE des JUGES DE PAIX. Précis raisonné et complet de leurs attributions judiciaires, extra judiciaires, civiles, ouvrage entièrement neuf, par M. GEORGES MARTIN, juge de paix. 1 volume grand in-18................. 6 fr.

LA TENUE DES LIVRES apprise sans maître, en partie simple et en partie double, mise à la portée de toutes les intelligences, par LOUIS DEPLANQUE, expert, prof. de comptabilité, 20ᵉ éd. 1 fort vol. in-8. 7 f. 50

LA TENUE DES LIVRES rendue facile, ou méthode raisonnée pour l'enseignement de la comptabilité, par DEGRANGE. Edition revue par LEFEBVRE. 1 vol. in-8........ 5 fr.

GUIDE POUR LE CHOIX D'UNE PROFESSION. Contenant des renseignements précis sur les professions qui exigent des préparations spéciales et sur les institutions, facultés et écoles qui préparent aux différentes carrières, par F. DE DONVILLE, 1 vol. in-18...... 3 fr. 50

LES PROFESSIONS FÉMININES, par F. TULOU. 1 vol. in-18, 3 fr. 50

TENUE DES LIVRES rendue facile à l'usage des personnes destinées au commerce, par UN ANCIEN NÉGOCIANT, 1 vol................ 3 fr.

NOUVEAU MANUEL EPISTOLAIRE, en français et en anglais. Théorie, pratique, par J. Mc. LAUGHLIN, Officier d'académie, professeur au collège Sainte-Barbe. 1 fort volume in-18, contenant 558 pages, broché, 3 fr. 50. — Elégamment relié........................ 4 fr.

NOUVEAU GUIDE de la CORRESPONDANCE COMMERCIALE, contenant 515 lettres : circulaires, offres de service, remises, traites, lettres de change, avaries, etc., par HENRI PAGE. 1 volume in-8... 6 fr.

NOUVEAU CORRESPONDANT COMMERCIAL en français et en anglais. Recueil complet de lettres sur toutes les affaires de commerce, par M. LAUGHLIN. 1 vol. br. 3 fr. Relié..................... 4 fr.

LE SECRÉTAIRE COMMERCIAL par HENRI PAGE. Extrait du précédent. 1 vol. in-18........... 3 fr.

NOUVEAU MANUEL ÉPISTOLAIRE, en français et en anglais. Théorie, pratique, modèle de lettres, etc. 1 fort volume de 558 pages, broché 3 fr. 50. Relié....... 4 fr.

MANUEL DU CAPITALISTE ou Comptes faits des intérêts à tous les taux, pour toutes sommes de un jusqu'à 366 jours, ouvrage utile aux négociants, banquiers, commerçants de tous les états, etc., par BONNET. Notice sur l'intérêt, l'escompte, etc., par M. JOSEPH GARNIER, revue pour les calculs, par M. X. RYMKIEWICZ, calculateur au Crédit foncier. 1 vol. in-8, 6 fr. Relié......... 7 fr. 50

GUIDE DU CAPITALISTE ou Comptes faits d'intérêts à tous les taux, pour toutes les sommes de un à 366 jours, par BONNET, 1 vol. in-18, 3 fr. Relié................. 4 fr.

BARÈME UNIVERSEL. Calculateur du négociant. Comptes faits des prix par pièces, mesures, nombres, kilogrammes, etc., par DONKER et HENRY. 1 vol. in-8................ 8 fr.

LE LIVRE DE BARÈME ou Comptes faits. Comptes faits depuis 0.02 jusqu'à 100 fr. Tableau des jours écoulés et à parcourir du 1ᵉʳ janv. au 31 déc. Mesures légales, etc. Revu par PONS. 1 vol. in-18, 3 fr. Relié toile, 4 fr.

TOUS CYCLISTES ! Traité pratique et théorique de vélocipédie, par PH. DUBOIS et A. VARENNES, 1 volume in-18.................. 2 fr. 25

LE CHASSEUR AU CHIEN D'ARRÊT, par ELZÉAR BLAZE, 1 v. in-18................... 3 fr. 50

LE CHASSEUR AU CHIEN COURANT, formant avec le Chasseur au chien d'arrêt un cours complet de chasse à tir et à courre, par ELZÉAR BLAZE, 2 vol. in-18. Le volume........ 3 fr. 50

LE CHASSEUR AUX FILETS ou chasse des dames, par LE MÊME, 1 vol..................... 3 fr. 50

LE CHASSEUR CONTEUR, ou les Chroniques de la Chasse, par le MÊME, 1 vol............. 3 fr. 50

GUIDE DU CHASSEUR AU CHIEN D'ARRÊT sous ses rapports, théorique, pratique et juridique, par F. CASSASSOLES. 1 volume in-18 grav................ 3 fr. 50

LE PÊCHEUR A LA MOUCHE ARTIFICIELLE ET LE PÊCHEUR A TOUTES LIGNES, par MASSAS. Edition revue, étude sur le repeuplement des cours d'eau et la pisciculture, par LARBALÉTRIER. 80 vignettes. 1 vol........ 2 fr.

CHASSES ET PÊCHES ANGLAISES. Variétés de pêches et de chasses. 1 vol. in-18.... 0 fr.

LA PÊCHE EN MER ET LA CULTURE DES PLAGES. Pêches côtières à la ligne et aux filets.

Pêches à pied. Grandes pêches, par ALBERT LARBALÉTRIER. 1 vol. in-18, illustré, 140 gravures .... 3 fr. 50

L'ART D'INSTRUIRE ET D'ÉLEVER LES OISEAUX. Oiseaux chanteurs, oiseaux parleurs, oiseaux de volière, par L.-E. CHAMPAIRE. 1 vol. Nombreuses gravures 3 fr. 50

GUIDE PRATIQUE DES MAIRES, DES ADJOINTS, DES SECRÉTAIRES DE MAIRIE ET DES CONSEILLERS MUNICIPAUX : Lois, décrets, arrêtés, par DURAND DE NANCY, édit. mise au courant, par RUBEN DE COUDER, conseiller à la Cour de cassation, 12e édition, 1 fort vol. in-18. 7 fr. 50
Relié .... 8 fr. 50

LOI MUNICIPALE du 5 avril 1884 comprenant : La circulaire ministérielle, 1 v. in-18. 178 p. 1 fr. 25

— **CODE DES COMMUNES.** Recueil annoté des Lois et décrets sur l'administration municipale; par SOUVIRON, 1 fort vol. in-8.. 5 fr.

NOUVEAU TRAITÉ PRATIQUE DU JARDINAGE, par A. YSABEAU. 1 vol. in-18 .... 2 fr.

TRAITÉ PRATIQUE DE LA LAITERIE. Lait, beurre, fromages, par ALBERT LARBALÉTRIER, professeur à l'école d'agriculture du Pas-de-Calais. Orné de 73 gravures. 1 vol. in-18 .... 2 fr.

TRAITÉ DE CHAUFFAGE ET D'ÉCLAIRAGE DOMESTIQUES, propreté et économie, par LARBALÉTRIER. 1 vol. in-18 .... 2 fr.

TRAITÉ PRATIQUE DES SAVONS ET DES PARFUMS, manuel raisonné du cabinet de toilette, par LARBALÉTRIER, 1 volume in-18 .... 2 fr. 50

CHEVAL DE CHASSE ET DE SERVICE, par le baron de FLEURY, suivi de Naughty boy, dressage d'un cheval. 1 vol. in-18. 3 fr. 50

MANUEL PRATIQUE DE L'ACHAT ET DE LA VENTE DU BÉTAIL. Bœufs, veaux, moutons, porcs, par Henri VILLIERS, professeur vétérinaire, et Albert LARBALÉTRIER, professeur d'agriculture du Pas-de-Calais. Nombreuses gravures 1 vol. in-18. .... 3 fr. 50

LES VACHES LAITIÈRES. Choix, races, entretien, etc. Par Albert LARBALÉTRIER, professeur à l'École pratique d'agriculture du Pas-de-Calais. 36 figures, 1 v. in-18. 2 fr.

LES ANIMAUX DE BASSE-COUR. Elevage et entretien. Par LE MÊME 1 vol. in-18.... 3 fr. 50

LE NOUVEAU JARDINIER FLEURISTE. Avec les principaux arbres d'ornement, la nomenclature des fleurs de parterre, de bordure, de massif, etc., par HIPP. LANGLOIS 258 fig. 1 fort vol. in-18. 3 fr. 50

TARIF POUR CUBER LES BOIS EN GRUME ET ÉQUARRIS D'après les mesures anciennes, avec leur réduction en mesures métriques, tableau servant à déterminer les produits en nature, par PRUGNAUX, arpenteur forestier. Édition revue. 1 vol. in-18 .... 2 fr.

TARIF DE CUBAGE DES BOIS ÉQUARRIS ET RONDS. Évalués en stères et fractions décimales du stère, par J.-A.-FRANÇON, cubeur juré de la ville de Lyon. 1 fort vol. in-18. .... 2 fr. 50

DICTIONNAIRE PORTATIF DES COMMUNES DE LA FRANCE ET DE L'ALGÉRIE et des autres colonies françaises, par GINDRE DE MANCY. Édition entièrement refaite par M. LACROIX, chef de bureau au ministère de l'instruction publique. 1 v. de 800 p., relié. 5 fr.

LE JARDINIER DE TOUT LE MONDE. Traité complet de toutes les branches de l'horticulture, par A. YSABEAU. 1 fort volume in-18, illustré .... 4 fr. 50

COURS D'ARBORICULTURE. 1re Partie. — Principes généraux d'arboriculture. Par DU BREUIL, 175 figures, carte en couleur. 7e édition. 1 vol. in-18, ... 3 fr. 50

Le même. 2e Partie. — Culture des arbres et arbrisseaux à fruits de table, 555 figures et 4 planches, 1 vol. in-18, 7e édition ...... 8 fr.

CULTURE DES ARBRES ET ARBRISSEAUX D'ORNEMENTS. Plantations et lignes d'ornement. — Parcs et jardins, par DU BREUIL. 1 vol. in-18, tableaux plans, 90 figures, 7e édition ..... 5 fr.

INSTRUCTION ÉLÉMENTAIRE SUR LA CONDUITE DES ARBRES FRUITIERS, par LE MÊME. — Ouvrage destiné aux jardiniers, aux élèves des fermes-écoles et des écoles normales primaires. 1 vol. in-18, illustré, 207 figures, 9e édition .... 2 fr. 50

TRAITÉ ÉLÉMENTAIRE D'AGRICULTURE, par GIRARDIN, directeur et professeur de chimie agricole et industrielle de l'École supérieure des sciences, etc., et A. DUBREUIL, professeur d'arboriculture et de viticulture. 4e édition, 995 gravures, 2 forts volumes, grand in-8 .... 16 fr.

ÉLÉMENTS DE BOTANIQUE. Première partie. ORGANOGRAPHIE, par

M. PAYER, de l'Institut, professeur de botanique. 1 volume in-18, 663 figures............ 4 fr.

LES MACHINES DYNAMO-ÉLECTRIQUES, par R. V. PICCU, ingénieur des Arts et Manufactures, 1 vol. in-18............ 3 fr. 50

MANUEL DU POIDS DES MÉTAUX, employés dans les constructions, à l'usage de toutes les personnes s'occupant de bâtiments, par ARNOULT, vice-président de la Chambre des entrepreneurs, 1 vol. relié toile............ 2 fr. 50

GASTON BONNEFONT. La machine à coudre. Ses principales applications, son rôle dans la famille et dans l'industrie. 1 vol. in-18, orné de nombreux dessins... 1 fr.

NOUVELLE FLORE FRANÇAISE. Description des plantes qui croissent spontanément en France et de celles qu'on y cultive en grand, indication de leurs propriétés, etc., par M. GILLET, vétérinaire principal de l'armée, et par M. J.-H. MAGNE, professeur de botanique. 1 beau vol. in-18, 97 planches, plus de 1,200 figures. 6ᵉ édition............ 8 fr.

LE PETIT CUISINIER MODERNE ou les secrets de l'art culinaire, par GUSTAVE GARLIN (de Tonnerre), élève des premiers cuisiniers de Paris. 1 vol. in-8 illustré, 976 pages, relié............ 8 fr.

LA CUISINE ANCIENNE, par GARLIN (de Tonnerre). 1 vol. in-8 illustré............ 8 fr.

TRAITÉ PRATIQUE DE L'ÉLEVAGE DU PORC ET DE CHARCUTERIE, par AUG. VALESSERT, ancien charcutier, par ALB. LARBALÉTRIER, professeur d'agriculture. 1 beau volume in-18, orné de gravures............ 3 fr. 50

CAUSERIES CHEVALINES, par GAUME, propriétaire-éleveur. 1 vol. grand in-18............ 3 fr. 50

LE CUISINIER EUROPÉEN. Ouvrage contenant les meilleures recettes des cuisines françaises et étrangères, par JULES BRETEUIL, ancien chef de cuisine. 1 fort vol. grand in-18, illustré 300 gravures, 748 pages, relié............ 5 fr.

LE CUISINIER DURAND. Cuisine du nord et du midi, 9ᵉ édition, revue par C. DURAND, petit-fils de l'auteur. 1 vol. in-18 illustré, 160 figures. 6 fr.

TRAITÉ DE L'OFFICE, par T. BERTHE, ex-officier de bouche. 1 vol. in-18............ 3 fr. 50

TRAITÉ PRATIQUE DE LA PATISSERIE, contenant un aperçu des glaces, sirops et confitures, par H. GUERRE. 16 planches hors texte coloriées. 1 vol. in-8 broché. 6 fr. Relié............ 7 fr.

L'ENFANT. — Hygiène et soins médicaux pour le premier âge. A l'usage des jeunes mères et des nourrices, par ERMANCE DUFAUX DE LA JONCHÈRE. Précédé d'une introduction, par le docteur BLACHEZ. Nombreuses grav. 1 vol. in-18. 4 fr.

LE CONSERVATEUR OU LIVRE DE TOUS LES MÉNAGES, d'après les travaux de Carême, Appert, etc., par LÉON KREBS. 150 gravures. 1 volume............ 3 fr. 50

BOISSONS ÉCONOMIQUES ET LIQUEURS DE TABLE. Traité pratique de la fabrication des vins, cidres, bières, liqueurs, etc., par KREBS, 1 vol. in-18...... 3 fr. 50

GUIDE PRATIQUE DES MÉNAGES, contenant plus de 2,000 recettes sur la préparation et la conservation des aliments, etc., par le docteur ELGET. 1 volume. 3 fr. 50

RACES CHEVALINES ET LEUR AMÉLIORATION. Entretien, élevage du cheval, de l'âne et du mulet. 1 vol. in-18............ 8 fr.

JEUX DE SOCIÉTÉ. Jeux de salon. — Jeux d'enfants. — Jeux d'esprit et d'improvisation. — Patiences. — Jeux divers. — Rondes et danses de société, par L. de VALAINCOURT. 1 vol. illustré de nombreuses vignettes............ 3 fr. 50

TRAITÉ DE WHIST par M. DESCHAPELLES, 1 vol. in-18.. 3 fr. 50

LE JEU DE TRICTRAC rendu facile pour toute personne d'un esprit juste et pénétrant. 2 vol. in-8. 8 fr.

NOUVELLE ACADÉMIE DES JEUX. Contenant un dictionnaire des jeux anciens, le nouveau jeu de croquet, le Besigue chinois et une étude sur les jeux et paris de courses, par JEAN QUINOLA. 1 fort vol. avec figures............ 3 fr.

ANALYSE DU JEU DES ÉCHECS par A.-D. PHILIDOR. Edition augmentée de 68 parties jouées par Philidor, du traité de Greco, des débuts de Stamma et de Ruy Lopez, par C. SENSON. 1 fort vol. in-18, plan. 5 fr.

ENCYCLOPEDIANA. Recueil d'anecdotes anciennes, modernes et contemporaines, etc., édition illustrée de 128 vignettes. 1 vol. in-8 de 840 pages............ 6 fr.

RACES BOVINES ET LEUR AMÉLIORATION. Entretien, multiplication, élevage, engraissement du bœuf. 1 vol. in-18...... 5 fr.

LE CHEVAL. Traité complet d'hypologie, suivi d'un cours complet d'équitation pour un cavalier et sa dame, par SANTINI. 1 v. in-18. 3 fr. 50

DICTIONNAIRE DE JURISPRUDENCE HIPPIQUE, traité des courses, par CHARTON DE MEUR, avocat. 1 vol. in-18...... 3 fr. 50

CHOIX ET NOURRITURE DU CHEVAL, ou description de tous les caractères à l'aide desquels on peut reconnaître l'aptitude des chevaux. 1 volume in-18, avec vignettes..... 3 fr. 50

MÉDECINE VÉTÉRINAIRE RURALE. Suivie d'un Formulaire pharmaceutique, par UN VÉTÉRINAIRE. 1 fort volume in-18..... 4 fr. 50

TRAITÉ PRATIQUE DE MÉDECINE VÉTÉRINAIRE, art de prévenir et de guérir les maladies chez le cheval, l'âne, le mulet, le bœuf, le mouton, le porc et le chien, par H.-A. VILLIERS et LARBALÉTRIER. 1 volume avec figures.... 3 fr. 50

CH. LE BRUN-RENAUD. Manuel pratique d'équitation, à l'usage des deux sexes. Ouvrage orné de 45 fig. 1 beau volume..... 2 fr.

TRAITÉ PRATIQUE DE LA FABRICATION DES EAUX-DE-VIE par la distillation des vins, cidres, marcs, etc. Fabrication des eaux-de-vie communes avec le trois-six d'industrie, etc., par CH. STEINER, chimiste-distillateur. 50 figures dans le texte. 1 vol. grand in-18. 3 fr. 50

LES NOUVELLES MÉTHODES DE LA CULTURE DE LA VIGNE, et de vinification, par A. BEDEL. 1 volume in-18, orné de nombreuses gravures..... 3 fr. 50

TRAITÉ PRATIQUE DES ENGRAIS, origine, utilité, emploi, par A. BEDEL.

NOBILIAIRE DE NORMANDIE. Publié sous la direction de DE MAGNY. 2 vol. grand in-8..... 40 fr.

ABRÉGÉ MÉTHODIQUE DE LA SCIENCE DES ARMOIRIES, etc., par M. MAIGNE. Edit. augmentée, ill. 1 vol. in-18.... 10 fr. Imprimé à 154 exemplaires numérotés sur papier de Hollande..... 20 fr.

MANUEL PRATIQUE DE L'AMATEUR DE CHIENS. Chiens de chasse, chiens de garde, chiens de berger, chiens d'agrément. 1 volume in-18..... 2 fr.

MEUNERIE ET BOULANGERIE, par LÉON HENDOUX, nombreuses vignettes explicatives. 1 vol. in-18, 20 feuilles..... 5 fr.

TRAITÉ COMPLET DE MANIPULATION DES VINS, par A. BEDEL, 2ᵉ édition. 1 beau vol in-18, avec gravures..... 3 fr. 50

L'ART DE RECONNAITRE LES FRUITS DE PRESSOIR (pommes et poires), par A. TRUELLE. 1 vol. in-18..... 4 fr. Les fruits de pressoir et la fabrication du cidre et du poiré et de leurs dérivés, par TRITSCHLER. 1 vol. in-18..... 3 fr. 50

TRAITÉ THÉORIQUE ET PRATIQUE DE LA BRASSERIE, analyse détaillée des méthodes les plus récentes appliquées à la fabrication de la bière, par A. BEDEL. 1 vol. in-18..... 3 fr. 50

ÉLÉMENTS GÉNÉRAUX DE LÉGISLATION FRANÇAISE. — Par A. BOURGUIGNON. 1 fort volume in-18, 720 pages..... 6 fr.

TRAITÉ PRATIQUE D'AGRICULTURE, par A. BOURGUIGNON, 1 vol. in-18 de 400 pages..... 3 fr.

GUIDE DU COMMERÇANT, par A. ROGER, avocat à la Cour d'appel de Paris, 1 vol. in-18 de 450 pages. 3 fr.

L'INDUSTRIE, par ARTHUR MANGIN. 60 gravures intercalées dans le texte. 1 volume in-18 de 460 pages. 3 fr.

LA NOUVELLE LOI MILITAIRE promulguée le 16 juillet 1889, contenant les décrets, modèles de certificats à l'usage des jeunes gens soldats ou de leurs parents, annotée et commentée par M. E. SERGENT. 1 vol. in-32 d'environ 300 pages. 1 fr. 50

LOI SUR LE RECRUTEMENT DE L'ARMÉE, votée par la Chambre des députés et par le Sénat, et promulguée le 16 juillet 1889, par le Président de la République. 1 vol. de 64 pages in-32..... 0 fr. 30

LEÇONS PRIMAIRES DE LAVIS DES PLANS. Par M. GILLET-DAMITTE, professeur. In-12.. 75 cent.

TRAITÉ ÉLÉMENTAIRE DE TOPOGRAPHIE et de lavis des plans, illustré, planches coloriées, notions de géométrie, avec gravures, par M. TRIPON, professeur de topographie. 1 vol. in-4ᵉ relié..... 10 fr.

TRAITÉ ÉLÉMENTAIRE PRATIQUE D'ARCHITECTURE
Ou étude des cinq ordres d'après JACQUES BAROZZIO DE VIGNOLE. Ouvrage divisé en 72 planches, comprenant les cinq ordres, composé, dessiné et mis en ordre par J.-A. LEVEIL, architecte, gr. sur acier par HIBON..... 10 fr.

TRAITÉ THÉORIQUE ET DESCRIPTIF
DES ORDRES D'ARCHITECTURE

Ouvrage servant d'introduction développée à l'*Architecture rurale*, avec 42 planches, par SAINT-FÉLIX. 1 volume in-4 cartonné.... 15 fr. Net 10 fr.

LA SCIENCE DES ARMES
L'ASSAUT ET LES ASSAUTS PUBLICS — LE DUEL ET LA LEÇON DE DUEL
Par GEORGES ROBERT

PROFESSEUR D'ESCRIME AU LYCÉE HENRI IV ET AU COLLÈGE SAINTE-BARBE

Notice sur Robert aîné, par ERNEST LEGOUVÉ. Lettre de M. HÉBRARD DE VILLENEUVE, président de la Société d'Encouragement de l'escrime. 1 vol. grand in-8, 7 grands tableaux .... 12 fr.

LE CUISINIER MODERNE, ou les secrets de l'art culinaire. Suivi d'un index des termes techniques, par Gustave GARLIN (de Tonnerre.) Ouvrage complet illustré (60 planches, 330 dessins), comprenant 5,000 titres et 700 observations. 2 v. in-4. 36 fr.

LE PATISSIER MODERNE, suivi d'un traité de confiserie d'office, par GUSTAVE GARLIN (de Tonnerre). Ouvrage illustré de 262 dessins gravés par M. BLITZ, 1 volume grand in-8, relié toile................ 20 fr.

PRINCIPES DE GÉOLOGIE
Ou illustrations de cette science empruntés aux changements modernes que la Terre et ses habitants ont subis, par CHARLES LYELL, baronnet, traduit de l'anglais, sur la 10ᵉ édition par M. JULES GINESTOU, 2 volumes in-8 .... 25 fr.

ÉLÉMENTS DE GÉOLOGIE
Ou changements anciens de la Terre et de ses habitants, tels qu'ils sont représentés par les monuments géologiques, par LE MÊME. Traduit de l'anglais par M. GINESTOU, 6ᵉ édition, augmentée, illustrée, 770 gravures. 2 beaux volumes in-8...... 20 fr.

ABRÉGÉ DES
ÉLÉMENTS DE GÉOLOGIE
Par LE MÊME. Traduit par M. JULES GINESTOU. Ouvrage illustré de 644 gravures. 1 fort volume grand in-18 jésus................. 10 fr.

GUIDE DU SONDEUR
Ou traité théorique et pratique des sondages, par MM. DEGOUSÉE et CH. LAURENT, ingénieurs civils, fabricants d'équipages de sonde, entrepreneurs de sondages. 2 forts vol. in-8. Gravures dans le texte et accompagné d'un atlas de 62 planches gravées sur acier.......... 30 fr.

COURS ÉLÉMENTAIRE
D'HISTOIRE NATURELLE
A l'usage des lycées et des maisons d'éducation, rédigé conformément au programme de l'Université. 3 forts vol. in-12, 2.000 figures intercalées dans le texte. Le cours comprend :
Zoologie, par M. MILNE EDWARDS, membre de l'Institut, professeur au Jardin des Plantes. 1 vol...... 6 fr.
Botanique, par M. A. DE JUSSIEU, de l'Institut, professeur au Jardin des Plantes. 1 vol................. 6 fr.
Minéralogie et Géologie, par M. F.-S. BEUDANT, de l'Institut, inspecteur gén. des études. 1 vol....... 6 fr.
La géologie seule, 1 volume. 4 fr.

GÉOLOGIE
Par M. E.-B. DE CHANCOURTOIS. 1 volume..................... 1 fr. 25

COURS ÉLÉMENTAIRE DE CHIMIE
Par V. REGNAULT, de l'Institut, directeur de la manufacture nationale de Sèvres. 4 v. in-18, 700 fig., 5ᵉ éd. 20 fr.

COURS ÉLÉMENTAIRE DE
Mécanique, Théorique et Appliquée
A l'usage des Facultés, des établissements d'enseignement secondaires, des écoles normales et des écoles industrielles, par LE MÊME. 1 vol. in-8, illustré, 551 figures, 9ᵉ édition. 8 fr.

COURS ÉLÉMENTAIRE D'ASTRONOMIE
Concordant avec les articles du programme officiel pour l'enseignement de la cosmographie dans les lycées, par LE MÊME. 1 vol. in-18, illustré de planches en taille-douce, vignettes, 6ᵉ édition.................. 7 fr. 50

NOTIONS ÉLÉMENTAIRES DE
MÉCANIQUE RATIONNELLE
A l'usage des candidats à l'Ecole forestière et à l'Ecole navale des aspirants au baccalauréat ès sciences et au

certificat de capacité des sciences appliquées, par M. G. PINET, inspecteur des études à l'Ecole polytechnique, 1 vol. in-18...... **2 fr.**

TRAITÉ D'ASTRONOMIE
Appliquée à la géographie et à la navigation, par EMM. LIAIS, astronome, auteur de l'*Espace céleste*, 1 fort vol. grand in-8................ **10 fr.**

DE L'EXPLOITATION DES CHEMINS DE FER
Leçons faites à l'Ecole nationale des ponts et chaussées, par F. JACQMIN, directeur de la Cie des chemins de fer de l'Est. 2 vol. in-8 caval. **16 fr.**

LES MACHINES A VAPEUR
Leçons faites à l'Ecole nationale des ponts et chaussées, par LE MÊME. 2 forts vol. gr. in-8 cavalier.. **16 fr.**

TRAITÉ ÉLÉMENTAIRE DES CHEMINS DE FER
Par AUGUSTE PERDONNET. 3e édition, considérablement augmentée. 4 très forts volumes in-8, avec 1.100 figures, tableaux, etc............... **70 fr.**

LE SAVOIR-VIVRE
Dans la vie ordinaire et dans les cérémonies civiles et religieuses
Par Ermance DUFAUX. 1 vol in-18, 3 fr.
Cet ouvrage est un travail neuf pour la forme et par le fond, rempli d'appréciations personnelles, et décelant à chaque page un auteur appartenant à la bonne compagnie.

DICTIONNAIRE GÉNÉRAL
DES SCIENCES THEORIQUES ET APPLIQUÉES
Comprenant les mathématiques, la physique et la chimie, la mécanique et la technologie, l'histoire naturelle et la médecine, l'économie rurale et l'art vétérinaire, par MM. PRIVAT-DESCHANEL et AD. FOCILLON, professeur des sciences physiques et naturelles, 2e édition, 2 forts volumes grand in-8°, brochés, 32 fr. Reliés 40 fr.

L'ESPACE CÉLESTE & LA NATURE TROPICALE
Description physique de l'univers, d'après des observations personnelles faites dans les deux hémisphères, par L. LIAIS, ancien astronome de l'Observatoire de Paris, avec une préface de BABINET, de l'Institut. Illustrée de dessins de YAN DARGENT. Un magnifique volume grand in-8° jésus............ **15 fr.**
Relié demi-doré, **21 fr.** — Toile, fers spéciaux................. **20 fr.**

CHIROMANCIE NOUVELLE EN HARMONIE AVEC LA PHRÉNOLOGIE ET LA PHYSIOGNOMONIE. **LES MYSTÈRES DE LA MAIN**, art de connaître la destinée de chacun d'après la seule inspection de la main, par A. DESBAROLLES. 17e édition, figures. 1 vol. in-18............. **5 fr.**
GRAPHOLOGIE ou *les mystères de l'Ecriture* par DESBAROLLES et JEAN HIPPOLYTE; autographies. 1 volume in-18................ **4 fr.**

MANUEL DU DRAINAGE, par le baron VAN DER BRAKELL. 1 volume in-18. 7 cart....... **3 fr. 50**
MANUEL DES CHAUFFEURS ET DES CONSTRUCTEURS DE MACHINES A VAPEUR, par TH. BUREAU, ingénieur des ponts et chaussées, 3e édit. 111 fig. et 5 pl. 1 volume in-18........ **5 fr.**
LE BARREAU AU XIXe SIÈCLE par M. O. PINARD, avocat (ex-ministre de l'intérieur). 2 v. in-8. **6 fr.**

SUPPLÉMENT AU DICTIONNAIRE DE LA CONVERSATION ET DE LA LECTURE
16 volumes in-8 de 500 pages ou livraisons pareilles à celles des 52 volumes, publiés de 1833 à 1839. **80 fr.**

DICTIONNAIRE DE LA CONVERSATION ET DE LA LECTURE
8 volumes grand in-8, de 500 pages, à 2 colonnes, 200 fr. Net **120 fr.**

60.000 volumes complets de L'ILLUSTRATION

DIVISÉS EN QUATRE CATÉGORIES DE PRIX

1° Volumes 27, 28, 29, 30, 31, 32, 33, 34, 35, 36, 37 à 47, 56 à 60. Le volume 18 fr. Net. . . . . . 6 fr.

2° Série de 46 volumes, 27 à 70, 72 et 73 inclusivement, contenant les *guerres de Crimée, des Indes, de la Chine, d'Italie, du Mexique*, le vol. 18 fr. Net. . . . . 12 fr.

3° Les collections complètes dont il ne nous reste plus qu'un petit nombre d'exemplaires restent fixées au même prix que précédemment. 2 volumes . . . . 18 fr.

4° Volumes 55 à 70, 72 et 73. (Le tome 71 est épuisé) à. . . . . . . 18 fr.

Reliure et tranches dorées. Le v. 6 fr.

Volumes grand in-18, couverture illustrée, à 2 fr.

DELORD et HUART. Les Cosaques. Relation charivarique, comique et véridique des hauts faits des Russes en Orient. 100 vignettes par CHAM. 1 vol.

DUNOIS (ARMAND). Le Secrétaire des Familles et des Pensions, 1 vol.

—Le Secrétaire des compliments, lettres de bonne année, lettres de fêtes, compliments. 1 vol.

FRAISSINET (ED.). Le Japon, Histoire et descriptions, mœurs, costumes et religion. Nouvelle édition avec une carte. 2 vol.

LAMARTINE. Raphaël. Pages de la vingtième année, 3° édition. 1 v.

MULLER (E.). La Politesse, manuel des bienséances et du savoir-vivre. 1 vol.

PHILIPON DE LA MADELAINE. Manuel épistolaire à l'usage de la jeunesse. 17° édition. 1 vol.

REGNAULT. Histoire de Napoléon Ier. 4 vol.

Volumes in-32, dits Cazin, à 1 franc, net 75 cent.

CHAUVERON et S. BERGER. Du travail des enfants mineurs. 1 v.

CONSTANT. Adolphe. 1 vol.

GODWIN. Caleb Williams. 3 vol.

EUGÈNE SUE. Arthur. 4 vol.

REVEL (TH.). Manuel des Maris. 1 v.

MAITRE PIERRE. Vie de Napoléon, par MARCO DE SAINT-HILAIRE. 1 v.

SAINT-REAL. Œuvres. 2 vol.

DUCIS. Œuvres. 7 vol.

Jongleurs, Tours. etc.... **1 fr. 50**

DESTOUCHES. Œuvres. 3 vol.

Les Allopathes et les Homœopathes devant le Sénat. par DUPIN et BONJEAN. 1 vol.

Les Mois, poème en douze chants, par ROUCHER. 2 vol.

La Natation. Art de nager appris seul, avec figures, par P. BRISSET. 1 vol.

GIRARDIN. Dossier de la guerre de 1870-1871. 1 vol.

BONJEAN. Conservation des oiseaux. 1 vol.

Volumes grand in-18, couverture illustrée, à 1 fr. 50

BARÈME OU COMPTES FAITS en francs et centimes. 1 vol. in-32 cartonné.

BOCHET. Le Livre du jour de l'An. 1 vol.

DUNOIS. Le petit Secrétaire français. 1 vol.

— Le petit Secrétaire des compliments, lettres de bonne année; lettres de fêtes. 1 vol.

MARTIN (Mme AIMÉ). Le Langage des Fleurs. 1 vol.

MULLER. Petit traité de la Politesse française. Codes de bienséances et du savoir-vivre. 1 vol.

PÉRIGORD. Le Trésor de la Cuisinière et de la Maîtresse de maison. 7e édit., revue, corr. 1 vol.

ROBERT (GASTON). Les Tours des Cartes. 1 vol. in-18, illustré de 50 grav.

— Les gais et curieux tours d'escamotage anciens et modernes. 1 vol. in-8, 74 figures explicatives.

— Tours de physique amusante anciens et modernes. 1 vol. in-18, 53 figures explicatives.

DICK DE LONLAY. Les Combats du général de Négrier au Tonkin. 30 gravures. 1 vol.

— Le Siège de Tuyen-Quan, 20 gravures, 1 vol.

— La Marine française en Chine, l'amiral Courbet et « le Bayard ». Souvenirs anecdotiques. — 40 gravures. 1 vol.

— La Cavalerie française à la bataille de Rezonville. 1 vol. in-18, dessins de l'auteur.

— La défense de Saint-Privat, dessins de l'auteur. 1 vol.

— Les Zouaves à l'armée du Rhin, dessins de l'auteur, 1 vol.

— Souvenirs de Frédéric III (examens critiques et commentaires), 1 v.

HUMBERT (L.). Le Fablier de la Jeunesse. Nombreuses vignettes. 1v.

OUVRAGES DE JOSEPH GARNIER

MEMBRE DE L'INSTITUT

PROFESSEUR D'ÉCONOMIE POLITIQUE A L'ÉCOLE NATIONALE DES PONTS ET CHAUSSÉES

SECRÉTAIRE PERPÉTUEL DE LA SOCIÉTÉ D'ÉCONOMIE POLITIQUE, ETC.

PREMIÈRES NOTIONS D'ÉCONOMIE POLITIQUE, SOCIALE OU INDUSTRIELLE. La Science du bonhomme Richard, par Franklin; l'Économie politique en une leçon, par Frédéric Bastiat; Vocabulaire de la science économique, 6e édit. 1 vol. in-18............ 2 fr. 50

TRAITÉ D'ÉCONOMIE POLITIQUE, SOCIALE OU INDUSTRIELLE. Exposé didactique des principes et des applications de cette science, avec des développements sur le Crédit, les Banques, le Libre-Échange, la Production, l'Association, les Salaires. — 9e édition revue, fort volume gr. in-18.... 7 fr. 50

TRAITÉ DE FINANCES. — L'impôt en général. — Les diverses espèces d'impôts. — Le Crédit public.

— Emprunts. — Dépenses publiques. — Les Réformes financières. 4e édition. 1 vol. in-6............ 8 fr.

NOTES ET PETITS TRAITÉS faisant suite au Traité d'économie politique et au Traité de finances — Éléments de statistique et Opuscules divers : Notice et questions sur l'économie politique; — La Monnaie, la Liberté du travail, du Commerce; les Traités de commerce, l'Accaparement, les Changes, l'Agiotage. 3e édition augmentée, 1 vol. in-18.............. 4 fr. 50

TRAITÉ COMPLET D'ARITHMÉTIQUE théorique et appliquée au commerce, à la Banque, aux finances, à l'industrie. Problèmes raisonnés, notes et notions. 3e édition. 1 vol. in-8................... 8 fr.

TRAITÉ ÉLÉMENTAIRE DES OPÉRATIONS DE BOURSE. Par A. Courtois fils, membre de la Société d'économie politique de Paris. 10ᵉ édition remaniée et augmentée. 1 vol. gr. in-18.......... **4 fr.**

MANUEL DES FONDS PUBLICS ET DES SOCIÉTÉS PAR ACTIONS. Par le même. 8ᵉ édition complètement refondue et considérablement augmentée. 1 fort vol. in-8 raisin 1,300 pages...... **25 fr.**

TABLEAU DES COURS DES PRINCIPALES VALEURS. Négociées et cotées aux bourses des effets publics de Paris, Lyon et Marseille, du 17 janvier 1797 (28 nivôse an V) à nos jours, par le même, 3ᵉ édition. 1 vol. gr. in-8 oblong, relié.................. **15 fr.**

ÉTUDES SUR LA CIRCULATION ET LES BANQUES, par M. Alfred Sudre, 1 vol. gr. in-18... **3 fr. 50**

BANQUES POPULAIRES. Associations coopératives de crédit. Par Alph. Courtois. 1 volume in-18, portrait................ **3 fr. 50**

GUIDE COMPLET DE L'ÉTRANGER DANS PARIS. Nouvelle édition, illustrée, vignettes des monuments, plan de Paris. Description des 20 arrondissements avec un plan à chacun. 1 vol. relié....... **4 fr.**

NOUVEAU GUIDE PRATIQUE DANS PARIS, à l'usage des étrangers. 1 vol. relié........... **2 fr.**

GUIDE UNIVERSEL DE L'ÉTRANGER A LYON, avec les renseignements nécessaires au voyageur. Illustré. Plan de Lyon. 1 vol. in-32 toile....... **2 fr. 50**

GUIDE GÉNÉRAL A MARSEILLE. Description de ses monuments, places. Dictionnaire des rues, illustré, vues, plan. 1 vol. in-32, relié.

NOUVEAU GUIDE GÉNÉRAL EN ITALIE. Sicile, Sardaigne et autres îles de la Péninsule. A l'usage des personnes qui font en ce pays un voyage d'affaires, d'agrément ou d'études. Plans et vues, carte générale des chemins de fer. 1 volume in-32, relié....... **6 fr.**

ATLAS UNIVERSEL DE GÉOGRAPHIE PHYSIQUE ET POLITIQUE
Par M. L. GRÉGOIRE

Docteur ès lettres, Professeur d'Histoire et de Géographie, auteur du *Dictionnaire des Lettres et des Arts*, du *Dictionnaire d'Histoire et de Géographie*, de la *Géographie illustrée*, etc. 1 volume in-4ᵉ cartonné, contenant 110 cartes coloriées et environ 70 petites cartes ou plans en cartouches............... **12 fr. 50**

ŒUVRES DE P.-J. PROUDHON

De la Célébration du Dimanche. 1 volume................ **75 c.**

Résumé de la Question sociale. Banque d'échange. 1 vol. **1 fr. 25**

Intérêt et principal, discussion entre *Proudhon* et *Bastiat*. 1 vol.. **1 fr. 50**

Idée générale de la Révolution au XIXᵉ siècle. 1 volume..... **3 fr.**

La Révolution sociale démontrée par le coup d'État. 1 vol. **2 fr. 50**

Des Réformes à opérer dans l'exploitation des Chemins de fer et de leurs conséquences. 1 volume................ **3 fr. 50**

Proposition relative à l'impôt sur le revenu. 1 volume....... **75 c.**

LAMENNAIS. Essai sur l'Indifférence en matière de religion. 4 vol. in-8................ **20 fr.**

— **Correspondance, notes et souvenirs de l'auteur, 1818 à 1840**, 1859. 2 vol. in-8............. **10 fr.**

ROBERTSON, œuvres complètes, notice, par Buchon, 2 v. gr. in-8. **20 fr.**

MACHIAVEL, œuvres complètes, notices, par Buchon, 2 v. g. in-8. **20 fr.**

L'ITALIE CONFÉDÉRÉE. Histoire de la campagne de 1859, par Amédée de Césena. 4 volumes grand in-8, illustrés.............. **24 fr.**

LAMARTINE. Histoire de la Révolution de 1848. 2 vol. in-8. **12 fr.**

LAMARTINE. Raphaël, pages de la 20ᵉ année. 2ᵉ éd. 1 vol. in-8.. **5 fr.**

— **Histoire de la Russie**, par le même. 2 vol. in-8......... **10 fr.**

COUR MARTIALE DU SERASKERAT, procès de **SULEIMAN-PACHA**, portraits et cartes par A. Le Faure. 1 vol. gr. in-8. **7 fr. 50**

TRAITÉ ÉLÉMENTAIRE DE MI-
NÉRALOGIE, par BEUDANT. 2 vol.
in-8, 1,500 pages. — 24 planches. —
4,000 sujets.—Paris, Verdière, net. **6 f.**

TABLEAU DE LA LITTÉRATURE
ESPAGNOLE depuis le XII° siècle
jusqu'à nos jours, par M.-F. PIFFER-
RER. 4 vol. Net............ **3 fr.**

CASTERA. Histoire de Catherine II,
Impératrice de Russie. 4 vol. **10 fr.**

ÉTUDES SUR L'HISTOIRE DES
ARTS. Des progrès et de la décadence de la statuaire et de la peinture
antiques, la Grèce et l'Italie, par
P.-T. DECHAZELLE. 2 vol. in-8. **6 fr.**

DE L'UNITÉ SPIRITUELLE ou
de la Société et de son but au delà du
temps, par BLANC DE SAINT-BONNET.
2° édit. 3 forts vol. in-8.... **24 fr.**

DANAÉ, par GRANIER DE CASSAGNAC.
1 vol. in-8.............. **2 fr. 50**

HISTORIA DE GIL BLAS DE
SANTILLANA. Traducida por el
P. ISLA. Bella edicion con láminas
de acero. 1 tome in-8..... **7 fr. 50**
— MÊME OUVRAGE. 1 vol. in-18. **5 fr.**

EL INGENIOSO HIDALGO DON
QUIJOTE DE LA MANCHA.
Edicion conforme á la última corregi-
da por la Academia española. Un tomo
en 8. *Con retratos y láminas.* **10 fr.**
— MÊME OUVRAGE. 1 v. in 18... **5 fr.**

LE MIE PRIGIONI. Memorie di
SILVIO PELLICO da Salluzo, con ri-
tratto ill. In-18............ **2 fr.**
— MÊME ÉDITION augm. du *Devoir des
hommes.* 1 vol in-18......... **3 fr.**

IL VERO SECRETARIO ITA-
LIANO, o guida a scrivere ogni sorte
di lettere, per cura di B. MELZI. 1 v.
grand in-18 jésus............. **2 fr.**

EL NUOVISSIMO SECRETARIO
ITALIANO, o guida a scrivere ogni
sorta di lettere, per cura di B. MELZI.
1 vol. grand in-18 jésus... **1 fr. 50**

NUOVISSIMA SCELTA DI PROSE
ITALIANE. Tratte da più celebri
autori antichi e moderni, con brevi
notizie sopra la vita e gli scritti di
ciascheduno, por uso dei dilettanti
della lingua italiana, da TOLA. 1 gr.
in-18...................... **1 fr. 50**

COLLECTION DE NOUVELLES CARTES

Itinéraire *à l'usage des voyageurs
et des gens du monde*, chemins de
fer et routes, dressées, coloriées,
par BERTHE, grand colombier, cha-
cune........................ **1 fr.**
Europe. Etats de l'Europe.
France en 86 départements.
Espagne et Portugal.
Hollande et Belgique.
Italie et ses divers états, en une feuille.
Confédération Suisse, en 22 cantons.
Russie d'Europe.
Grèce actuelle et Morée.
Turquie d'Europe et d'Asie.
Angleterre, Ecosse et Irlande.
Empire d'Allemagne.
Mappemonde.
Suède et Norvège.
Amérique méridionale.
Amérique septentrionale.
Asie.
Afrique, plan de l'île Bourbon.
**Océanie et Polynésie, Egypte et
Palestine.**
**Amérique méridionale et septen-
trionale**
Carte de Tunisie. 1 feuille col. **2 fr.**
CARTES MURALES écrites, colo-
riées.
Carte de France en 89 départements.
1 feuille grand monde.... **4 fr. 50**
Carte d'Europe. 1 f. gr. monde. **4 fr. 50**
LES MÊMES, collées sur toile, vernies et
montées sur gorges et rouleaux. **10 fr.**

Mappemonde en deux hémisphères.
Haut. 0ᵐ90, largeur 1ᵐ80. **6 fr. 50**
Collée sur toile, montée sur gorge et
rouleau................. **14 fr.**
Le Rhin et les pays voisins, de
Constance à Cologne. 1 f. jés. **2 fr.**
Carte des environs de Paris. Villes
communes et châteaux desservis par
les chemins de fer. 1 f. col... **2 fr.**
Carte du Tong-King, de l'Annam,
Cochinchine, Cambodge, plan
d'Hanoï, demi-colombier. **60 cent.**
Carte de l'Algérie et de la Tunisie,
colorié, 1 demi-colombier. **60 cent.**
Carte de la Belgique, demi-jés. **1 fr.**
Carte de la Hollande, demi-jés. **1 fr.**
Nouvelle carte de l'Italie..... 2 fr.
**Carte de l'Angleterre, de l'Irlande
et de l'Ecosse.** 1 feuil. jés.. **2 fr.**
**Nouvelle carte de l'Espagne et du
Portugal.** 1 feuille jésus.... **2 fr.**
Nouvelle carte de la Suisse. 2 fr.
Nouvelle carte de l'Allemagne.
1 feuille jésus............... **2 fr.**
**Carte physique et politique du
Portugal.** 1 feuille demi-jés. **1 fr.**
Paris fortifié et ses environs. Les
nouveaux forts au $\frac{200}{100}$ 1 f. 1/2 jés. **1 fr.**
**CARTE DES ENVIRONS DE
PARIS AVEC ROUTES VÉLO-
CIPÉDIQUES,** 1 feuille grand co-
lombier...................... **2 fr.**

— 36 —

CARTE GÉNÉRALE DES CHEMINS DE FER FRANÇAIS, par CHARLE. Colombier.......... 2 fr.
NOUVELLE CARTE ITINÉRAIRE DES CHEMINS DE FER DE L'EUROPE CENTRALE. Les communications entre les villes capitales, par A. VUILLEMIN 1 f. 2 fr.
NOUVELLE CARTE ROUTIÈRE ET ADMINISTRATIVE DE LA FRANCE, chemins de fer, stations, divisions civiles et militaires, navigation, d'après celle des Ponts et Chaussées, par BERTHE 1 feuille colombier.............. 3 fr.
NOUVELLE CARTE PHYSIQUE ET POLITIQUE DE L'EUROPE routes et chemins de fer, dressée par FREMIN. Feuille grand monde. 3 fr.
PLANISPHÈRE TERRESTRE, nouvelles découvertes, les colonies européennes et les parcours maritimes par VUILLEMIN. 1 feuille grand monde, chromo. 5 fr.
CARTE PHYSIQUE ET POLITIQUE DE L'ALGÉRIE, divisions administratives et militaires, par M. A. VUILLEMIN. 1 f. col.. 2 fr.

NOUVEAU PLAN DE PARIS ET DES COMMUNES DE LA BANLIEUE. 1 feuille grand monde, chromo................. 4 fr. 50
PARIS ET SES NOUVELLES DIVISIONS MUNICIPALES. Plan-Guide à l'usage de l'étranger, par A. VUILLEMIN. 1 f. gr.-aigle. 1 fr. 60
PLAN DE PARIS. Illustré, itinéraire des rues, demi-colombier.... 1 fr.
NOUVEAU PARIS MONUMENTAL. Itinéraire pratique des étrangers dans Paris. feuille chrom, 1 fr.
ITINÉRAIRE DES OMNIBUS ET TRAMWAYS DANS PARIS. Feuille, coloriée, pliée...... 1 fr. 20
PLAN GÉNÉRAL DE MARSEILLE, travaux en voie d'exécution, par PÉPIN MALHERBE. Une feuille.................. 1 fr.
NOUVEAU PLAN ILLUSTRÉ DE LYON et de ses faubourgs. 1 feuille grand colombier, indication des tramways................. 2 fr.
LE MÊME sur colombier, en fille. 1 fr.
PLAN MONUMENTAL DE LYON, 1 feuille jésus, imprimé en chromolitho................. 1 fr.

LA CAVALERIE FRANÇAISE. (Ouvrage couronné par l'Académie Française), par le capitaine Henri CHOPPIN. 1 volume grand in-8°, illustré de nombreux dessins dans le texte et de 16 aquarelles. Broché, 12 fr. — Relié toile, plaque spéciale, tranches dorées. 16 fr.
AVENTURES DE SIX FRANÇAIS AUX COLONIES, par Gaston BONNEFONT. 1 fort vol. in-8°, jésus de 850 pages, orné de 200 dessins. — Broché, 12 fr. Relié toile, plaque spéciale, 16 fr. Demi-chagrin. 18 fr.

NOTRE ARMÉE. Histoire populaire et anecdotique de l'infanterie française, depuis Philippe-Auguste jusqu'à nos jours, par DICK DE LONLAY. Illustrée, dessins en couleur dans le texte, par l'auteur, augmentée de 16 gravures chromotypographiques hors texte, représentant les scènes des principales batailles, depuis les Gaulois jusqu'à nos jours. 1 vol. grand in-8° jésus................. 12 fr.
Relié...................... 16 fr.
Demi-chag. tranches dorées. 18 fr.

LES
ARMÉES DU NORD
ET DE NORMANDIE
RÉCIT ANECDOTIQUE DE LA
CAMPAGNE DE 1870-71
Par GRENEST
1 vol, in 8° carré, illustré par L. BOMBLED.................. 3 fr. 50
Relié, doré, plaque chromo.. 6 fr.

LES ANNIVERSAIRES
DE
1870
D'après Français et Allemands
AVEC PRÉFACE, NOTES ET DOCUMENTS
Par H. GALLI
1 vol. in-8° carré, illustré. 3 fr. 50

PARIS. — IMP. P. MOUILLOT. — 13, QUAI VOLTAIRE.

www.ingramcontent.com/pod-product-compliance
Lightning Source LLC
Chambersburg PA
CBHW070854170426
43202CB00012B/2072